中国社会科学院 A 类重大课题
藏彝走廊族群认同及其社会文化背景的人类学研究

羌笛藏歌

——陇南宕昌藏族的族群认同与构建

艾菊红 廖 旸

社会科学文献出版社
SOCIAL SCIENCES ACADEMIC PRESS (CHINA)

图 1 鹿仁庄妇女的服饰——谢继胜摄

图 2 官鹅沟

图 3 官鹅沟夏日景色

图 4 官鹅沟冬日冰瀑

图 5 雪后的川坪沟

图 6 雪后的黄家湾

图 7 夏日的鹿仁庄局部——谢继胜摄

图 8 雪后的鹿仁大庄

图 9 白蕨炒土豆粉　　图 10 煮土豆

图 11 火塘边煮罐罐茶

图 12 压白石的榻板房

图 13 鹿仁大庄最老的房屋

图 14 鹿仁大庄最老的房屋
上层内部结构

图 15 鹿仁老年妇女
的装束

图 16 女寿鞋 | 图 17 退耕还林后种下的树苗

图 18 背柴的老人们

图 19 去立界吃喜宴的鹿仁庄民

图 20 立界的新娘与何家堡的新郎

图 21 厨房房梁上挂着的网油和腊肉

图 22 杀年猪的仪式（染血纸）

图 23 杀年猪的仪式（烧血纸）

图 24 姜黄

图 25 集市上的药材

图 26 卖木香

图 27 做花卷、炸卓巴

图 28 宝莲家炸好的卓巴

图 29 建明贴好的"符符"　　　　　　图 30 建明剪长钱

图 31 年三十苗伍家保开家堂神案

图 32 年三十苗赵向义安顿家神时供的猛虎图　　图 33 年三十苗赵向义安顿土地的地方

图34 年三十苗赵向义安顿
家神的油灯和卓巴以及为安
顿土地准备的土豆清油灯

图35 大年初一凌晨鹿
仁苯苯苗刘荣保开案

图36 麦仁酿出来的酒

图37 大年初一到鹿仁
寺上香的小男孩

图 38 鹿仁大庄背后的苗家神林

1		1
2		2
4		4
5		6
8		9
6		10
9		11
10		?
		12
11		14
		15
12		17?
14		?
17		18?
18?		

图 39 宕昌苯
苯经护经板上
木刻宗教图案
与咒语

图 40 城关曹家
村（如今都是汉
民）山神牌牌。
车拉老苯苯绘
制。照片由杨海
帆提供。左侧
标记的数字系
笔者所加，为
表 3-2 中相应
内容的栏号

图 41 山神牌
牌图像小样。
苗赵向义绘。
约 66.7×10
厘米。左侧数
字含义同图 40

图 42 山神牌牌图文小样。立界苯苯杨吴生换经书插图四页

图 43 郭巴副神达梅巴像。郭巴经插图，新坪郭巴杨沿明约绘制于 2003 年，立界杨学平藏

图 45 苯教骑虎神像唐卡（局部：主尊）。鲁宾艺术博物馆藏

图 44 苯教神达拉梅巴像唐卡。19 世纪。棉布、设色，鲁宾艺术博物馆（Rubin Museum of Art）藏，acc.# P2000.19.5。Retrieved from http://www.himalayanart.org/image.cfm/200041.html

图 46 骑羊护法，鹿仁寺壁画局部

图47 鹿仁郭巴毛时平家堂屋门口悬挂的面具

图48 鹿仁郭巴毛时平家过年时堂屋右壁的柜顶上供的斗和其他法器

图49 毛时平藏面具之一：有角、为主将的 面具

图50 立界郭巴杨学平藏无角面具之一

图 51 郭巴和苯苯的各种法冠。由上至下：苯苯的锦鸡羽毡帽、苗赵向义藏郭巴五佛冠、郭巴法冠

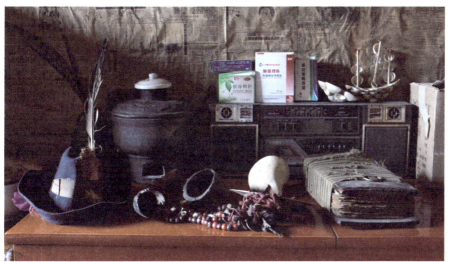

图 57 大鼓。杨学平藏 　　图 58 螺号和数珠。新坪老郭巴杨沿明藏——谢继胜摄

图 59 胫骨号。杨吴生换藏

图 60 苯苯法器（左起可见到法冠、牛角号、数珠、八宝、螺号）和经书。杨吴生换藏

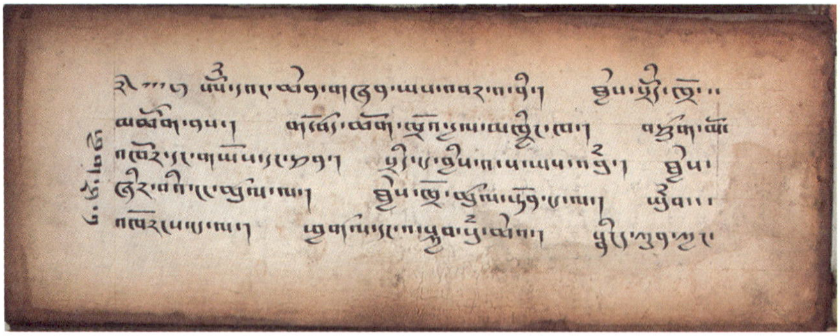

图 61 郭巴经书"野嘎"四种。毛时平藏

图 62 毛时平藏郭巴经书之一页

图 63 经书插图"夏琼野萨"（凤凰山神）。苗刘荣保藏

图 64 经书插图舞步图谱。苗刘荣保藏

图 65 面人图谱。苯苯经插图，立界杨吴生换藏

图 66 神路图（局部：大鹏鸟）。鲁甸征集。
云南丽江东巴文化博物馆藏

图 67 五佛冠（局部：大鹏鸟）。
云南丽江东巴文化博物馆藏

图 68 举行东巴仪式时插在地上的木牌。云南丽江东巴文化博物馆藏

图 69 巴格卜书（局部）。云南丽江东巴文化博物馆藏

图 70 面偶。云南丽江东巴文化博物馆藏

图 71 看日子书，鹿仁苯苯苗刘荣保藏——谢继胜摄

图 72 鹿仁毛家山神林内闸山插牌

图 73　城关曹家村神林中的
箭形木牌。杨海帆提供

图 74　鹿仁苗家山神林中的箭形木牌与
山神牌牌。左手边的山神牌牌为乙酉年
腊月里请立界杨宝亮来画的，看起来箭
形木牌为他同时的手笔；右手边的为苗
赵向义所画

图 75　（左图）前景为鹿仁苗家神林中干枯的老神树　（右图）鹿仁苗家
神林中新选出来的神树

图 76 鹿仁庄坟林

图 77 鹿仁庄毛顺保家安土木牌。立界苯苯绘

图 78 鹿仁苗刘荣保家苯苯神案

图 79 新坪杨文才家苯苯神案。1990 年绘

图 80 立界经书里夹带的一张郭巴行仪老照片

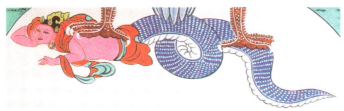

图 81 藏族文化中的各种"龙"。a 鲁。西藏日喀则夏鲁村民居外墙壁画

b 龙。立界玛尼康木板彩画二龙戏珠局部

c 蛇（那伽）。鹿仁寺壁画

d 龙王（梵 nāgarāja "那伽罗阇"）。鹿仁寺壁画

图 82 正月初八城关镇政府组织的节日活动中异神出行的环节

图 83 "西牛爷"神案

图 84 欲界自在天女像。西藏江孜白居寺大塔清净殿壁画局部，15 世纪

图 85　除夕鹿仁师家苗伍家保家堂展
开后的神案

图 86　汉族家堂神案黑爷像。
1955 年绘。私人收藏

图 87　黄家湾龙王神庙旧址上临时搭建的"尕庙庙"

图 88　新坪金丝娘娘神庙。1983 年重建

图 89　金丝娘娘塑像。新坪金丝娘娘神庙

图 90　金花小姐壁画。新坪金丝娘娘神庙。1983 年张子敬（"三少爷"）绘

图 91　鹿仁苗满才家堂神案局部：主案尚砂龙王（常爷）

图 92　鹿仁毛家神案（局部：戴白色马头和"辫子"、摇羊皮鼓的师家）

图93 鹿仁苗建明家堂神案（局部 摇羊皮鼓、打卦的师家）

图94 十三"席固"中的第一个白布袋。阴坪师家苗虎元藏

图95 过年时阴坪师家苗虎元家堂神案前供的十三"达莫"

图 96 师家羊皮鼓。鹿仁苗伍家
保藏

图 97 纳西族东巴的羊皮鼓。云南丽江东巴文化博物馆藏

图 98 2008 年 10 月 29 日理县休溪羌族在端公（"释比"）带领下举行的"转山会"仪式

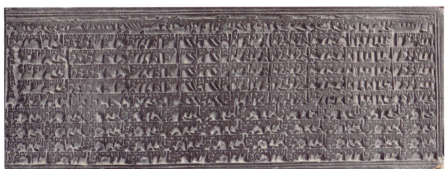

图 99　鹿仁寺山门与大殿

图 100　真言木雕版。鹿仁寺藏

图 101　凤凰山神像。鹿仁寺壁画，2007 年绘

图 102　鹿仁庄玛尼康

图 103　乔家村嘛尼寺藏文石刻　　　　图 104　四臂观音像。石刻——谢继胜摄

图 105 黄家湾乔清宝家师家和腊嘛共同的神案

图 106 黄家湾师家装束

图 107 黄家湾腊嘛装束

图 108 乔清宝腊
嘛法器：金刚铃、
令牌与金刚杵

图 109 水泉坪杨
小明家堂神案

图 110 水泉坪的腊嘛们行仪表演

图 112 "萨署伊"。从黄家湾前往水泉坪路上的某庄

图 111 黄家湾禳房子用的"纽"

图 113 鹿仁苗赵向义家院门上的符——"令山吾是上方张玉皇童天兵把门大吉"

图 114 阴坪苗虎元家院门上木符

图 115 下坪向伍进有家堂神案（西牛爷、"持萨龙王"当即赤爷、披头祖师）。1980 年绘

图 116 牌巾。向伍进有藏

图 117 师刀。向伍进有藏

图 118 东巴文物。云南丽江东巴文化博物馆藏

图 119 年三十鹿仁阿巴苗伍家保揭神案前"瓦薮"

图 120 四爷家窗外

图 121 正月十五新坪庄拿着火把的孩子们

图 122 建明家农家乐外墙上旅游宣传标语"迎客松下羌
寨留"

图 123 《官鹅情歌》宣传册

图 124 鹿仁庄的口弦　　　　　图 125 鹿仁庄妇女表演口弦

图 126 正月初八城关镇政府组织的节日活动，阴坪庄师家羊皮鼓表演

图 127　阴坪庄路口的大桥模仿羌式碉楼

图 128　四川理县桃坪羌寨新建寨门

图 129 暮色中唱"藏歌"的鹿仁大庄的女孩们

图 130 建明家人穿着从甘南买来的藏袍在官鹅沟内留影，可以看到建明和两个女儿穿的是从甘南买来的服装，建明妻子穿的依然是宕昌藏民的服装

图 131 跳"锅庄舞"的小姑娘戴起瓦片式头巾

图 132 小庄观场上戴瓦片式头巾、跳"锅庄舞"的小姑娘与她们戴传统样式头巾的妈妈们

序　言

　　迁徙是漫漫人类历史的最重要过程，也是人类历史实践和经验的重要内容。"土著"和"原住民"只是相对的概念。换言之，他们是由迁徙而"变成"的，既不是"从来或自始的"，也不是"永续的"。"世居族群或居民"在数十万乃至百万年的漫漫人类发展历史过程中是短暂的。当下中国疆域版图内的民族和族群分布是几千年来或是天灾，或是瘟疫，或是征战，或是其他关涉生计等自然生态环境和社会政治经济原因引起的迁徙结果。从这个意义来说，迁徙也是构成族群认同的重要过程。祖源地的记忆、祭祖仪式、家/族谱、葬礼中送魂路的吟诵等均为迁徙历史记忆的主要符号表征。

　　至少从当下我国有历史记载和考古发掘资料中可以看出，疆域内地理生态环境构成了数千年来，包括迁徙为重要内容的族群形成和历史变迁过程的重要背景。20世纪80年代初，正值"文革"十年动乱之后、改革开放之始，费孝通汇集前贤之学提出了"藏彝走廊"的历史地理概念。他认为"藏彝走廊"和"西北走廊""南岭走廊"构成了现代"中华民族多元一体"格局的三个重要的、分别以南北和东西为走向的"民族"迁徙走廊。"走廊"是我国古今各族分分合合、交融混杂的重要场域。走廊区域内，通道畅通或险阻的自然地理或社会地理差异往往构成被文明（熟番）或被野蛮（生番）的不同空间地域。在征战语境下，它们可以构成长驱直入或潜行突袭的路径。在商贸语境下，它们又分别被作为大宗商品运输的通衢或成为走私违法的隐蔽小道。在文化和宗教信仰语境下，它又构成传播或互化畅阻的差异渠道。来自走廊北面、西北面、西南面或东面的诸如农业（低地或高地、水田或旱地等），半农半牧或牧业的不同外来文明形态，对走廊不同地理经济社会文化生态的传播影响力和适应性均有着明显的差异。

自古代殷周开始，原来居住在黄河上游的陇南和青海河湟地区被称之为氐、羌和戎等族群，在与中原族群不断发生冲撞的过程中，或被融入化纳，或被驱赶挤压，其中有相当一部分沿着巴颜喀拉山东缘和横断山脉间的岷江、金沙江、雅砻江、大渡河、澜沧江、怒江及其支流的河谷，经过数百上千年的漫漫历程，由北向南不断迁徙，到达千里之外的川、滇、藏，甚至中南半岛和南亚北部地区，构成了现今在这一地带分属汉藏语系、藏缅语族不同支系（如藏、彝和羌支系等）大杂居、小聚居的各个民族和族群。"藏彝走廊"主要是指这些族群在多次历史迁徙过程中曾途经的地带，以及当今居住地的历史地理范围。值得指出的是，在漫漫迁徙过程中，这些族群也曾不断发生与更早居住在迁徙地的族群混融的历史事象，致使他们往往具有多源多流交集的复杂印迹。目前我国认定的55个少数民族中，除了藏、彝之外，羌、普米、纳西、拉祜、白、傈僳、怒、独龙、阿昌、景颇、哈尼、基诺、德昂等均被许多国内学者认为与该走廊有着千丝万缕的历史联系。此外，在该民族迁徙走廊上还居住着在民族识别过程中未能最后被认定和识别的，或仍有争议的族群。其中，还包括诸如具有同一自称但在川、滇分别被认定为藏族和普米族、蒙古族和纳西族的族群，以及一些在国家语境下被划为藏族或彝族，但在地方语境下仍保留着显著区分和较强自称认同意识的族群。与此相应，该走廊上超族群的、具有地域性意义的文化现象也比比皆是。

"认同"是人类社会性的最重要表征之一。"我族""他族""族群""民族""文化""氏族""宗族""家"等均为"认同"的具体符号。近十几年来，国内人类学和民族学界又掀起了对"民族"和"族群"概念或定义的讨论。但这些研究多停留在文本研究上，或从词源学或定义文本及其语境出发以辨析或诠释"民族"和"族群"的概念或定义。与此同时，国内人类学者、民族学者以及研究民族史的学者对"藏彝走廊"的族群和文化给予了越来越多的关注。在这些研究中，其中有许多继续以历史文献、古文物和考古发现追溯民族或族群"起源"为唯一研究理论和方法论框架，将民族或族群"文化特征"本质化，视为"自然的"客观存在，从而难以摆脱"血缘"或"血统"的假说。这种探讨和溯源往往淡化、掩盖甚至扭曲了民族和族群在具有深刻意义且活生生的政治、经济、文化和自然环境的历时性（纵向）和共时性（横向）因素作用下被不断再生产的过程，以及忽视或否认构成民族和族群的社会主体应对社会和自然环境变化的能动作用，及其对民族与族群的社会文化建构。也就是说，国内的一些研究将民族和族群当成了静态的、固定不变的"自然"或"客观"的社会存在。虽然历史与现实都在显示民族或族群是动态的、与时因地变化的和不断被建构的，但我们的研究则多忽略或背离对这些现象的探究。民族与族群间、地方多数民族与少数民族、中心与边缘、强势与弱势的更替互动、交流融通均影响着民族和族群认同问题。融合与分化、"分而未化"与"融而未合"、"你中有我"与"我中有你"、"己化"与"他化"等均构成了民族与族群互动的复杂和纷繁图景。不论从秦对蛮夷行怀柔远人，唐行羁縻制度，元始置土司制度，明中后期启改土归流，到民国施五族共和，人民共和国推民族平等和民族区域自治法都对民族或族群间的关系以及民族或族群的认同产生作用和影响。与相邻各国的关系以及相应各国政治、经济在时语境也会影响境内跨界民族或族群认同问题。民族和族群内部的社会分层以及其精英层的作用也影响着民族与族群的认同。从这个意义上说，不仅"民族"与"族群"是由社会、文化界定的，其定义具有本土性和多重性，民族或族群认同也是动态的、语境化的、与时因地变化的。

近年来，在全球化大潮中族群认同问题再次成了国内外人类学关注的问题。随着我国的改革开放，尤其近年来"西部大开发"战略发展目标的实施，我国族群认同的生产与再生产过程进一步活跃。笔者认为通过对藏彝走廊地区族群认同的历史和现实实践过程的人类学研究，可以提高我国族群理论研究的水平，更好地参与国际学术界关于族群理论研究的讨论。笔者也相信结合我国国情与时因地研究族群认同问题，可以为国内外族群理论研究提供许多很有价值的田野志实例。

基于上述思考，2004 年初笔者在中国社会科学院民族学和人类学研究所的大力支持下，向中国社会科学院提交了题为"'藏彝走廊'族群认同及其社会文化背景的人类学研究"的重大课题申请。很有幸，2004 年 6 月该研究课题申请获得批准。随后经课题组成员根据已有的相关历史和民族志资料，以及结合部分成员以往的田野研究经历选定了甘肃陇南地区、青海海东地区、四川甘孜藏族自治州康定县、凉山彝族自治州木里藏族自治县为四个田野研究区域。又经前期田野走访，最后选定了具体的乡和村寨田野调查点：甘肃陇南地区宕昌县城关镇和新城子藏族乡的四个藏族村寨；青海海东地区的德恒隆乡分别以藏语和汉语为主要交际语言的两个回族村落、以撒拉族为主的一个杂居村子和以藏族为主的一个村子；甘孜藏族自治州康定县麦崩乡的一个贵琼藏族村；凉山彝族自治州木里藏族自治县的水洛乡、依吉乡和屋脚乡的十几个包括 shu-hin、per-mu 和 ka-mi 藏族、纳西、纳日（被认定为蒙古族）村寨。直至 2007 年夏，课题组七位成员：艾菊红、廖旸、刘夏蓓、李晨升、侯红蕊、木仕华和笔者，分别经二至三次总共为期最短二个月，最长近六个月的田野调查，完成了选定田野点的研究工作。①

本研究摒弃过去国内许多学者采用的从上到下民族识别角度和"族群的客观特征论"和"原生说"，更多采纳"族群主观认同和边界论"以及族群建构理论，关注被研究族群主体的认同实践，以及其主观认同和客体化的历史文化遗产，包括文化理性和习俗的互动关系，探讨和研究族群认同的基本理论问题。本研究不同于只从国家主体民族的视角和文化解释出发，而忽视被研究族群主体基于自身经验的社会文化语境对族群区分和认同所赋予的本土意义和解释。

20 世纪 80 年代初，费孝通曾经指出我国以往民族研究的局限性。他说，"过去我们一个省一个省地搞，一个民族一个民族地搞。而中国少数民族有它的特点，就是相互关系深得很，分都分不开。……而民族与民族之间分开来研究，很难把情况真正了解清楚。我主张最好是按历史形成的民族地区来进行研究"。以往对民族或族群的研究多只从单一民族或族群出发，

---

① 原先项目成员中还有谢继胜。他参与了甘肃陇南地区田野点的选定和对该田野点最初调查的工作。后由于工作单位的更换他退出了课题组，但从未停止对课题研究的支持和帮助。借此对他表示感谢。

而忽视该族群与其他杂居族群在历史以及现实的社会、文化、经济,甚至"血缘"的交融关系。本研究着重探讨研究了这些历史与现实交往过程中族群间文化的相互吸纳和区分,以及由于迁徙、居住地变化,原本同一族群或民族成员发生疏离和区分的事象。同时,我们也关注族群内部的社会文化、宗教信仰和经济生产方式的多元性及其变迁。

我国以往的民族关系研究多聚焦在汉族与各少数民族的关系上,而很少探讨少数民族之间的关系,以及地方族群之间的关系与族群认同的关系。这与过去的研究重文本、轻田野调查研究有着密切的关系。在本课题的田野研究中,我们以观察族群认同的日常实践与宗教仪式活动为主,注重对田野对象的深度访谈以及各调查点的地方族群关系和族群交往。我们还注意收集和利用口传历史,结合历史文献研究探讨地方民族或族群关系以及族群认同的历史实践和过程。

在对该地区族群研究的历史考察中,我们既充分利用历史文献、已有的民族志材料、考古材料和语言学材料,也尽力注意运用其他少数民族文献。不仅包括国家层面上的相关文献,也包括地方层面的文史资料和地方口传历史。课题组成员的多学科背景构成也为更好运用多学科研究方法提供了很好的基础。

这次出版的两本田野志:《羌笛藏歌: 陇南宕昌藏族的族群认同与构建》和《卡力岗人族群认同研究——从宗教变迁到族群演变》分别是根据课题组成员艾菊红和廖旸在甘肃陇南地区宕昌县城关镇和新城子藏族乡所做的田野研究和刘夏蓓在青海海东地区德恒隆乡所做的田野研究而撰写的。 课题组其余成员分别基于在甘孜藏族自治州康定县麦崩乡、凉山彝族自治州木里藏族自治县水洛乡、依吉乡和屋脚乡所做的田野研究而撰写的田野志也会在晚些时候出版。

翁乃群

2015 年 1 月

目　录

前　言

　　"宕昌"是一个古老却不为现代人所熟悉的名称，就连"宕"字很多人也不是一下子就能读出来的。《说文解字》中说，"宕，过也，一曰洞屋"。读音为徒浪切，即按照现代汉语可以读为 [tàn] 或者 [tàng]，为去声。《康熙字典》中标注的"宕"字读音有两种：一是按照北宋年间修撰的《广韵》为徒浪切；二是依据稍晚一点修撰的《集韵》《韵会》，为大浪切，也就是说其读音分别为 [tàn]（[tàng]）和 [dàn]（[dàng]）。《康熙字典》中除了解释从《说文》外，还提到："又州名。秦汉诸羌地，后魏内附，周置宕州，陕西化外。"商务印书馆 2005 年出版的《现代汉语字典》中"宕"的读音是 [dàng]，意思有二：一是洞穴、洞屋；二是通过。那么，从东汉至今两千多年间，"宕"字的读音从 [tàn]（[tàng]、[dàn]）变为了现代普通话中的 [dàng]。不过如今宕昌当地人仍然将"宕"念为 [tàn]，延续着古音。

　　作为甘肃省陇南地区的一个县，现在的宕昌并不出名，但历史上的宕昌却曾经有过辉煌。"宕昌"最早是作为地名出现在史书中的，北魏·郦道元（？～527 年）在《水经注·卷三十二》记载羌水时，说"羌水又东南，迳宕昌婆川城东而东南注"；《晋书·姚兴载记》，说"寿都等入自宕昌……"；《周书·史宁传》中记载"宁复大破亡，追奔至宕昌"。然而"宕昌"这一名称广为世人所知则是作为族名——宕昌羌。西晋是宕昌羌人最为强盛的时代，他们还建立了见诸史册的宕昌羌国，当年的势力范围就包括现在的宕昌一带。自宕昌羌国灭亡之后，宕昌羌人就渐渐淡出了历史舞台，在史籍中再也见不到踪影。那么，宕昌羌人去了哪里？史书上并没有给我们留下清晰的答案。我们不知道古宕昌羌人依然留在本地，还是迁徙到了其他地方，这是一个历史的谜团。①

当我们"藏彝走廊族群认同及其社会文化背景的人类学研究"课题组希望在甘肃寻找一个合适的调查点时，西北民族大学的杨士宏教授建议我们可以到宕昌看看。杨先生介绍说，陇南宕昌县的藏族是位于汉藏边缘比较典型的代表，目前这里绝大部分为汉族，仅有新城子和官鹅两个藏族乡②，人数不多，但仍然保留着比较完好的语言、服饰等文化特征，可以说是汉藏交界地带的一个藏族孤岛。杨教授曾在这里做过语言调查，除此以外，还没有人对这里进行过研究。于是，2005 年 7 月，课题组成员谢继胜和艾菊红赶赴陇南宕昌县进行初步的踩点。

果然，无论从服饰、建筑、风俗习惯还是宗教信仰等角度观察，宕昌藏族这些外在的和内在的文化特征，都与人们印象中"典型的"藏族③有极大的差异。而且刚刚进入宕昌不久，我们就了解到，对于宕昌藏族的族群来源和目前的族群归属，人们有着不同的意见，特别是宕昌当地对这个问题的争议非常大。实际上，宕昌在历史上一直是各个族群交融混杂的复杂地带，东部是强大的汉文化势力，西部是崛起于青藏高原的藏文明，北部是蒙古文明，西北部还有伊斯兰文明的存在，南部则是族群情况复杂，统称为西南夷的聚居地区。在这样一个族群情况复杂的地带，在现代中国

---

① 《隋书·党项传》称"其种有宕昌"，也就是说在宕昌国灭亡之后，有一部分宕昌羌加入到党项羌中。但是宕昌羌人最终的归属史料上并没有记载。宕昌一带历史上就是各个族群交融杂居的地带，战争频仍，族群变化历来复杂，第六章将详细论述。

② 实际上官鹅藏族乡已经于 2005 年撤销，并入宕昌县城关镇，所以目前宕昌只有新城子一个藏族乡。我们就课题选点问题咨询杨士宏教授的时候，他可能还不知道官鹅藏族乡已经被撤销。

③ 即使是在西藏自治区，各地方的藏族之间也有显著的区别，例如农区与牧区的文化必然不同，更遑论卫藏、康与安多等不同的藏区。为方便行文叙述与比较，本文以拉萨、日喀则等核心地区的藏族作为"典型的"藏族的代表。至于下文中提到的"典型的"羌族，则以四川的茂县、北川等地的羌族作为代表。

进行民族识别之前，在族群界线模糊的情况下，人们将自己认同于一个族群，而与其他族群相区别的依据是什么呢？不同族群之间如何保持族群边界和各自的族群认同呢？各个不同族群在历史的长河中又发生了哪些变化呢？这些问题都摆在我们面前。自 20 世纪 50 年代，在我们的民族识别体系下，居住在宕昌大山深沟中的这些非汉族群被认定为藏族，尽管族群身份明确了下来，但是族群认同和变迁的实践却没有停止。

作为现代的宕昌人，自然会想象自己是否就是那古宕昌羌国的后裔。那么这些居住在宕昌大山深沟中、具有独特的文化特征、目前族群身份为藏族的人，他们是否就是古宕昌羌国的嫡系传人呢？这是人们自然而然会产生的疑问。其实无论是学术界[①]还是普通民众，也都对宕昌藏族的族群来源提出过各种各样的猜想——他们究竟是藏还是羌？

作为宕昌当地政府，为了发展当地的经济，开发当地的旅游业，希望能够发掘宕昌的古羌人文化，从而提高宕昌的知名度和影响力。从这一角度出发，当地政府倾向于将宕昌的藏族作为古宕昌羌人的后裔来看待，并打出了"游官鹅[②]美景，览羌寨风情"的口号。而且也因着这样的旅游开发理念，按照"典型的"藏族和"典型的"羌族的文化特征，对宕昌藏族的文化进行重构和再创造。但这样的举动却引来了宕昌藏民的不同声音，他们大多数坚信自己是藏族，而且祖先就是藏族；然而，在当地政府和当地知识分子主张的"羌人后裔说"的影响下，也有一些人犹疑、彷徨。尽管大部分宕昌藏民认同自己是藏族，但是他们也意识到作为藏族他们和"典型的"藏族不同。于是他们在认同藏族的同时，也着力追求"典型的"藏族文化特征，依照"典型的"藏族文化特征重构或者再创造自己的文化。与此同时，在当地政府"羌人后裔说"的影响下，为着旅游开发和经济发展的缘故，也在有意和无意地认同"典型的"羌

---

① 参见顾颉刚《从古籍中探索我国的西部民族——羌族》，载《社会科学战线》1980 年第 1 期；李范文：《西夏研究论集》，宁夏人民出版社，1983，第195 页；格勒：《藏族早期历史与文化》，商务印书馆，2006，第291 页。也有人认为"宕昌"是藏语"达仓"的音译，并推断宕昌的藏族是宕昌羌的后裔，见洲塔、韩雪梅《藏族早期民间信仰的形成及佛苯融通和适应》，载《兰州大学学报》2011 年第11 期。
② 宕昌县一条风景优美的山谷的名称，也是我们的主要田野调查点，后面会不断提到这条山谷。

人或者羌族①文化特征,同样也依照这些文化特征再创造自己的文化。其实,不仅仅是旅游开发过程中,地方政府对于宕昌藏民的族群认同和文化认同进行着重新构建,全球化的巨大力量也在强烈地冲击着宕昌藏民的文化和他们的族群观念,于是在宕昌就出现了复杂而有趣的族群认同与构建的动态过程。这样一个处在变化前沿的地区刚好和我们课题的宗旨相契和,因此这里就成为我们课题的甘肃省田野调查点。

2007 年 1~3 月,本课题组成员艾菊红和廖旸第二次奔赴宕昌县进行较为深入的调查。本次调查以城关镇的官鹅沟为重点,涉及新城子藏族乡的大河坝沟以及分属于新城子乡和临江乡②的川坪沟。目前,被国家划归为藏族的宕昌藏民绝大部分居住在这三条沟内。这次调查的居住点和第一次相同,依然选择在官鹅沟内的鹿仁庄,我们以鹿仁庄为中心,不断深入到其他庄子和另外两条沟。在这样的调查走访中,我们一方面寻找着那些通常被人们作为区分"我群"与"他群"的标记,比如服饰、建筑、语言、宗教信仰等文化特征,这些符号往往是人们借以辨别族属的重要符号。我们看到,宕昌这一支藏族的文化符号和我们印象中"典型的"藏族相去甚远。然而,这些文化符号却和现代羌族以及古文献记载中的羌人有些许相似之处。只不过,这些相似是模糊的且碎片化的。仅凭借这些模糊的文化碎片,难以断定他们就是古宕昌羌人的后裔。另外,我们也在寻找着宕昌藏民自己对于祖先历史的记忆和他们自己的族群身份认同。他们通过口耳相传,将这样的历史记忆延续下来。其中包含着他们对于共同祖先的回忆,当然也就有着根基性(primordial)的情感因素在里面,这是他们主观的历史认同和族群身份的认同。虽然宕昌藏族没有家谱,无法上溯到更为古老的祖先,但从口传的这些记忆中,他们是曾经被称为"番"的族群的后裔,而且似乎祖先住得离他们现在的居住地并不遥远。也就是说,宕昌藏民实际上并非宕昌土著,而是来自不远的"番人"聚集区,那么这其中所透漏的信息就很值得玩味了。所有的宕昌藏民都认为"番"是一个污辱性的字眼,

---

① 笔者认为,目前我们认定的羌族和史书上记载的羌人有一定的渊源关系,但是现代的羌族和古代羌人并不能完全对等。所以在本书中,根据具体的内容分别用羌人和羌族。

② 该乡在地图中的名称是临江乡,但是在乡民的口中常常被称为临江堡乡,在后文中采用乡民访谈的时候会用"临江堡"。

可是却没有人否认自己就是"番"的后代，他们并没有因为被轻忽而否认自己是"番"的后裔，转而去攀附所谓更为"文明"的汉人或者其他族群。

除了宕昌藏民自己的声音，我们还听取了当地知识分子和地方政府的声音。一般来说，地方政府和地方知识分子掌握着更大的话语权，他们可以利用自身的文化支配地位，来影响人们的族群和文化的认同与变迁。尽管这种对于族群历史和文化的想象与构建并不是在短时间内可以完成的，但影响却相当深远，甚至会对族群的变迁产生极大的推动作用。为了能更加真实地反映各个阶层人们的声音，我们往往采用录音的方式记录下他们的看法和回忆，并原封不动地利用这些录音资料。这些原始记录或许语句颠倒，或许语法错误，或许前后矛盾，或许叙述不连贯，但我们希望能借此真实地展示他们的不同观点。在调查中，我们选择住在宕昌藏民的庄子里，这样我们也就有条件深入参与到他们的日常生活当中，观察到人们日常的言语和行为中所透露出来的点点滴滴信息。这里面实际上包含着他们并没有意识到的、他们自己的"族群"认同变化的某种表达。

本书的第一章首先介绍宕昌的概况。第二章论述宕昌藏民的社会生活。第三章至第五章是关于宕昌藏民的宗教信仰，由于他们的信仰体系多源混杂，内容庞杂繁多，因此花费了较大的篇幅加以论述。第六章我们通过文献梳理，探讨文献中所记载的宕昌一带的历史；同时通过对宕昌藏民的采访，了解他们的口述历史。第七章分别论述宕昌当地县乡政府的官员、基层干部、知识分子以及普通乡民是如何看待宕昌藏民的族群身份的。我们通过大量访谈，涉及不同年龄、性别、文化程度和职业的人物，让他们来阐述自己的观点和看法。通过细致的访谈，我们了解到尽管主观上宕昌藏民将自己认同为藏族，但实际上在历史的发展过程中，他们的族属观念曾悄然地发生过许多变化。基于前几章的描述和分析，第八章进一步讨论宕昌藏民的文化认同与文化重构的过程和实践。尽管所论述的很多是零散的文化片断，却也反映出宕昌藏民在族群身份认同上的种种变化。最后在结语部分，总结了宕昌一带族群变迁的历史和动态，并且说明在政治、经济以及族群情感的支配下，这种变化至今仍在继续。

在本田野志调查期间，我们与宕昌当地藏民以及地方知识分子朝夕相处，记录下我们的所见所闻。同时，通过对相关史料的梳理、分析和比较，我们力求较为深入和全面地阐释，在社会历史文化变迁中，尤其是在当今全球化背景下，宕昌藏民的族群认同与构建的实践过程，因而我们更注重展现当地居民多元的认识和观点。基于这样的思考和理念，在写作上，我们采用了比较轻松的写作风格，将我们自己融入当地场域之中，将我们脚步所走到的地方、眼睛所看到的东西以及我们的思考，展现在人们面前，带领读者去领略宕昌藏民的社会生活和族群认同观点。这种写法也是受到人类学界对于民族志写法和人类学学术活动主体反思影响的结果。研究者在进行研究的时候，背后或多或少都会有理论预设和价值取向，不可能是完全"客观"和"中立"的，因而在民族志写作中，将研究者放置于研究群体当中，尝试将调查对象写成主体、行动者。在这样的理念下，民族志的基本问题是如何运用"撰写"让"日常"与"历史"和"环境"发生关系。民族志学者要将其研究的社会想象为一个"整体"（whole），并且通过对眼见的地方、耳闻的谈话、遇到的人的描述，将他对"整体的想象"传达给读者。①基于这样的思考，在我们的写作中，我们尝试着将我们所见所闻"完整地"展现在读者面前。与此同时，我们也并非完全沉浸在人们的口述或者对其日常行为的点滴观察中，那样容易陷入当时的细枝末节，而忽略了曾经真实发生过的历史过程和事件。因此，我们还注意追溯历史文献中的相关线索，以求呈现一个历史与当下、更为完整且较少偏见和盲点的族群认同的实践图景以及对该图景展开严谨的学术分析。

---

① 高丙中:《〈写文化〉与民族志发展的三个时代》（代译序），载〔美〕詹姆斯·克利福德（James Clifford）和乔治·E. 马库斯（George E. Marcus）编《写文化：民族志的诗学与政治学》，高丙中等译，商务印书馆，2006，第13～14页。

第一章　宕昌概况

初识宕昌

212国道实在太糟糕了，我们坐的又是一辆破中巴车，这一路的颠簸，着实让人难以忍受。以至于以后一想到要经过七八个小时的颠簸，才能从兰州到达宕昌，就有点害怕。

终于还是到了。下车后，发现我们在一条江边，这应该就是岷江。江水绕着一座兀立起来的巨大山包流过，因为是夏季，水流量很大，翻滚着白色的浪花，向下游急急奔涌。靠近岸边，水流平缓些的地方，青绿色的水面上漂浮着一些垃圾。夏日正午的阳光过于强烈，再加上一路的劳顿，根本没有心思细细打量这座县城。抬头一看，马路对面有家民族旅社，进去一打听，只要15元一晚上，实在便宜就暂时住下了。

安顿好之后，我们就直奔县志办和政协的文史资料馆。一般来说，这两个机构都有些地方上的知识分子，他们应该熟悉当地藏民的情况。我们在县志办见到了主任杨海帆老师，他对于宕昌的情况比较了解。通过和他的交谈，我们大概了解到在宕昌只有四千多藏民，分属两个藏族乡。居住在大河坝沟新城子藏族乡的藏民和外界接触较多，变化较快，居住在官鹅沟官鹅藏族乡①的藏民要相对封闭一些。另外官鹅沟搞旅游开发，对于民族文化有另一种形式的开发和保护。这样我们有了一个初步的印象，决定先到官鹅沟看看，然后再到新城子。

言谈中，我们感到这位杨老师有强烈的民族倾向，似乎有一种"泛羌族"的倾向，就是认为目前宕昌的居民无论是什么民族都是古羌人的后代。尽管他目前的民族身份是汉族，但他坚定地认为自己是羌人的后裔，现在的宕昌藏民是宕昌居民为羌人后裔的最好证明。根据史书的记载，西晋的时候，羌人的一支——宕昌羌就曾经在这一带建立了宕昌国。然而究竟现在的宕昌居民和古代的宕昌羌人有没有直接的联系，恐怕还不好下结论。但是我们个人认为，事情不会那么简单。历史上所有族群都处在动态变化之中，没有任何一个族群可以完全保持纯正的血缘和文化，一直延续上千年。况且，宕昌一带处在汉藏两大文化势力的夹击之下，历史上这里就是多族群交汇融合极为剧烈的地区。一千多年前居住在这里的人，很难讲仍然会居住在这里，还依然保持着古宕昌羌人的文化特征。然而这只是我们的推测，具体情况怎么样，我们还没有见到这里的藏民，也没有仔细查阅史料，如何能妄下断言呢？

白天忙着还不觉得，夜里安顿下来，环视安静而昏暗的宕昌县城，忽然发现大山就轮廓分明地兀立在身后，这么近，令在山城长大的我们也很不适应，一派不真实感。

第二天一早，我们雇了辆小面包车，想先到乡政府报个到，这也是例行公事。讲好20元，我们还心中窃喜好便宜，哪知道车只开出去七八分钟就到了，下车后我们直叫冤。然而更冤的是，这里不是乡政府。原来官鹅藏族乡已经在2005年初撤销并入城关镇了，乡政府的原址上只留下了一个绿化队，而且里面阒无一人。只好再打电话叫司机回来，直接送我们到官鹅沟里面的藏民村寨。可是电话的信号非常微弱，一个手机彻底没信号，另一个手机的信号也是时断时续。好容易才打通电话，司机这次又狠

---

① 前文提到过，其实官鹅藏族乡在2005年初就已经撤销了，但是杨老师依然向我们这样介绍。估计是撤销的时间尚短，杨老师一时还未适应。

狠地宰了我们一下，要价 70 元。因为不知道路途远近，只好答应。

　　车沿着山谷里的公路行走，看起来公路是新修好的，路面不宽，路况倒是很好。后来我们听说，这条公路是为了配合旅游开发于 2004 年底刚修通的。道路依着山谷的走势修建，所以比较蜿蜒曲折，一路上风景也不断变化。沟内的地貌和沟外完全是两重天地，沟外是比较典型的西北风貌，植被很少，感觉也很干燥。但是沟内植被茂密，满眼苍葱翠绿，湿润的空气扑面而来。一条小河沿沟奔腾着流出沟外，这是发源于马鬃岗梁的官鹅河，在宕昌县城汇入岷江。河水清澈，大概因为含了某种矿物质的缘故，所以水色莹碧。小河上不断有一些人工堆砌的拦河坝，形成一个又一个的浅水湾，宛若珍珠洒落在道路两旁，这大概也是为了发展旅游业的缘故新修建的。沿沟散落着一座座村寨，但是从建筑形式上看，属于典型的西北民居，似乎都是汉民的村寨。问司机，他说有些是汉民的，有些是藏民的。靠近县城的村寨都为汉民村寨，再往里走，就是藏民的村寨了。然而令人奇怪的是，路边的旅游宣传标语却是写着"领略羌寨风情"，这让我们有些疑惑——目前我们国家所划定的羌族全部分布在四川境内，甘肃境内没有羌族聚居，缘何这里会打出"羌寨"的旗号？难道是因为这里曾经是古羌人的地域吗？原因恐怕还需要探究。我们以为藏民村寨都在沟的深处，司机一直把我们送到景区大门口，下车问景区守门的人。守门人说景区里面已经没有村寨了，藏民村寨就是我们沿途看到的那几个。只好又折回头，司机把我们卸在一个村寨的旁边就走了。感觉从沟口进来并不远，70 块钱，再加上先前的 20 块钱，可真冤得慌。

　　从公路有一条羊肠小道进村，一座木头搭的简陋的小桥横跨在小河上，方便进出庄子。从外表上真的看不出这是藏族的庄子，心里稍稍有点失望。在公路上远远地看到有一排砖瓦房，和民居显然不同，那应该是村公所了。等到我们走近一看，上面果然挂着"鹿仁庄村委会"的牌子，看来这个庄子的名字就是"鹿仁"了。我们想先找到村长，说明来意，让村长帮我们安排住宿的地方。村公所却没有人，村长和支书都不在，旁人说是上山挖药了。终于有名中年男子带来一位年轻人，说他家开有农家乐，我们可以住他家。主人把我们领回家以后，就又要出门，他在帮别人家打墙。

　　"中午饭怎么吃？"我们问。

"我们就早上和晚上吃饭，中午不做饭，就吃馍馍，你们要吃饭我喊婆娘回来做。"主人回答。

"那别做饭了，我们也吃馍馍吧。"

"我让娃儿给你们烧点水吧。"

给女儿交代完，他就出门了。他的女儿只有10岁，叫小菊①，小小的个子。小菊从厨房端出一盘大馍馍，那么大个儿的馍馍，说实话我们以前没有见过。我们几个人忙活了老半天，终于在院子里生起一堆火烧水，一边啃着凉馍馍，一边等水烧开。有一个馍馍已经发黏，长了白毛，但无论如何也吃了下去。吃了点东西，精神就来了，下午想出门看看，总要先看看庄子是什么情况。可是庄子里静悄悄的，几乎没有人，青壮年都离开家做活去了，只留下老人和孩子。

一直到傍晚的时候，女主人才回来，她说上山挖野药了。怪不得呢，她家的院子里晒着很多药材。不过看她的穿着，却不是我们印象中"典型的"藏族服饰。红色左衽短上衣，外罩同是左衽的黑色平绒坎肩，包着黑色的包头，尽管是盛夏季节也不拿掉。整个装束，也只有垂在脑后那长长的独辫子有点藏族的意思。从女主人的长相上也看不出来是"典型的"藏族，圆圆的脸盘，黑红色的皮肤，倒是典型的西北人特点（图1-1）。她话不多，回来后看到我们，大概已经知道我们要住在她家中，所以没怎么询问，只是简单地打了招呼，就忙着给我们做饭。我们帮着劈柴、烧火、洗菜。她的汉话还不错，虽然带有浓重的西北口音，但是能听懂。为了进一步拉近关系，谢老师用兰州话和人家拉家常。在这里我们就不灵了，只好用普通话了。

就这样，我们终于在庄子里住了下来。也知道了我们的房东叫苗满才，30岁，妻子苗青莲，和丈夫同龄，娘家在新城子乡。他们有一儿一女，小菊在官鹅小学读三年级，现在放暑假了，就在家带弟弟。儿子小文刚刚五岁，因为还没有上学，不大会讲汉话，却很喜欢围着我们玩。

从外表来看，满才家的经济条件还不错。一座大院子，东面是一溜六

---

① 为了保护个人隐私，也是遵照人类学田野研究的惯例，文中绝大部分人名做了处理，除了姓氏之外，名字均为化名。

图 1-1　鹿仁庄妇女的服饰——谢继胜摄

开间的房子，起了两层，不过上面一层只是加了屋顶，墙壁还没有完工，满才说因为缺钱，只能暂时这样了。下面六间房子分成两部分，各有三间。北边是满才一家人的卧房，分成两部分，进门抬眼看见一整排大柜子，典型的西北地区的家居摆设。正对大门的可能是个供奉神灵的地方，装饰着白色纸花，纸花好像是剪出来的，纸花的下面挂着一个红布包着的卷轴，后来我们知道这叫家堂神案，供奉着家堂龙王神，但很有意思的是，这家堂龙王神却是汉族的神灵，这在第四章中会详细论述。左手边有一道隔墙，隔墙后面就是满才一家人的卧房。当然很简单，只有一个土炕和一个衣柜。南面的三间就是客房了，客房里面摆放有沙发、电视、影碟机和音响，还都挺新。但是电视要通过卫星转接器，信号不大好。单从客房的陈设来看，生活条件还可以。西面和正房相对的就是厨房了。

　　宕昌藏民属于农区藏族，经济生活主要是农业。所以当我们听到人们说上山挖药材时，还以为是农闲时节人们额外的经济来源，打听一番之后才知道，原来这里实行了"退耕还林"政策，村民没有了土地，生计方式发生了很大改变，上山挖野药和打零工就成了人们的主要选择。正值盛夏时节，妇女们差不多都上山挖药材了，男人也有去挖的，也有打零工的，所以白天在庄子里很是见不到人。

鹿仁庄里所有的路都没有经过修整，完全是人们踩出来的小路，很难走，而且一般来讲，很多小路都是通往每户村民家中的，所以顺着路埋头走，一不小心就会走到别人家里。不过这样也好，反正我们就是要和庄子里面的人交往。于是不论走到谁家，有人了就停下来聊一聊，没有人就走。庄子里的人都很和善，看到我们都很热情地打招呼。而且大人都会讲汉话，甚至是老年人都会，尽管口音很重，但基本上可以听懂。这可太方便了，不用找翻译，可以省去很大的麻烦，得到的信息也会更多一些。

就这样，我们在鹿仁庄住了几天，简单了解了宕昌藏民的语言、历史、生活和风俗习惯、宗教信仰。但大多数信息都是访谈得来的，并没有亲见。说实话，无论是人们的体质特征，还是服饰、建筑、饮食习惯，抑或宗教信仰等，和我们印象中"典型的"藏族实在差距很大。藏语分卫藏、康、安多三种方言，他们的本地语言和卫藏方言不能互通，谢老师那一口平素引以为自豪的标准拉萨话没有人能听懂，他也听不懂当地人的语言。话说回来，对照过一些基本词汇之后，谢老师说，和拉萨藏语还是一致的，所以他断定这里藏民的语言应该是藏语没有问题。从简单的外在情况来看，宕昌藏民似乎和"典型的"藏族有着较大的差距，那么也就难怪县志办的杨老师有那样的"羌人情结"了。究竟情况如何呢？为了进一步深入了解宕昌藏民的社会文化生活以及族群认同问题，我们还需要再来做深入的调查。

二入宕昌

我们终于在 2007 年春节前再一次来到宕昌。时隔仅仅一年半的时间，宕昌的变化很大，新开发区已经是高楼林立，旅馆也增加了很多，看来旅游业的发展应该还算比较快。打了电话给杨海帆老师，告诉他，我们到了。杨老师已经在等我们了，在他的引介下我们住进了天元宾馆。比上次我们住的小旅馆好多了，毕竟那家只要 15 元，这家旅馆每天可要 80 元呢。

上次踩点回去以后，我们就翻阅了关于宕昌的相关资料，包括那本久负盛名的康熙年间编撰的《岷州志》、1986 年出版的《宕昌县志》以及宕昌县志办公室主编的《宕昌县志（续编）1985 ～ 2005》，对于宕昌的地理（图

1-2）和历史环境有了大致的了解。按照县志上的记载，宕昌县地处甘肃省陇南地区西北部，位于东经 104°01' 至 104°48'，北纬 33°48' 至 34°23' 之间，最高海拔 2500 米，最低海拔 1138 米。东邻礼县，西接甘南藏族自治州的舟曲、迭部，南连武都，北依岷县，总面积 3331 平方公里。县城距甘肃省省会兰州直线距离 244 公里，公路里程 336 公里。从地理环境上来看，这里处于岷山山系与西秦岭延伸部分的交错地带，境内山峦起伏，连绵不断，沟壑纵横，地势由西北向东南倾斜。山地由两列山系组成：一列是海拔 2500 ~ 3500 米的大拉梁和岷峨山组成的北秦岭山地；另一列是由海拔 4000 米左右的葱地山和雷古山组成的岷山山地东延部分和南秦岭山地。这里山峦重叠，景色迷人。海拔 4154 米的雷古山和海拔 4133 米的马鬃岗梁等山峰终年积雪不化，云雾缭绕。高山之下必有深谷，人们习惯上把这些山谷称为沟，下游的山沟称上游的为"上沟"，反过来则称"下沟"。峡谷中必有流水，有些峡谷瀑布众多，像官鹅沟，姿态万千的瀑布从崖顶飞流直下。夏日沟内弥漫着从瀑布中飞洒出来的水雾，冬日的瀑布则凝结成气势壮观的冰瀑。峡谷中的水水质优良，清澈见底，既是林区的涵养水源，也是沟内居民的饮用水。[①]宕昌县城坐落在群山环抱之中，岷江穿城而过。因为地形的限制，建筑依地势而建，所以小城显得有些拥挤。

这里靠近四川阿坝藏族自治州，如果提起著名的风景名胜九寨沟的话，人们就比较清楚其所在位置，其实宕昌县离九寨沟不远，好些村民都说起过，经舟曲或者文县就能走到九寨沟去。而且目前正在开发的旅游区——官鹅沟和新城子乡的大河坝沟——都被称为"小九寨沟"，只是宕昌的这些沟要比九寨沟小很多。两年后的初秋，我们终于有机会见识九寨沟，从地理地貌到植被，二者的确非常接近。

宕昌藏民就居住在这些风景优美的沟内，主要有官鹅沟，属于城关镇管辖；大河坝沟，属于新城子藏族乡管辖；川坪沟，属于临江乡和新城子乡管辖，另外还有少部分居住在南河乡和贾河乡。因为多居住着藏民，所以在过去这些沟就被称为"西番沟"，沟里的藏民也被称为"番子"。大河坝沟 20 世纪 50 年代就已经通了公路，当时是为了方便采伐林木而修的

---

① 宕昌县志编纂委员会编《宕昌县志（续编）1985 ~ 2005》，甘肃文化出版社，2006，第 1 页。

图 1-2 宕昌县部分地区地形。底图地图数据采自天地图，http://www.tianditu.cn/

砂石路。官鹅沟是 2004 年底通的公路，目的是发展旅游业。川坪沟至今没有通公路，出入全靠步行，交通极为不便。宕昌县的人口有 29.35 万人，居住着汉、藏、回三种民族，其中藏族一共有 4292 人，占全县总人口的 1.46%。①其余就是占人口绝大多数的汉族，还有部分回族。宕昌县的人习惯上以城关为界，城关以北称为上半县，以南称为下半县。宕昌藏民居住的三条沟都紧靠这条分界线，在分界线以南。县里的知识分子认为，上半县保留有一些藏文化的因素，下半县保留有羌文化的因素。

我们在宕昌县城停了一天之后，就进官鹅沟了，仍然住在鹿仁庄，开始了我们的田野调查。

美丽的官鹅沟

官鹅沟是一条比较狭长的沟，西南—东北走向，西南高，东北低（图 1-3）。沿沟上行，翻越马鬃岗梁，就是甘南藏族自治州的舟曲县了。

不难理解为什么宕昌要决定开发这里的旅游业，沟内确实风景极佳，

图 1-3 官鹅沟

---

① 《宕昌县志（续编）1985～2005》"概述"。

和沟外典型的西北地貌完全是两重天地。在官鹅沟的深处，碧涧流泉，层峦叠嶂，森林密布。无论冬夏，沟内气温明显比沟外低。夏日沟外酷暑难耐，进沟以后，一股凉气扑面而来。沟内瀑布很多，水从山崖上跌落，顺着崖脚向沟外奔流（图1-4）。水清澈甘洌，是天然的冰镇矿泉水，沿沟的各个村寨也都直接饮用从沟内流出的山泉水。沟的最深处是地势最高的地方，也就是高山草场了，越过高山草场就是舟曲，因此两地的藏民也常有来往。冬天官鹅沟的景色却另有一番别样的美丽，夏日飞流直下的瀑布，这时凝结成冰瀑，格外壮观。因为风的缘故，水在冻结的时候，丝丝缕缕飘洒出来，尽管是凝固的冰瀑，整体却有明显的动势。阳光下冰瀑泛着幽蓝的光伫立在那里，还有些冰瀑像尖刀一样垂挂在悬崖半空中，水从冰尖上点点滴滴洒落下来……好一个冰雕玉琢的世界（图1-5）！冬天尽管绿色没有夏天那么苍翠，但是一些针叶树种，像松树和杉树都还是浓重的绿色，虽然干涩了一点，不过另有一种味道。那些掉光了叶子的树杈遒劲有力，特别是在阳光的照射下，枝条亮晶晶的，逆光看来，浓浓密密的树枝散发的光晕

图 1-4 官鹅沟夏日景色

图 1-5 官鹅沟冬日冰瀑

竟然有些迷蒙。以前总以为干树枝没有颜色，却没想到，它们的色彩也依然丰富，红色、紫色、绿色、黄色……深深浅浅，浓浓淡淡，比夏天纯粹的绿色要丰富很多。可以想象得出来，秋天的官鹅沟一定色彩斑斓，美不胜收。

尽管沟内风景优美，但是在不通公路的时候，进出县城都不大方便。沟里的人们说：

> 以前交通上啥都没有，全凭人走着呢。我们走着下去好像远得不得了。啊呀！……远得不得了，因为这个山上上去，那个山上下来，这么走，没有这个公路。现在有这个公路，各种车都有，坐车方便得很嘛。①

2004 年底通了公路以后，人们坐上车，花上 4 块钱，只要 20 多分钟就到了宕昌县城，果真是又方便又省时省力。人们可以从宕昌县城沿 212 国道北上兰州，南下陇南甚至成都。一下子，山外的世界展现在人们面前。

① 2005 年 7 月 15 日鹿仁庄民苗正文访谈。

2005 年我们第一次来的时候官鹅沟内还不通手机信号，时隔一年半，不仅手机信号通了，而且很多村民都有了手机，这样和外界的通信也完全畅通。也就是说无论是交通和通信，官鹅沟和外界的沟通已经没有什么障碍。

至于官鹅沟的名字是什么意思，人们有好几种说法。有的说是原来沟里的人是给官家养鹅的，所以沟的名字就叫"官鹅沟"，这恐怕难逃望文生义之嫌。还有一种说法是，"官鹅"是藏语的音译，翻译成汉语就是"平行的两道沟，上面一条沟的意思"，我们好奇这么短的两个音节如何能包含这么多意思。其实，在我们无数次向人们打听"官鹅"这一名称的来历时，人们都告诉我们，官鹅沟的藏语名称是 [gei a]，至于是什么意思，没有人能够告诉我们。所以我们想，"官鹅"这个名称可能是将藏语的 [gei a] 直接音译成汉语的。几年后我们从兰州走高速公路前往青海西宁，忽然看见路边指示牌上写着"官鹅"字样，心想官鹅沟怎么会在这里？不是一条线啊！再一想，"官鹅"大概是个源自藏文的普通地名吧，并不神秘。后来在《甘南藏族部落概述》一书中查到，这个地名的藏文记作 rked ngo[1]，与"官鹅"二字或村民口中的 [gei a] 对音很好（参见表 6-1）。不过很有意思的是，我们在杨海帆老师的陪同下到阴坪庄访问那里的师家[2]时，意外地在师家苗虎元家看到了一张陇剧的宣传单。这出戏剧对于官鹅沟的来历有新的解释，我们在第八章会详述。

散落在官鹅沟内的村寨一共有八个（图 1-6）。从沟口往沟内来，依次为：位于官鹅沟口的官鹅庄，大部分为汉族，只有几户藏族，姓氏也比较杂。然后是阴坪庄，庄子里全部是藏民，全部姓苗。和阴坪庄隔峡谷相对的半山腰上是立界庄，藏民的庄子，全部姓杨。立界庄的山脚下，是立界河坝庄，也全部是姓杨的藏民。紧挨立界河坝庄往沟内来的是朱瓦坪庄，分为两个小的自然村落——上坪和下坪，仅有几户藏民，多为汉民，据说是四代以前从四川逃难来的。接下来是鹿仁庄，这是沟内最后一个藏族庄子，全村有苗、毛和乔三姓，似乎鹿仁的苗姓和阴坪的苗姓之间没有多大关系。沟内最后一个庄子是花儿滩，花儿滩完全是一个汉族庄子，清光绪

---

[1] 马登昆、万玛多吉编撰《甘南藏族部落概述》，政协甘南藏族自治州委员会文史资料委员会编《甘南文史资料》第十一辑，甘南报社，1994，第 12 页。
[2] 家堂龙王神信仰的祭司，在鹿仁庄叫"阿巴"，其他庄子叫"师家"。

年间（1871～1908 年）由外地逃荒过来，本想落脚在鹿仁庄，但因他们是汉人，鹿仁庄民拒绝接纳他们，遂在花儿滩建了庄子。乔家庄是藏民的庄子，在官鹅沟口，顺着一条东南走向的小沟往里步行两个多小时即是。乔家庄得名于该村原来都是乔姓，但是现在庄子里只有四户乔姓，其余的乔姓后来都迁到川坪沟了。

在官鹅沟内，乔家庄和立界庄还没有直通公路，其他村庄都在公路沿线，车子可以开到庄子边，甚至有些可以直接开进庄子里。在朱瓦坪庄子旁边，现在正兴建新的立界庄，听说很快就要把立界庄从山上迁下来。立界居民很想搬，因为住在山上确实不方便，所有的东西都要靠人力背上山，遇到雨雪天气，山路泥泞不堪，如果能住在公路旁边，交通就会便利很多。我们调查的时候，房屋修了一半却停工了，听说里面有很多利益的纠葛，又加上层层转手承包等因素，好像不能顺利进行。从外表上看，这些统一规划的房子排列齐整，面积大小一致，很像二十世纪六七十年代大厂矿的家属房。

我们在云南见过所谓的"安居工程"，当时提出"消灭茅草房"的口号。于是把一些民族的干栏式建筑全部建成落地的砖瓦房，且不说建筑质量极为粗糙，规划也是非常整齐划一，无论是佤族、拉祜族还是其他民族，房屋的建筑模式完全一样。房屋是文化信息传递的场所，其建筑形式、建

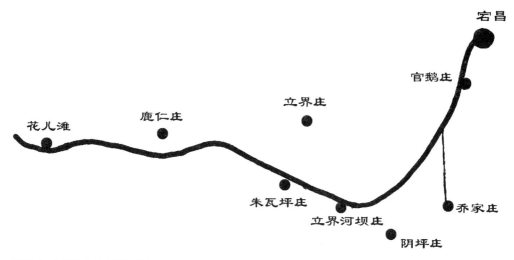

图 1-6　官鹅沟内村庄分布示意

筑方式、房屋的布局等都是重要的文化信息传递场。著名人类学家古宁汉（Clark E. Cunningham）说："房屋在前文字社会是上代人与下代人之间进行思维交流的有效方式"。①所以人类学家在研究一个族群的时候，往往特别重视对房屋的研究，从中寻找解释民族文化的要素。从文化传承上来说，失去了房屋意味着在很大程度上失去了一个重要的文化传承场，文化信息链上缺失了重要的一环，这对于民族文化将造成致命的伤害。我们不知道，立界庄的这次搬迁对于藏民的文化将会产生怎样的影响。

通公路最早的大河坝沟

我们是在春节后到的大河坝沟，这条沟属于宕昌县目前唯一的一个藏族乡——新城子乡管辖。大河坝沟明显比官鹅沟地势开阔，道路相应的也要宽一些，只是路面没有硬化，还是砂石路。沟内同样也有一条河沿沟向外奔流，风景却明显没有官鹅沟好看，水也不清亮，到处漂浮着塑料袋和垃圾。大概因为沟比较宽，风也明显比官鹅沟大，一起风满天扬起灰尘。不过人们说，沟的深处风景也很漂亮，有"陇上九寨沟"之称。县里最早选择这里进行旅游开发，但是因为大河坝比较深，景点也比较分散，开发起来资金投入比较大，后来就以官鹅沟为重点进行开发。大河坝路途远，走起来很辛苦，我们没有进沟赏景，究竟沟内风景如何，就没有办法评价了。

我们暂时住在沟内牛头山庄的"明珠农家乐"。牛头山庄的 17 户人家是 2004 年从牛头山上搬迁下来的，因为牛头山上条件艰苦，所以集体搬迁到山下，统一修建了搬迁房，每户还补助了 3000 元。情况应该类似于现在官鹅沟的立界庄，只是不知道立界庄什么时候能搬成。"明珠农家乐"的主人其实是新坪庄的人，建牛头庄的时候，他不知怎么就要了一所院子来开农家乐，并以自己的名字来命名。他说目前来农家乐休闲的人都是县上的工作人员，很少有外来的人。听口气，他似乎和县里政府单位的人有

---

① Clark E. Cunningham, "Order in the Atoni House", in Rodney Needham (ed.), *Left & Right*, The University of Chicago Press, Ltd., 1973.

一些关系，所以很多单位搞活动什么的就会到他家来，这样他也有些收入。果然，我们住在他家的时候，就遇到县上有人在他家吃饭娱乐。

大河坝沟一共有五个庄子，和官鹅沟的情况类似，越往沟口走，汉族就越多。到大河坝沟最尽头的一个庄子——新坪，就全都是藏族了。新坪旧称番坪，单从其旧称我们能看出来这里原来居住的也是非汉族群。那条以前主要用来运送木料的车道从庄子正中穿过，车道边上一溜排开盖着全中国农村都一样的砖房，也有水泥抹面甚至贴瓷砖的两层楼房。当然，庄内还留有一少部分原来传统的土木结构的夹板房屋，这种房屋被称为"榻板房"。看得出来，很多榻板房已经被废弃了。可能和公路通得比较早有关系，大河坝沟的村民在县上和外地工作、上学的人比官鹅沟要多得多。以新坪庄为例，新坪庄子并不是很大，但是有140多人在外面工作。学生读书也相对较好，不少人考上中专，甚至大学。所以，大河坝沟和官鹅沟的小学很多老师来自新坪庄。这可能也和公路通得早有关系吧。无论如何，大河坝沟接受外界的影响要比官鹅沟深，因此人们说，比起官鹅沟来，大河坝沟的藏民汉化得厉害。

不通公路的川坪沟

过了正月十五，我们打算到川坪沟看看。川坪沟至今还不通公路，不知道那里的情况究竟怎么样。一般来说，公路的开通往往会使文化的变迁以加速度的方式进行着。大河坝沟的公路从20世纪50年代就已经开通了，因此，可以很明显看到他们的文化变迁就比官鹅沟要快。官鹅沟自从2004年底公路修通以后，变化也非常快。从我们2005年7月第一次到官鹅沟，到第二次来，仅仅一年半的时间，已经发生了很大的变化。那么在至今仍然不通公路的川坪沟，情况究竟如何呢？

我们请小菊的妈妈带我们到川坪沟，小菊的小姨嫁到了川坪沟黄家湾庄，这样我们可以住到她家，会比较方便。刚好小菊的小姨到鹿仁庄探望小菊一家人，就带我们一起返回川坪沟。虽然知道要走山路，我们早有心理准备，但还是没有料到——路真的很难走。

我们是从临江乡进入川坪沟的。从宕昌县城到临江乡有车，路途也不太远，大概有十多公里。下车的地方就在岷江边上，看来临江乡名副其实。风景还不错，紧靠岷江的公路两旁是高大挺拔的白杨树，这里因而名为白杨坝。这一带江水宽阔，水流平稳，即使是在冬天，水量看起来也还不小。如果不看民居，看不出来这里是西北地区。从这里开始往川坪沟里进就没有公路了，只能靠步行。

其实在岷江岸边的道路上看不到进入川坪沟的沟口。我们过了江以后，又绕了一道梁才开始真正进入川坪沟。川坪沟一共有六个自然村落，全部属于周家峪行政村管辖，村民都是藏族。我们在县志办的访问材料中得知，周家峪的藏民说，他们是为了躲避战乱而搬进川坪沟的。从川坪沟的地理位置看，这条沟真的非常隐蔽，如果说要避难，这里实在是再合适不过了，只是风景不如另外两条沟秀丽宜人，变幻万千。

刚刚进入川坪沟，我们就已经感到路不好走。小路很窄，悬在半山崖上。确切地说，这并不是小路，是灌溉沟渠的堤坝，只有一个脚掌宽，我们带着行李走起来很费力。小菊的小姨还感冒了，在发烧，也没有力气。无奈之下，她给家里人打了电话，让人带着骡子来接我们。当我们绕过这段沟渠，家里人就接到我们，所有的东西都让骡子驮上，我们开始轻装上路。和我们一起同行的还有几个鹿仁庄的人，他们说要去黄家湾吃筵席。宕昌的藏民人数较少，官鹅沟、大河坝沟和川坪沟这三条沟的藏民相互通婚的情况非常多，相互之间都有亲戚关系。看来，是他们在黄家湾的亲戚家里有事情，他们来祝贺的。

黄家湾庄离沟口不太远，坐落在半山腰。进沟不久就开始上山，路很陡，我们走不惯山路，所以走得很慢，鹿仁那几个到黄家湾吃筵席的人很快就走得没影了。小菊的小姨病着，走一段路就要歇上一阵，正好我们也可以喘息一下。好在路不是很长，上山的路我们走了大约一个半小时。庄子里果然是在过事情，一户人家的小孩子过满月。庄子小，一共只有13户，家家户户都到过满月的人家吃筵席了。但是因为我们来了，小菊小姨的丈夫乔清宝和婆婆都在家等我们。我们注意到黄家湾的房屋建筑样子明显比大河坝沟和官鹅沟的要老一些，基本上还是土木结构的两层榻板房。从布局上看，黄家湾的房屋布局也还是比较早的样式。下层养牲畜，上层住人。

在黄家湾还必须要养牲畜，至少要靠它们托运货物，我们已经深切体会到了这一点。小菊的小姨家也是同样的建筑，另外还有一大间厨房。我们被让进二楼的主房，炕上早已经生了一大盆火，烧得旺旺的。不过我们刚刚爬山上来，里面的衣服都已经被汗湿透，一停下来，汗冷了以后，浑身冰凉。更不能烤火，那样汗干不了，会更难受。只能等汗慢慢落了，再靠体温把里面的衣服暖干。

中午饭依然是当地的主食面条，热乎乎的面条下肚，浑身舒坦。吃过饭，本打算到庄子里找一些老人做一下访谈，看看庄子里有没有苯苯①人家。人们告诉我们，庄子里年纪最长的老人去吃筵席，喝醉了。我们只好到苯苯人家看看。黄家湾虽然小，但却有三户苯苯人家，是从同一户分出来的。他们说已经没有人会苯苯了，只是家里还有山神的位置。不过有一户苯苯人家没有安山神的位置，相反却安有家堂神的位置，不过这家堂神没有别人家的正规。川坪沟尽管没有通公路，但是宗教信仰上的变化与其他两条沟是同步的。

或许这么一个小山村很少有外面人来，我们的到来，让庄子里很多人都来看。又因为今天庄子里有人家办满月酒，也有不少外村的亲戚朋友前来祝贺，正好可以让我们借机和他们聊一聊。

"我们这个庄子太偏僻，没有人来过。"

"乡上都不来人。"

"你们是从北京来，代表中央来看我们。"

淳朴的山民把北京等同于中央，北京来的人就成了中央派来的。我们无法解释清楚自己究竟是干什么的，因为他们没有"研究"的概念，更别说"人类学"了。于是我们只能解释说，我们是来了解宕昌藏民的风俗习惯的，如此他们还好理解一些。我们就在炕上的火盆边和一群妇女聊起了家常。

"家里几口人？"我们问其中一位中年妇女。

她有些不好意思，笑了笑，轻轻地回答："五口。"

无论是哪条沟的藏民，他们的汉语都非常好，尽管口音比较重，但和

---

① 宕昌藏族凤凰山神信仰的祭司通称为"苯苯"，有文、武之分，在第三章中将详述之。

我们交流起来都没有太大的问题。

"都有谁呢？"

这下她更不好意思了。

"阿爸，掌柜的，还有两个娃。"旁边一位妇女插嘴。

"娃多大了？"

"大的 14 岁，小的 10 岁。"

"上学了吗？"

"大的没上学，小的上二年级。"

"大的为什么不上学呢？"

人们一下子七嘴八舌地说开了。原来黄家湾没有教学点，更不要说小学了，孩子们上学要到沟口的白杨坝。我们从沟口走到黄家湾就用了两个多小时，让六七岁的娃娃每天走这么远的路上学，也确实太辛苦。再加上路又难走，做父母的当然舍不得让孩子小小年纪就起早贪黑地去读书。就算是读书也要到 11 岁甚至 14 岁才去学校，七八岁上学就算很早了。即使上学，大多数孩子读到四年级就不读了。黄家湾现在有 7 个小孩在念小学，没有中学在校生。黄家湾适龄儿童的上学情况和我们在另外两条沟得到的信息相仿，只是另外两条沟的交通条件比川坪沟要好，目前学龄儿童基本上都能入学。其实不仅仅是黄家湾的情况如此，在全国很多山区的教育情况也都是这样。一般来讲，家长都愿意让孩子读小学，因为小，干不了多少活，到学校认几个字，学一点算术。等到上初中的年龄，就有了劳动能力，加上无论是孩子还是家长都认为学的课程回乡以后基本没用，很多孩子本身不大愿意上学，家长也不强求，就让孩子辍学，在家里面帮忙干些农活。这就牵扯出了全国统一教材在农村地区，特别是边远山区和少数民族地区是否适用的问题。这些地区的课程设置是否可以进行一些调整，以适应当地社会发展的需要呢？一方面提高学生的学习兴趣，另一方面也让家长看到读书的实际用途，使有限的教育资源能够真正被利用，并发挥作用。当然这是题外话。

"家里和前沟有亲戚吗？"我们又接着刚才的话题和那位中年妇女聊了起来。

"男人就是前沟嬢嬢家的儿子，招来的。"宕昌藏民的姨表亲和姑表亲很多，我们在鹿仁做谱系调查的时候已经了解到了。

"现在靠什么生活呢？也去外面打工吗？"

"种地。有 11 亩地呢。"

"种地？没有退耕还林吗？"

"没有。看得见的地方才退耕还林，我们这里没有人来，就没有退耕还林。"

原来川坪沟没有施行退耕还林，黄家湾的村民依然以务农为主要的生计方式。从地形和地貌上看，川坪沟的地理环境和大河坝沟、官鹅沟相似，为什么川坪沟没有施行退耕还林呢？后来我们在宕昌县林业局了解到，在实施退耕还林政策的时候，还是出现了很多问题。如果按照退耕还林的政策要求，川坪沟和其他两条沟一样，也完全符合条件。但是退耕还林是有指标的，尽管宕昌县大部分耕地的坡度都在 25 度以上，分给宕昌县的退耕还林指标却没有那么多，全县需要退耕还林的坡地有 86 万亩，而实际上指标只有 17 万多亩，所以只能在一部分地区施行退耕还林。川坪沟相对于其他两条沟地理位置更为偏僻，上级来检查退耕还林成果的时候，一般不会到川坪沟。而且大河坝沟和官鹅沟是旅游开发地区，需要良好的生态环境。所以官鹅沟和大河坝沟实行了退耕还林，川坪沟的藏民则依然从事农业生产。

不知不觉中，天色已经渐渐暗了下来，天空中也飘起了雪花，晚上估计又是一场大雪。说来也奇怪，只要我们离开鹿仁庄到其他庄子，必定就会下雪。不知道这场雪以后，明天的道路如何，我们要到其他庄子还能不能走。

偏僻的山村难得有热闹的事情，人们也就借着过满月尽情畅饮。一直到晚上，男人们依然围在火堆旁边喝酒，清宝家的楼下厨房也摆着酒席。清宝一边和我们在楼上聊他们的宗教信仰，一边不时地到楼下招呼客人，也难为他了。大概小菊的妈妈事先已经告诉他，我们不喝酒，所以他没有让我们到楼下吃酒席。不知不觉中，时间已经过去很久，围在我们周围的妇女们都已经离开，她们劳累了一天，也是时候歇息了。小菊的妈妈已经在炕上睡了一觉，走了那么长时间的山路，她一定累了。说实话我们也很累，正在我们商量准备睡觉的时候，清宝说再等一等。我们有些纳闷，难道还有什么事情吗？小菊的妈妈悄悄说，要给我们吃鸡娃。原来清宝把家里的鸡娃杀了一只招待我们，这实在是过意不去。山里的人难得吃上一次肉，吃上新鲜肉更是非常不容易的事情。清宝把家里的鸡娃杀了，可以说是把家里最好的东西拿出来招待我们，这里的民风淳厚，我们在宕昌也常常听到人们这样评价藏民。

炕很暖和，晚上睡得很舒服。一早打开房门，满山遍野一片银白。雪还在纷纷扬扬地下个不停，有点担心走不了。在庄子里往山下看，苍苍茫茫。远处周家峪村的一片树林也清晰地显现出来。冬天没有雪的时候，山和大地一片褐黄色，看不出来山有多大，房屋和树木的轮廓也不清晰。一下雪，山的层次完全被勾勒出来，气势一下就出来了（图1-7）。除了小面积的一些树林以外，整个沟内的山坡上全部是一层层的梯田。因为山势过陡，所以梯田非常窄，粮食产量应该不会有多高，而且在这样的地形上，不可

图 1-7 雪后的川坪沟

能使用任何机械化的耕作手段，最多只能利用牲畜。可以想象出来，夏天我们将看到没有树木的大山。只可惜我们的相机拍不出来大山雪后苍茫壮观的气势，权且只是拍一些作为资料而已。等着吃早饭的时候，我们趁机在庄子里走走看看。这个小山村在山腰上，房屋依山势而建，庄子没有大块的平地，最大的一块平地就是庄子的场坝，用来晒粮食和做一些重要的活动，不过场坝也只有十几到二十平方米的样子。

临近中午，雪停了，我们打算离开黄家湾，从山腰绕行到其他庄子，然后从另外一条路下山，那样可以再走几个庄子，而且路也比较好走。清宝从柴垛里抽出几根比较直的青枫木棍，很利索地把木棍的一端砍得稍稍尖一点，让我们作为拐杖使用，雪后的山路会更加难走。昨天晚上喝醉的一位乡民也和我们同行，原以为他只是和我们顺路，等出了川坪沟才知道，他是为了专程送我们，实在有些过意不去。而且今天的他和昨天相比完全判若两人，昨晚大概是在酒精的麻醉下，话极多。今天看起来他并不是一个话很多的人，一路上他也没说几句话。酒精的麻醉作用能让人完全改变一副模样，所以在每次的田野调查当中，我们很不喜欢把酒作为礼物送给调查对象，觉得这实际上是在伤害他们。

一直绕着山腰走，当我们走到黄家湾对面的山腰时，这个小小山村的面貌完全呈现在我们面前（图1-8）。十几户人家静静地坐落在半山腰上，雪后的山村寂静无语。远远望着这个山村，心里有说不出的怅然，就在这种怅然中，我们渐渐远离了黄家湾。本来这样的山路就是羊肠小道，春雪化得又很快，路上很快就变得泥泞不堪。有些地方的道路不仅仅是窄，而且似乎原来也没有路，上一步和下一步上下相错有一尺，这样就只能四脚着地寻找合适的落脚点。而且左手边就是山崖，如果不小心失足滑落下去，那我们的意外保险就真的派上用场了。幸亏带着木棍，左手用木棍撑地，右手扶着山体上突出来的石块，小心翼翼地试探着向前走。我们再也无心欣赏雪后的山景，专心致志地走路。好在并不是一路都如此。

路过几个庄子，稍微进去看了看，就一路赶着下山。到了沟底，雪已经化完了，沟底的路也已半干，路好走了很多。于是加快脚步，争取在天黑前出沟。将要走到沟口的时候，遇到一群放学回家的小学生，问他们是哪里的，答曰：川坪沟。是啊，他们都住在川坪沟，可是沟内没有学校，

图 1-8 雪后的黄家湾

这么小的孩子每天要走这么远的山路，到江边的白杨坝上学，难怪黄家湾的小孩子很多干脆不上学，或者十一二岁才上小学一年级了。再问他们：上学要走多长时间？有个小姑娘答：没看过表。知道这样的数据对他们没有实际意义，我们只能回过头来，默默走自己脚下的路。终于，在天擦黑的时候，我们走出了川坪沟。

住在鹿仁庄

我们的两次调查都选择住在官鹅沟的鹿仁庄。这样我们就以鹿仁为中心，不断深入到其他山沟和其他村寨，了解宕昌藏族的社会生活、历史记忆以及他们的族群情感和族群认同。

在我们第二次进入官鹅沟之前，已经听杨海帆老师说，经过他的多方努力，县里投资帮助鹿仁庄建了一座仿古大桥，连接庄子和道路，庄里的路也经过了修缮。果然我们路过阴坪庄的时候就看见了一座仿古的大桥，说是仿古，其实就是木桥上面加盖了一个挑檐的顶，不知道是什么民族风格。比较有特点的是桥头有两个碉楼形状的建筑，大概是模仿所谓羌族的建筑风格吧。鹿仁庄也建了一座同样的桥，但是没有碉楼。这样进村可方便多了，不用再涉水过河了。进庄以后发现，庄里的道路修了台阶，铺上了石头，好走了很多（图1-9）。因为上次住在小菊家，实际上这次也应该住在小菊家，但是因为杨老师提前和村支书联系了，所以只好听村上的安排。可是却找不到支书，说是到县城了，要四五天才能回来。他好像也没有给我们安排住处，他的妻子把我们领到小菊家旁边一户农家乐，这就是苗建明家。上次来的时候我们就到过这家，还给建明的妻子拍了一张照片，在建明家我看到了那张照片。这样我们就住在建明家，开始了我们在宕昌的调查与生活。

在我们调查的时候，鹿仁庄一共有78户，300多口人，主要有三个姓氏：苗、毛和乔，相传这三个姓氏的人是比较早到鹿仁庄定居的，另外还有个别的杂姓。似乎人们对于姓氏非常看重，我们头次来就听大家强调过庄子里的这几个姓氏了。看来，不同的姓氏可能有一个家族背景在里面。苗姓和乔姓都自称自己是最早来到鹿仁庄定居的，这已经无法查考；毛家

图1-9　夏日的鹿仁庄局部——谢继胜摄

则很明确地说自己来得较晚。鹿仁庄的乔姓只有四户，其中一户是三代以前才从哈达铺迁来的，另外三户是亲戚。其中两户是弟兄二人，当我们调查家谱的时候，这两户非常明确地说他们是亲兄弟，却说第三户和他们没有任何关系。实际上，第三户和他们是姑舅亲戚。因为该户只有独女，所以招了上门女婿，来延续乔家后代。另外有 15 户毛姓，也基本上都有亲属关系，似乎是从一户延续下来的。两户李姓，其中一户是另一户的女儿家，李家落户到鹿仁庄的时间非常短，据说是在 1949 年之前才来的。另有一户王姓，来鹿仁的时间也不长，但是家里人说不清楚是什么时候来的。其余的基本上都是苗姓，从谱系调查的情况来看，这些苗姓似乎最初是由三到四户繁衍出来的。另外还有几户杨姓，多是通过招赘婚到鹿仁来的。

鹿仁庄分为两部分，大庄和小庄，两个庄子中间是抬水沟（[yǐ lī sē de]）和官鹅河交汇的地方。大庄家户少，小庄家户多。最早鹿仁只有大庄，后来人口增长了，就开始在现在小庄所在的位置盖房建屋，分出大、小庄。渐渐的，小庄户数增加，甚至超过了大庄，但叫习惯了也就沿用下来。在大庄和小庄都分别有一块空地，人们称为"观场"，也是庄子里最开阔的地方，作为村内主要的公共活动场所。最有意思的是，鹿仁庄一个小小的村庄居然有几个不同的地名，村民们告诉我们这些地名并没有什么特殊的含义，只是为了叫起来方便而已，但是在一个小村庄里面，居然还要划分出几个不同的地名也确实很有意思（图 1-10）。目前在小庄新修了十几栋房子，准备供官鹅沟内最后一个庄子花儿滩的十几户汉民居住。原因是花儿滩庄地处旅游开发区范围之内，为了更好地保护景区环境，要把他们迁出来。那时鹿仁庄也就会有汉族人口了。很有意思的是，当年逃荒而来的人因为是汉族，没能在鹿仁庄定居下来，最终落在了花儿滩，如今则为了发展旅游被政府安置在鹿仁庄，而鹿仁庄的村民谈起这件事时，他们好像也没有表示什么反对意见。

鹿仁庄的寺院在庄子东北边，按照佛、法、僧三宝的标准来看还不够完善，不过也是我们在宕昌看到的唯一一座有点藏传佛教意思的寺院了。第一次来的时候，鹿仁庄的寺院还没有修好，这次已经完工了，我们住到建明家的当天下午就去看了寺院，在第五章我们会详细叙述它。在寺东边不远的地方，有一座类似牌楼的建筑，后来我们在立界庄也见到了相同的建筑，有点类似一些少数民族村庄的寨门。不过有意思的是这两个庄子都只有一个寨门，这和西南民族可有所不同。

鹿仁庄大庄和小庄的背后都有一片神树林，人们说神树林是他们信仰的凤凰山神居住的地方，不同的姓氏各有一片神树林。大庄背后的神树林是苗家的；小庄背后的神树林是毛家、乔家和全庄的，不同姓氏的神树林不一样。但是这三片神树林连在一起，在我们这样的外人看来就是一片树林，当然庄子里的人能分辨出来。也就是说，鹿仁庄有四片神树林。神树

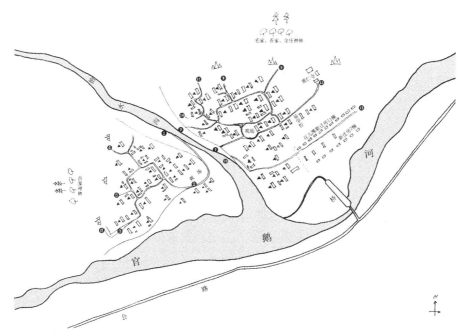

图 1-10 鹿仁庄平面示意

序号	大庄内小地名的当地发音	序号	小庄内小地名的当地发音
1	[si ha tu xu bai]	7	[a pao ye gu su]
2	[ge bu do]	8	[da gas u]
3	[chuo nil u]	9	[xu do]
4	[sa gei li]	10	[xie xie tu]
5	[gao deng lao]	11	[ang zai]
6	[ri jia]	12	[xi do lu ba]
		13	[ka xi lu]
		14	[wu do lu bai]

林在客观上，起着保护生态环境的作用，但是宕昌一带的神树林面积过小，所以单单靠神树林，对于生态环境的保护还十分有限。在鹿仁庄周围，所有的山坡台地上都能看到过去从事农耕的痕迹。也就是说，除了神树林，其余的地方都已经被开垦成耕地，这也说明了神树林在宕昌藏民心目中的地位。后来我们逐渐看到，在宕昌，所有的村庄，无论是汉还是藏，都有一片不能被砍伐的神树林。

鹿仁庄名的来历有两种说法。一种是村民自己的说法：

> 我们这个庄出了个大王，叫作木令大王。那个时候政权呀、法律这就没有嘛。那个时候这个木令大王……我们小的时候还以为木令大王是我们鹿仁的人。……以前我们这个叫木令庄，不叫鹿仁。木令，木令，叫叫就叫成鹿仁了。[①]

第二种，在清康熙四十一年编修的《岷州志》中记载有一个地名叫"六忍"，宕昌马土司家谱中也有"六忍"一名。也就是说至少在清朝的时候，"鹿仁"村名的音就已经出现了。我们在调查的时候，多次就村名的来历询问过不同的村民，得到的回答是鹿仁的藏语名字是 [lu he]。从村民的藏语发音来看，六忍或鹿仁的名字很有可能是藏语发音的音译。在很多方言中，"六"的发音就是"陆"，在晚期西北的地方材料中，这种情形比比皆是。

没有人能够清楚地记得是什么时候有的鹿仁庄。听人们传说，以前鹿仁庄的位置住的是现在阴坪庄的人，后来鹿仁的祖先到来以后，把阴坪的祖先赶到了现在阴坪庄的位置，鹿仁庄的祖先就住了下来。有位在宕昌县里工作的鹿仁庄人告诉我们说：

> 现在的阴坪庄（居民原先）是我们这个庄的人。我们这个庄的人来了，把人家打下去，赶走了，把他们赶下去了。解放以后，我们父亲、我们爷爷那一辈人，阴坪庄的人还赶上来收租。河坝里有块石头，红石头，捶麻布的，过去穿的是麻布嘛，麻布做好

---

① 2005 年 7 月 15 日鹿仁庄民苗正文访谈。

以后要在石头上捶展。那个石头我们小的时候都在呢，后来不知道咋就再不见了。红石头，这么大，圆圆的，好像锅底扣下呢。……咋个迁来的我们不知道，这都是老古先传下来的。[①]

阴坪庄的人也证实了这个传说。从语言上来看，两个庄子似乎也不是同一个时期来到官鹅沟的。两村的村民都说，他们的语言只有 80% 相通，口音也不一样。但因为我们不懂宕昌藏语，没有办法做深入的了解，只是听村民举了一些简单的日常用语做例子，说明两个庄子在口音上有比较大的差别。比如"桌子"（藏 sgrog tse 或 cog tse），阴坪庄人叫 [zhou zi]，鹿仁庄叫 [zha'er]，如此等等。

下雪了

腊月二十下雪了，这是我们在宕昌遇到的第一场雪。早晨起来，就看到地上一层薄薄的积雪。北方的冬天是没有颜色的季节，光秃秃的树枝很没有生气，尽管有独特的苍凉美，但是拍出照片来却不好看。特别是宕昌当地的民居都是夯土建筑，和黄褐色的大地融在一起，拍出来的照片根本分不清哪里是房屋哪里是土地，画面上平板一片，即使作为资料也不好用。没想到一场小雪，让整个景致发生了那么神奇的变化。树、房屋和小路的轮廓被勾勒出来，像中国古典山水画（图 1-11）。因为雪的功劳，后来有些照片很赏心悦目，而且录像资料也很好看，用在了我们的纪录片中。哪知道这次激动人心的下雪之后，雪居然隔几天就下一场，直到我们离开。北京的冬天很少下雪，一年能下两三场雪也就不错了。在宕昌，频繁的下雪让我们感到山区的生活也不那么单调，只是雪后的山路的确很难走。后来的几场雪都很大，建明的天气预报也极其准确。往往他说要下雪就一准下雪，他说什么时候雪停就一定停，比气象台的预报准多了。居住在山里的人们，从云的变化就可以看出天气情况，这种生活的经验是我们十分欠

---

① 2005 年 7 月 15 日鹿仁庄民苗正文访谈。

缺的。城市里的人远离了大自然，把原来应该具有的人类常识丢失殆尽，也渐渐对于自然陌生了起来。

宕昌的气候属于温带大陆性季风气候，按甘肃省的气候分区，属于陇南温带湿润区,气候温暖湿润。年平均降水583.9毫米,降水主要集中在5～9月，占全年降水量的70%左右。冬季较为干旱。春季冷暖多变，降水适中。但是因为山高沟深，地形复杂，气候变化很快。特别是在沟内，气候和沟外也有很大不同。沟内气候比沟外湿润，降水也多，所以无论是冬天还是夏天，沟内的降水都不少。①

尽管雪景很美，然而立春后再下雪却不是什么好事情。在没有退耕还林的时候，鹿仁庄的土地都在山上，因为山高坡陡，成年的牛没有办法上山。人们把买来的小牛犊直接背到山上，任其自由生长。每天上山劳作的时候，把牛赶到田地里，晚上收工的时候再把牛放开。所以牛是不喂的，完全在山上自己觅食。整个冬天，牛都是在寒冷和饥饿中度过，因而牛的体质很弱，

图 1-11 雪后的鹿仁大庄

① 《宕昌县志（续编）1985～2005》，第 11～12 页。

如果春天雪多，很多牛就会因为饥饿和寒冷死掉。原来，这样美丽的景色背后却隐含着灾难。正可谓，"长安有贫者，为瑞不宜多"（唐·罗隐《雪》）。美丽的风光和温馨的生活往往并不携手同行。人们憧憬着田园生活的惬意，似乎那是自由、闲暇和舒适的代名词，往往忽略了生活的艰辛和劳累。从事田野调查以来，我们对这一点有深刻的体会。即使在土地肥沃、气候温暖的西双版纳，生活也并不如童话般那么美丽，依然是艰辛无比。田园诗般的乡村生活往往是人们在嘈杂的都市里凭空想象出来的。

除了春雪所隐含的对农业生产的威胁以外，宕昌主要的天气灾害还有干旱、低温连阴雨、暴雨和冰雹。宕昌是甘肃省重点雹灾地区之一。每到夏季，一次或者连续数次大暴雨，山洪就要爆发，江河涨溢。而且，这些气象灾害还会引发地质上的次生灾害。宕昌县处于西秦岭东西复杂构造带与祁吕贺山字型构造体系的复杂部位，新构造运动非常强烈，沟深坡陡，断裂褶皱发育，岩体碎裂，地质结构十分脆弱。[1]所以暴雨、冰雹和连阴雨往往会造成泥石流和山体滑坡，这种灾害在宋代的碑刻资料中就有记载。宕昌县的泥石流面积已经达到 1353 平方公里，占全县总面积的 1/3 以上。[2]即使是晴天，也会有砂石从山坡上滚落，我们在沟里就常常遇到这种的情况。同时，宕昌也位于我国著名地震带——临潭县—岷县—宕昌地震带上，历史上多次发生过破坏性地震。[3]在这样的条件下从事农业生产，有太多的不确定因素。人们无法左右自然的力量，又期望辛苦的劳作能够有所收获，期望着风调雨顺的年景。于是，人们向冥冥中的神灵祈求，避免自然灾害，获取丰收的年景。宕昌藏民的宗教信仰活动有很多与祈求农业生产的顺利进行有关，我们在本书第三、四、五章有关宕昌藏民的宗教信仰中详细论述这些内容。

---

[1] 《宕昌县志（续编）1985～2005》，第 26 页。
[2] 陈启生：《陇南地方史概论》，兰州大学出版社，1992，第 7 页。
[3] 就在我们写这本书的过程中，发生了"5·12"汶川大地震，波及宕昌，宕昌的损失也颇为严重。不过我们所调查过的这几条沟基本上没有大碍，只有几户村民的房屋倒塌，并未发生人员伤亡。

第二章　宕昌藏民的社会生活

建明家的生活

建明家里有五口人，夫妇二人和一个儿子、两个女儿。儿子已经20岁了，在新疆打工，春节也不回来，所以我们一直没有见到。这样，平常家里只有四口人，大女儿艳霞在县城读初中，她上学的时候，家里只有建明、冬梅夫妇和小女儿彩霞在家。

尽管人口很少，房子却很大。一座大院子，北边是三间平房，平时不住人，只放着沙发和电视，一家人看电视和接待客人都在这里，照城里的概念就算是客厅。东面是一座两层小楼，楼下是建明一家人的卧房，和苗满才家的情况类似。外间比满才家的大很多，靠墙一溜大柜子，存放着家用物品和粮食等。家堂神案同样设在这里，装饰的样子和满才家一样。里间就是建明夫妇和女儿彩霞的卧房了，陈设也和满才家一样。北边的偏房是小卖部，有各种日用品、烟酒和一些小食品，方便庄子里的人买点日常用品。楼上就是农家乐的客房了，凡来了客人都住在这里，我们就住在楼上。

和楼房相对的就是厨房兼餐厅。南面是磨房，里面有电磨，建明平时帮助村里人磨粮食，也多少有点收入，常看见他顶着一头白黄粉尘，拍拍打打地从磨房中走出来。院子旁边还有一座简单的小院，那是猪圈、鹅舍和厕所。

村里有简易的自来水管道，入冬龙头冻住了，冬天用水得到溪边去担。开春冰消雪融，我们要走的时候，水龙头才终于又通上水。另一道风景就是各家各户院子里堆的细柴，冬天取暖用得很费。

建明是个精明能干的人，一家人的生活在他和妻子冬梅的辛勤劳作下，过得蛮不错。以前有土地的时候，建明和妻子除了要干自己家的农活以外，还要到立界庄冬梅的娘家，帮助冬梅的父母家耕作。自从"退耕还林"以后，建明就在宕昌当地找一些零活干干。冬梅的主要工作就是上山砍柴，照顾一家人的生活。也就在同时，县里开发官鹅沟的旅游业，倡议沟内的村户开办农家乐，脑子灵活的建明就和冬梅两个人在自己家张罗了起来。农家乐的客房非常干净整齐，床上铺着厚厚的被褥，陈设很有点宾馆的样子。小房间是一张双人大床，一对沙发，上面铺着毛皮。大房间是三开间，进门是一张大麻将桌子，四把椅子，左右两边是两间客房，各有两张单人床，但是都没有门，也没装门帘。建明说，为了把农家乐办起来，他和妻子两个人花光了所有的积蓄。不过因为旅游业刚刚兴起，农家乐的生意还没什么收益。建明主要还是要靠打些零工，保证一家人的生活。建明读过几年书，加上头脑灵活，多少了解一点医疗知识，还在家里开着一个简易的诊所。庄子里的人有个头疼脑热的，建明也客串一下医生，开点药，打打针。说实话，我们不赞成建明这么干，因为这毕竟是治病。不过，在鹿仁庄没有医疗卫生室，村民有点小毛病也真的不方便。虽然施行了合作医疗，可人们只是在生大病，到宕昌县里的医院看病的时候才用，小毛病也不大会那么麻烦。冬梅没读过书，心直口快，是一个闲不住的人。她说，她喜欢上山砍柴，只要上山就全身舒服，在家坐着就难受。晚上的时候，她喜欢一边看电视一边做针线活。她也经常到别人家和妇女们一起聊天、做活、看电视。

他们的大女儿艳霞14岁，在宕昌县城读初中二年级。性格大大咧咧，不大像建明，倒是很像妈妈。声音粗粗大大，听说唱歌很好听，还在学校得过二等奖，只是她一直都不肯唱给我们听。她在建明家是学问最高的人了，艳霞说，有时候家里的事还要听她的意见，我们也亲眼见到艳霞指挥建明和冬梅做这做那。我们在建明家住的时候，正好是寒假，艳霞每天就在家里帮着父母做些家务，写写作业。冬天自来水龙头冻住了，一家人吃饭、洗用的水都靠艳霞拿着白铁桶到河边去挑。小女儿彩霞很漂亮，红扑扑的鹅蛋小脸，一双明亮的大眼睛很柔和，特别是一头长发又黑又密，扎一条粗粗的大辫子垂在脑后。因为年龄小，性格也温和，建明和冬梅特别宠她，她似乎也知道自己在家里的重要地位，很会在父母面前恃宠挑战姐姐。不过，她同样要干家务，洗碗是彩霞的专职工作，另外她还要帮妈妈喂猪、喂鹅。

这是一个幸福家庭。我们的到来给他们的生活造成了一些影响，建明和冬梅需要在生活上做很多调整。尽管是冬季，没有多少蔬菜，但是不论吃什么饭，冬梅总要炒上几个菜，多是土豆粉和一些夏天从山上采的野菜，晒干以后留到冬季食用（图 2-1）。有一种蕨菜不是平常我们常见的那种，而是陇南山区特有的白蕨。听冬梅说，这种白蕨即使在宕昌也要卖80 块一斤，因为很难采，有时候跑上一天，走 100 多里的山路，也不见得能采回来多少。听冬梅这么说了以后，我们坚持一定不能再给我们炒白蕨了。不记得 2005 年夏天我们住在小菊家的时候，小菊妈妈是不是也给我们炒过白蕨，那时候应该是新鲜的。不过那会儿吃的菜都是我以前没有见过的野菜，当然也许因为都是从大山深处采来的纯绿色食品，味道不错。

西北的土豆高产量高品质，又耐储存，冬天的饭桌上常能见到。有时入户访谈的时候人家也端出来，当零食招待我们。土豆煮熟扒皮后简直像蜜蜡一样漂亮，冒着暖手暖心的热气，蘸点什么就很好吃（图 2-2）。

图 2-1 白蕨炒土豆粉

图 2-2 煮土豆

有时候，建明会到宕昌买一些大棚里的蔬菜回来，所以也有辣椒等一些比较耐储藏的蔬菜。他们的主要粮食作物就是荞麦和小麦。至于大米，只是由于这几年"退耕还林"给补贴粮，他们才有大米吃。我们的饮食主要是面食，冬梅也是变着法儿给我们做不同花样的面食，当然都是典型的西北风味，今天是韭菜饺子，明天是酿皮子，后天是酸汤面片，再不就是炒馍馍……

最有意思的是冬梅喜欢喝罐罐茶，这种茶叫"[ái] 茶"。每天早晨她都要煮罐罐茶喝，不过建明似乎不大爱喝，他说老年人都喜欢，年轻人都不大喜欢了。我们也会跟冬梅一起喝一点，感觉这茶像是酥油茶的变种。做法是事先把白面和上一些油炒熟，称为油面。煮罐罐茶时要用到一个巴掌那么高、有柄有流的小陶罐，把油面放进去，再加入茶叶和水，放在炭火旁边煮，煮开以后，倒入小盅盅里即可饮用。喝的时候我们喜欢加一点点盐，否则会觉得油味太重。小陶罐藏话叫"扎给"，因为总是搁在炭火边，被烟熏得黑黑的（图 2-3）。

这样，我们在建明家一住就是一个多月。

图 2-3 火塘边煮罐罐茶

建筑和服饰

　　传统上宕昌藏民的建筑和西北很多汉族地区的建筑类似，多为两层的土木夹板墙，房顶上铺薄木板，上压白石头，人们把这种房屋称为榻板房（图2-4）。正因为房顶上压白石头，这被有些人认为是羌人文化的遗存。[①]在官鹅沟和大河坝沟，这样的房屋基本上是下层住人，上层堆放杂物，如柴草、药材、背篼、蒸笼、笸箩……一般楼上因为房屋起人字披的原因都比较矮。也有些人家是上下两层都住人。在相对较为闭塞的川坪沟，则是上层住人，下层圈养牲畜，这种居住方式据说是比较传统的。在三条沟中都还有这样的房子存在。

图2-4 压白石的榻板房

---

① 杨海帆：《炎帝·宕昌羌》，载《阿坝师范高等专科学校学报》2003年第3期。

　　我们在鹿仁大庄看到了庄里最老的一栋房屋，人们说这房子连老带小已经住了六代人，算下来有一百来年了。据说主人是下坪来的杨姓人家，本来是两家人合住一个院，后来别人家搬走了，他家还在这个院子里，近年新修了两座房，把院子做起来了。房子还真是漂亮，用的都是好木材，梁到现在还是周周正正。房屋的三面墙都是夯土墙，正面窗户以下是夯土墙，以上就是木板墙。房间内的隔墙也是木板的，有些残破，门上还有雕花。楼上有一个窄窄的木走廊。房顶就是木板盖顶，上压白石（图2-5）。整个建筑因为年代久远，有些破旧，加上烟熏得黑黢黢的，主人说准备这两年攒下钱就翻新。看得出来，主人很为自己的房子自豪。他介绍说，这栋房子还是按照传统的"上六（尺）下七（尺）"——楼上高2米（楼顶是人字披，我们测出来这个数据应该指的是榫头下端到上层室内最低处的

图2-5　鹿仁大庄最老的房屋

高度，图 2-6），楼下高 2.33 米——的比例来设计空间高度的，现在的房子都是"上八（尺）下八（尺）"，也就是上下都是 2.67 米。屋门上还可见到端午时候挂上去的艾蒿。

现在宕昌藏民的房屋多是夯土为墙，这样的房子保暖性比较好。有经济条件的人家，在外墙上砌一层单砖，但是大部分人家就是土墙，外面用稀泥抹光即可。房顶现在全部都换成了瓦，不再使用白石压顶。建一栋这样的房子，据村民讲需要七八个月的时间。2005 年，我们第一次来的时候，正好遇到建明的哥哥建清家在盖房子，当时还在打墙。我们把打墙的过程拍了录像，不过没用在最终的纪录片中。打墙的方式是西北地区典型的夹版夯筑，用两块木板夹起作为模子，往模子中间填土，然后夯实，一圈墙的高度也就是木板的宽度。这种打法很费工，整整一天，才打了一圈，即 30 多厘米高。盖一栋新房确实需要很长时间。村民会相互帮忙，当然这种帮工有些要付报酬，有些则是招待一顿丰盛的饮食。也会请外村的人来，建清家请的就是附近的一位汉民。建明家的窗棂木雕挺别致，他说也是前几年有个四川木匠来做的。入夜，在院里看着黄黄的灯光从窗棂里透出来，我们感受着久违的美感。

房屋的格局多为三开间（图 2-7）。进门后的正房中央正面墙上是家

图 2-6 鹿仁大庄最老的房屋上层内部结构

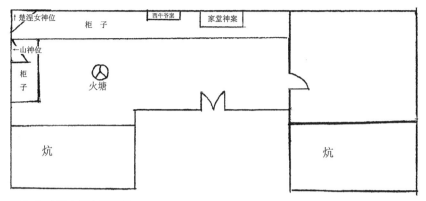

图 2-7　房屋内部空间示意

堂神案，神案下面一溜排开西北常见的大箱子，用来储物。火塘应该在房屋中央稍微靠左的位置，现在年轻人大都换成铸铁的火炉了，但老年人还是习惯用火塘。人们的解释是，火塘方便煮罐罐茶，老人们喜欢喝罐罐茶，有时还见他们背柴回来就着火塘烤馍馍吃。不过，冬梅常常在铁铸的炉子上煮罐罐茶，也没有什么不方便。门的两侧分别用一道墙隔成左右两个单独的卧室，有些人家只在门的右侧隔一个卧室，卧室内盘一个土炕，炕席中间摆着火盆，晚上睡觉时再把它挪开。炕头上可以安放矮柜，有两户讲究的人家还在火盆两边铺上整张的羊皮。我们住建明家楼上的客房，晚上用的是电热毯。不过建明夫妇还是烧炕，正月初六那晚，冬梅不留神还把炕给点着了，幸亏有惊无险。现在因为经济条件改善，很多人家也建起了大房子，多到四五间的都有，很多还建有厢房和单独的厨房。

宕昌藏民认为背靠山的房子不能起二层，因此，所有背山的房子都是平层的。在他们的观念中，一般是以山的上方为上，下方为下，并以左侧为大，所以在鹿仁庄我们看到主房——也就是供有家堂神案的房屋——都面朝西，其左侧就是山神的位置，正好也是神树林所在的方位。满才和建明家的房子也都是按照这样的规矩盖的。和鹿仁庄同在官鹅沟的阴坪庄，因为和鹿仁庄的位置正好相反，在沟的另一侧，所以他们的房屋建筑布局也和鹿仁相反，同样体现了按山势决定上下尊卑的观念。山居民族很多都是按着山的走势来划定尊卑之位的，山的上方为尊，下方为卑，背山的房屋一般情况下都不能起二层。而且正房的大门朝向就我们所看到的基本上都是面向沟内的雪山方向。有研究者认为这一带的农耕藏族对于大门朝向非常讲究，要面对当地的神山或风景秀丽之山，绝不能面向山口、大路或是怪石嶙峋的山。[①]这种说法也印证了山居民族的尊卑观念。

至于宕昌藏族的服饰，前面我们已经描述了小菊妈妈的服饰，那就是典型的宕昌藏族妇女的装束。只是大辫子上扎的头绳颜色有差别：少女扎红色，已婚和老年妇女则扎青绿色。小菊妈妈梳头时用绿色的毛线先缠上7～8厘米，然后再把头发松松地编起来，为了使辫子看起来粗大一些，还加了一些黑色的毛线。刚到鹿仁的时候，有天傍晚去大庄，远远就看见两人站在观场上，中间隔着好几米，走到跟前看清楚是两位婆婆在搓黑毛线，就是编进发辫里的这种毛线。听说过去女人的发辫要用贝壳装饰，一根发辫上装饰一个，不过现在没人戴了。我们在建明的父亲家看到了一些装饰品，其中就有这种小贝壳，他们说是从墓里挖出来的。最有特点的是，她们都用两层布包头，里层白色，外层黑色，现在多用平绒，简单在脑后捆扎，恰好露出头巾的两个角（图2-8），有人认为这是古羌人服饰的残留，是"羌"为牧羊人的标志。[②]这种说法，我们很不以为然，在北方地区，

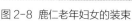
图2-8 鹿仁老年妇女的装束

① 傅千吉：《白龙江流域藏族传统建筑文化特点研究》，载《西北民族研究》2007年第4期。
② 杨海帆：《炎帝·宕昌羌》，载《阿坝师范高等专科学校学报》2003年第3期。

无论男女，这种包裹头巾的样式很常见。听说四川有些羌族妇女的包头也是这样的，或许这也是人们会认为宕昌藏民保留羌文化因素的原因之一吧。

女装右腋下的坎肩纽扣上拴一根绳，系一条手绢，平时手绢藏在怀中，用时掏出来。宕昌女性服饰比较有特点的还有鞋，为红色软布高腰绣花鞋，多绣的是色彩斑斓的花朵，与上衣相比，这鞋显得有些过分艳丽。男人的服装已经看不出有什么特点，据说在 20 多年前，还有男式服装，应该为右衽长褂，和女性的左衽上衣正好相反，大约长及膝盖，脚穿矮腰麻鞋，中间有人字筋。头上包包头，包头不大。后来我们在县城和川坪沟都看到了有老年人包包头，看起来和四川农村的汉族包头没什么两样。无论男女，腰间都裹一条宽约一尺的羊毛腰带，只是现在年轻一代几乎都不再缠羊毛腰带，只有老年男女天冷的时候还裹，婆婆会把长辫梢掖到背后的腰带里，方便干活。

我们在建明父母家里还看了建明父母的寿鞋和寿衣。男式寿衣是右衽长褂，长度及膝，头上戴瓜皮帽，四周绣花，帽底沿加一圈翘翘的花边条条。女式寿衣和日常穿着没有太大区别。男寿鞋是黑色的，鞋面上镶着三道装饰的蓝色布筋，高布腰，足有一尺长，鞋底上绣着漂亮的花，鞋底的层数是七层。女寿鞋和平时的花鞋类似，也是高布腰，鞋底也绣花，只是鞋底的层数是五层（图 2-9）。

通过查阅一些资料，我们也了解到，在今舟曲的上河片区，即白龙

图 2-9 女寿鞋

江以西的地区，包括舟曲县立节乡和憨板乡地区的藏族服饰和宕昌藏民的服饰非常接近。[①]再后来，我们了解到宕昌藏民都说自己的祖先来自山后，也就是现在舟曲或者迭部境内，有些还说他们就来自憨板（详见第六章"我从哪里来"一节）。特别是鞋子，不仅仅是舟曲上河片区的藏族和宕昌藏民的鞋子一样，甘南的舟曲和洮州一带的藏族都穿着类似的绣花高腰布鞋。[②]

绣花似乎是宕昌藏民服饰中比较重要的装饰，比如他们还在使用传统的长条枕，两边的枕顶都是绣花的。还有宕昌藏民的鞋垫绣得漂亮非凡，这和西北很多地区一样。庄里的妇女，只要有时间坐下来，手里必定在飞针走线。离开鹿仁的时候，冬梅给我们每人绣了一副精致的鞋垫，坚持让我们垫在鞋里。这么美丽的工艺品怎么可能垫在鞋里呢？后来我们拿回家当工艺品收藏起来了。不过这么高超的刺绣手艺，除了鞋以外，却没有在服装上显示出来，只有小孩子的帽子绣得花团锦簇。他们说现在逐渐接受汉服，但无论生前怎么穿戴，去世后还是要穿藏服的。实际上如前所述，我们看到的寿衣似乎和清末的服装略略相似。

语言

"浪来……"

这是典型的西北方言，"来玩儿"的意思。第一次听到这样的招呼，怔了一下之后我们领悟到了乡民的热情。宕昌的藏民好客。无论我们走到哪里，庄子里，还是田间、山路上，遇见乡民，搭讪两句，临别时一准听见他们诚意的邀请：

"浪来……"

甘肃、青海等一些地方的汉语方言，由于处于多民族杂居的地带，夹

---

① 高慧芳、傅千吉：《白龙江流域藏族传统服饰文化研究》，载《西北民族大学学报》2005年第6期。
② 参见高慧芳、傅千吉《白龙江流域藏族传统服饰文化研究》；耿淑艳：《甘南古洮州地区藏族妇女服饰文化初探》，载《西北史地》1997年第2期。

杂了少数民族语言的一些词语或者语法特点，加上本身保留古汉语词语或者语音也较多，对我们来说也是需要时间去适应的。初到鹿仁，别人说话时我们摸不着头脑，就会认为他们在说藏语，多待几天，才知道自己闹了笑话。

当然，庄子里的人自己聊起来的时候，那就真听不懂了。有几个年轻人到山东打工，让黑砖场骗了，后来是他们用自己的语言打电话回来，宕昌县公安局去人把他们救了回来。说起这件事情的时候，人们很为自己的语言感到自豪，因为黑砖场的人听不懂他们的语言，所以他们才能向家乡人求救。

在乡村做调查，第一项就是接触他们的姓名。上点年纪的人，名多取三个字，加上姓一共是四个字，比方说苗刘荣保。从历史上看，在辽、大理国等地类似的情况并不少见，如"观音保""药师奴"等，都是汉姓再加上三个字的名字。观音菩萨慈悲济世，药师佛救灾延命，都是广受尊崇的神祇，取名期冀他们的回护庇佑，显然与佛教信仰盛行有关。比方说，"在（青海乐都）瞿昙寺地区，不论汉族还是藏族，在给孩子取乳名时，都取诸佛保佑的含义。如藏族多有 ××skyabs 的名字——dkon mtshog skyabs，sangs rgyas skyabs，tshe ring skyabs，dgon po skyabs；汉族乳名多有 ××保的名字——菩萨保、福神保、金善保、万神保、文昌保、护法保、勒陀保等。"①

从兰州坐车前往宕昌，在宕昌北境先要经过哈（当地读若"卡"）达铺。"哈达"是很容易与藏族文化联系起来的字眼，这让饱受旅途颠簸的我们小小地兴奋了一下。虽然现在大家都说哈达，但其藏文原文为 kha gtags，读成"卡达"是很准的。不过到了村里，在熟谙藏语的谢老师走后，怎么才能准确判断这里民族语言的属性，对我们来说就成了一件头疼的事。在头一天连他们说的是本民族语言还是汉语方言都分不清的情况下，一觉醒来，听见窗外冬梅在打发艳霞来招呼我们吃饭："萨曼萨胡！"心里就开始猜测：藏文里"吃饭"是 za ma za wa（读音类似"萨玛萨哇"），看来，他们说的还真是藏语吧。

---

① 谢佐：《瞿昙寺》，青海人民出版社，1998，第 75 页。

随着调查的深入，虽然我们的藏语文知识浅薄得可怜，完全不足以做系统、准确的判断，偶尔还是能听懂个别字句。由于天气寒冷，活动着还好，一停足身体就不由自主地瑟缩起来。这时善意的乡民就会笑着招呼我们去"聂得"或者"尼玛得"。尼玛是太阳，"尼玛得"正好相当于藏语里的 nyi ma lde〔ba〕，是晒太阳取暖的意思。"聂得"是让我们烤火，那么"聂"就应该是火，可藏语里火不是 me 吗？好像又有点不太对。回来之后查阅资料才知道，古藏文里火是 mye，读起来就是 [ñe]"聂"，mye 简化才成为 me 的。换言之，"聂得"的确是藏语，当地人的发音保留了古藏语的一些元素。就好像客家话里保留了不少古汉语的用词和发音，筷子还称为"箸"，客家人引以为傲。在宕昌周边的舟曲、迭部等地藏族，包括川北平武的白马藏族，都有传说他们是吐蕃军队留驻当地繁衍而来，有研究者主张"白马"对应于藏语 bod dmag"藏族军队"。

事实上，宕昌的几个藏民村寨之间，语言都有所不同。建明就跟我们谈过，立界、新坪和鹿仁，就是筷子、桌子、椅子这样的词，也都有不同。随着外出打工和其他社会经济活动的开展，村民的视野逐渐开阔。他本人到舟曲等藏族地方，也会发现自己和别人有一定语言障碍，但他很肯定地说，相互之间还是可以通话的，只是程度不同。我们碰到兰州大学的一个研究生，也在宕昌藏民村落做田野调查，他的老师是甘南夏河人，也是藏族，就能跟苗建明通话，建明说"十句话能解下六句"。[①]不过，根据西北民族大学的杨士宏教授研究，这里的藏语属于安多方言的第三语音层。[②]但是宕昌藏语和甘南藏族自治州的迭部、舟曲等的语言还有一定的差异，这就是建明说，他能和夏河的藏族通话的原因，是同属一个藏语方言区。我们也听到其他乡民说，他们和舟曲等地的藏民经过一段时间的适应，能相互通话。

虽然我们自己不懂，但是好在有个强大的后盾——在民族学与人类学研究所里，民族语文的研究可是强项。来之前我们领了个任务，记录当地

---

① 按照这位老师（即洲塔）的判断，宕昌藏族的藏话属于康方言，语音与安多方言稍有差别，与舟曲的苏布宏村和占丹巴等村的方言大体相同，但舟曲其他地方则操工布方言（洲塔：《甘肃藏族部落的社会与历史研究》，甘肃民族出版社，1996，第 59 页）。未知苏布宏村孰是，占丹巴村或即占单（藏 Tsan dan）。

② 杨士宏：《一河两江流域藏语方言汇要》，甘肃民族出版社，1995，第 10～11 页。

藏语的发音，从而更全面地掌握各地藏语方言的概况。我们带着指定的一些词汇，需要找个合适的人选来发音。为求发音具有代表性，要求发音者是 50 岁以上的男性。为难的是，在乡村，50 岁左右的人多半开始掉牙，影响发音的准确。还有，也担心 50 岁以上的人用汉语和我们沟通的时候会有些问题，不过建明很热情地说，他可以帮我们居中翻译、把关。想来想去，觉得还就是小菊爷爷最合适了。

晚上小菊爷爷披着件棉袄来了。不巧建明家厨房和北偏房都来了人，为了图安静，就请小菊爷爷上楼。身边静悄悄的，也没有取暖的火堆在燃烧时发出的细微"噼啪"声，因此录音进行得很顺利。这份录音材料的整理、分析和利用工作要留给专家来做了。这里撷取若干词项，把鹿仁藏话①的发音跟标准藏语做一个比较（表 2-1）。在我们力所能及的范围之内还是可以看出，鹿仁民族语言中的核心、基本词语跟藏语没有大的差别，乡民说的应该是藏话。有一些语音的变化是可以找到规律的，比如说鼻音 [m]、[ŋ] 常常省略掉或者说不明显了。期待我们的同事做出更细致而有说服力的语言学、语音学分析成果来。

退耕还林

自从 1998 年长江特大洪水暴发以后，人们深刻认识到生态环境被破坏的严重性。所以国家从 1999 年开始推行退耕还林政策，希望能够改善日益严重的生态危机。按照国务院 2003 年开始实施的《退耕还林条例》，凡"水土流失严重的；沙化、盐碱化、石漠化严重的；生态地位重要、粮食产量低而不稳。江河源头及其两侧、湖库周围的陡坡耕地以及水土流失和风沙危害严重等生态地位重要区域的耕地，应当在退耕还林规划中优先安排"。前面我们已经介绍过宕昌的地质结构，岩层脆弱，水土流失严重。居住在山谷深处的这些藏民，他们的大部分耕地都在坡度 25° 以上的山地，

---

① 之所以这里说这份发音是"鹿仁藏话"，是因为宕昌各个藏族村寨的语音都有不同，我们不专业，无法判断鹿仁庄的人所讲的话能否完全代表整个宕昌藏语的发音。

表 2-1　鹿仁藏话部分词汇发音与标准藏文的比较

词项	鹿仁藏话	藏文	词项	鹿仁藏话	藏文
天	[no]	gnam	树	[ŋar]	shing
月亮	[da wa]	zla ba（"达瓦"）	饭	[sa ma]	za ma
星星	[ga ma]	skar ma	肉	[hà]	sha
火	[niè]	me（古作 mye）	里面	[nou la]	nang
眼睛	[ŋè]	mig vbras	一		gcig
鼻子	[ŋa ho]	sna ngo	二	[ai]	gnyis
耳朵	[ŋa zhuo]	rna ba	三	[suo]	gsum
乳房	[nai nai]	ne po/ne ne	四	[hè]	bzhi
祖母	[á po]	a phyi	五	[ŋa]	lnga
父亲	[á ba]	a pha	六	[zhu]	drug
母亲	[á ña]	a ma	七	[zhi]	bdun
姑姑	[á ñe]	ne ne	八	[xie]	brgyad
羽毛	[bù]	sgro	九	[gu]	dgu
马	[tà]	rta	十	[zhu ta ba]	bcu pa
山羊	[ŋà]	ra	黑	[ŋa]	nag po
猪	[par]	phag	白	[gu ga]	dkar po
布谷鸟	[gū gu]	ku ku	新	[sa ma]	sar pa

注：本文作者未经语音学训练，记音时只能使用汉语拼音及声调，但藏语中的一些发音为汉语所无，因此文中用[ŋ]记藏语声母nga，[ñ]记nya，[lh]记lha；[e]记韵母e，区别于汉语中的"婀"[ə]。谨此说明。

粮食产量也比较低，属于退耕还林的范畴。我们第一次到宕昌的时候就已经了解到，宕昌县从 1999 年就已经开始实施退耕还林政策，但是具体到官鹅沟和大河坝沟是 2003 年才开始实施的（表 2-2）。

到 2005 年，官鹅沟和大河坝沟的所有耕地已经全部退耕还林，也就

表 2-2　宕昌县历年退耕还林数

退耕还林面积（亩）＼年份	1999	2000	2001	2002	2003	2004	2005	2006
全　县	25383	10000	12000	17000	55000	5000	44000	3000
官鹅沟	0	0	0	0	4000	1641	0	0
大河坝	0	0	0	0	5000	0	9645	0

资料来源：宕昌县林业局。

意味着这两条沟的藏民完全没有了土地，他们的生计方式已经离开了农耕生产，要另觅生存之道。

2004年，国务院下达了《国务院关于进一步完善退耕还林政策措施的若干意见》，明确了退耕还林以后对农民的补贴标准："长江流域及南方地区，每亩退耕地每年补助粮食（原粮）150公斤；黄河流域及北方地区，每亩退耕地每年补助粮食（原粮）100公斤。每亩退耕地每年补助现金20元。粮食和现金补助年限，还草补助按2年计算；还经济林补助按5年计算；还生态林补助暂按8年计算。补助粮食（原粮）的价款按每公斤1.4元折价计算。补助粮食（原粮）的价款和现金由中央财政承担。"官鹅沟和大河坝沟都属于还生态林，补贴年限为8年。宕昌县地处长江和黄河两大流域的范围之内，补贴是按照长江流域的补贴标准发放的。乡民可以根据自己的情况，决定要粮还是要钱。如果要钱，就是将150公斤粮食折合成210元钱。从2003年开始，大河坝沟和官鹅沟就开始实行退耕还林的农业补贴。鹿仁庄的情况是，退耕还林的土地测量由林业局负责，测量完以后公布出来。乡民说2006年以前的粮食和钱款一般是拖欠到第二年才发。2006年3月发了2005年的钱和粮食，2006年底发了2006年的钱和粮食。

我们从县林业部门了解到的情况是，植树造林的时间多在每年的3月和9月。但是每年的退耕还林计划要在10月以后才能确定，这就错过了植树造林的时间。2004年他们在计划没有下来之前就退耕还林了59000亩，结果当年只给了5000亩的计划，2005年只好把2004年多退耕还林的数字补上，不再新增加退耕还林的面积。这就造成两年时间没有办法按时把补贴给乡民。乡民告诉我们退耕还林的款项和粮食补贴很多时候要拖上一两年，可能大部分原因在此。还有一个问题就是退耕还林的补助年限，一刀切是生态林8年，经济林5年。而我们从宕昌林业部门获知，实际上宕昌的生态林没有15年不会成林，8年内树木只能有手臂粗，见不到效益。这样8年以后，如果国家不再补贴，乡民何以为生呢？这个问题迫在眉睫。宕昌县负责退耕还林技术指导的刘工程师也说，在官鹅沟，气候条件是年平均气温8.8℃~9℃，无霜期为110~120天，植物生长期短，无论是高生长还是直径生长，树木的年生长量少。现在用的标准树苗地径（即苗木自地面至0.20m处树干的直径）0.5~1cm、树高30~50cm，8年后这样的树苗不能成材，还够不上采伐的径阶。而且现在的林是纯林，种植的多是单一树种，保险系数低，一旦发生病虫害，林子很可能全军覆没。在山顶、养分不高的地方，树苗甚至不能成活，需要年年补植。我们看到，尽管实行退耕还林已经5年了，有些山也围上栏杆和铁丝，防止牲畜上山毁树苗，但树苗的成活率并不高，山上林地里的小树苗依然稀稀拉拉，看起来还是荒山（图2-10）。鹿仁大庄背后的山上，小杉树只有一筷子高，杉树的生长极其缓慢，究竟什么时候才能长起来呢？鹿仁庄的人们说，只有大庄后的山背面树木成活得比较好。林业部门的人士说，他们一直在申请能把退耕还林的补贴延长至15年，以防止补贴停发之后出现什么问题。如果把事情说得严重一点，补贴停发以后乡民的生活没有着落，那么将有可能引发新一轮的毁林高潮。在宕昌已经有经济林达到了5年的补贴期限，问题就在眼前。终于，2007年夏天，中央下达了新的退耕还林补贴措施，将原

图2-10 退耕还林后种下的树苗

来的补贴再顺延一个周期。或许这样，宕昌的退耕还林的效果可能就比较明显，人们的生活或许会有保障。

刘工程师对退耕还林的事情有深刻的思考。他指出宕昌县的退耕还林，除了上面提到的补贴问题、时间问题，还有树种的问题。林业区划的总体设计体现"缩小层内方差，扩大层间方差"的目标，要利于集约生产经营，分区划片、从南至北。2007年，从正月初五慢慢开始植树，而县里的北面要五月份才能解冻，展开造林活动。按照森林垂直分布进行规划，官鹅沟在林业区划上属于"西部高山水源涵养林"，也是防护林的一种，不以采伐为目的。受到海拔和气候限制，适应的树种有：高海拔区域（2000～2700米，分阴、阳坡）的云杉、冷杉（育苗较难）、华山松、油松；中海拔地区（河谷2700米左右）的落叶松，包括岷江红杉，最好的树种是引进的日本落叶松和华北落叶松；低海拔地区（2000米以下）的杨树、刺槐、山杏和榆树。乡土树种中应该发展的是当地的水白杨、野山杨和锐齿栎，因为是本土树种，更适合使用，但是这些树种无法异地育苗，只能就地育苗。另外，宕昌这里不能引进黑松，因为不能成活。但是在有些地方却大量引进黑松，造成时间上和经济上的浪费。官鹅沟因为是刘工程师亲自负责的，所以对于树种要求比较严格。官鹅沟内从阴坪、立界河坝到花儿滩使用的是落叶松，下面的绿化带也有刺槐，不过阴坪以上不用阔叶木。这些已经栽种了树种的山地，如果封好林、护好林的话，灌木自己就长起来了。

乡民们也说，他们要负责在自家原来的土地上栽种树苗，由林业部门负责给每户发树苗。一般情况下是每亩土地需要一把树苗，一把树苗20元钱。不过发放的树苗是在大棚里培育出来的树苗，不适应这里比较寒冷的气候，很不容易种活。而且有些树苗在发到村民手中的时候就已经干了，不可能再种活。

退耕还林之后，不仅保护了原有的森林，也使并不适宜耕种的土地可以逐渐恢复林木，能更好地涵养水源，保护生态环境。宕昌藏民传统的农耕生计方式劳动强度非常大，但收益却很有限。不过宕昌还有比较丰富的林业资源，居住在宕昌的藏民又多分布在山谷深处森林繁茂的地方，他们在从事农业生产的同时，还辅以少量的林业经济。以前，沟里的藏民可以通过伐木获得一些经济收入，用他们自己的话说叫"砍墩墩"。建明就说，以前如果家里缺钱花,他就会上山去砍墩墩,很快就能换些钱回来。一般到农闲的时候,庄子里的男人就上山砍墩墩。特别是下雪天,砍墩墩相当方便,把砍好的墩墩放倒在雪地上拉回来,雪的阻力小,很省力气。正因为如此,宕昌藏民的经济虽不富裕,但也不至于缺衣少食。所以宕昌藏民外出的人口并不多,相反却有人迁进沟来,比如鹿仁庄上面的花儿滩和下面的朱瓦坪,居住在这两地的汉族都属于迁入的人口。然而,这样粗放的林业经济对于森林的破坏相当大,这些年为了保护有限的森林资源,不让砍墩墩了,另外退耕还林政策的实施也起到了积极的作用。

在宕昌,对生态环境破坏比较大的还有薪炭的使用。绝大部分宕昌藏民无论是炊爨还是取暖,都是依靠木材。每天家家户户都会上山砍柴(图2-11),这多半是妇女的工作,房前屋后都堆起了高高的柴垛(参见图2-5)。就算是退耕还林之后自然生长起来的灌木,也经不住这样的砍伐。除了那一小片神树林而外,村庄周围其余地方的灌木已被砍伐殆尽。砍柴的地方一般是过去自家的土地,约定俗成,避免纠纷。人们把砍好的柴简单捆一下,就地晾晒,然后把前几天晒干的柴背回来。一背柴连砍带背回来费时费力,路上大约一个多到两个小时,一般每天要背三四背。砍柴既花人工,做燃料效率又低,而且对于森林的破坏很大,一棵手臂粗的灌木,三下两下就

图2-11 背柴的老人们

砍倒了。

县里林业部门一再强调不准砍林子烧柴，乡民们当然也知道这个规定，所以砍柴是半地下的。但在没有替代燃料的情况下，这样的命令等于一纸空文：不烧木柴，那烧什么呢？尽管乡民也会几家合伙买一些煤，但当地不产煤，要从别的地方拉过来，煤的价格就抬得很高，只能作为辅助使用。有一些有经济能力的人家买了罐装液化气，同样因为价格高的缘故很少使用。建明家就有，只在过年的时候用过几次。再加上退耕还林之后很多劳动力无事可做，如果上山砍柴，他们就可以有免费的燃料，这样的话，又有谁愿意花钱去买煤和价格高昂的液化气呢？城市里的人们一听到山区居民毁林砍柴就会抱怨和谴责，认为他们没有素质。然而如果让城里人处在同样的环境中，他们又该如何选择呢？那么要解决因为砍柴而毁林的问题，根本的办法还是要找到经济实惠的替代燃料。

我们在一些庄子看到有这样的标语："一人一片薪炭林，子子孙孙有柴烧"。这副标语让我们激动了半天，到处向乡民打听关于薪炭林的事情，结果却没有人能回答我们。我们有傣族调查的经验，傣族在传统上是有薪炭林的。那是一种热带树种，种上十几株就可以保证一家人的炊爨了，完全不用砍伐森林，很好地保护了森林，这种做法一直为人们所称道，作为保护森林的典范。我们以为在宕昌，为了保护森林，也开始种植薪炭林，那么树种应该不是傣族那种热带树种，会是什么树呢？最后打听出来的结果却是：这是写来应付领导的标语，实际上没有实行。

不管怎么说，退耕还林还是在很大程度上保护了林业资源，在不适宜农业生产的地区，对于保护生态环境也是有利的事情。只是这改变了宕昌藏民传统的生计方式，他们要寻求新的生活出路，必然也要造成社会经济文化的巨大变迁。

打工的人们

宕昌藏民居住在山谷深处，受到地形的限制，所有耕地都在庄子周围山坡上。在村庄周围的山地上，除了神树林以外，都是耕地。耕种方式采用三种农作物三座山轮耕的办法，也就是一座山种麦子，另一座山种荞，第三座山种蔓菁。每三年轮换一次，这样可以保证土地的肥力。除此之外，还种少量的洋芋、大豆，我们在建明家里也吃到了这些农作物。以前宕昌藏族还种青稞，主要用来烤酒，现在到处都有卖酒的，产量低的青稞已经没有人再种了。

我们去了几趟别的庄子之后，真的很能理解宕昌藏民的辛苦。看着庄子周围的高山，想想过去，他们要很早就起床，背着重重的农具爬上山，然后把野放在山上的牛赶回来，再开始一天的劳作。我们单单爬山就已经累得气喘吁吁，更别说干活了。一般来说，他们上山劳作的时候，中午是不回家吃饭的。因为耕地离家比较远，有些甚至相距一两个小时的路程，所以就带些干粮，主要是馍馍，中午就着冷水下肚。在这样的地理环境中，农业生产也不可能机械化，只能依靠一些有限的畜力，然而饲养牲畜也同样很辛苦。建明说，艳霞8岁的时候就上山赶牛，大犏牛比大人还要高，更别说这个小丫头了。她一去经常几天回不来，下雨了就找个山洞避避，饿了就吃带的干粮，找野果。有一次，艳霞出去找牛，遇到山里下大雨，被困在山上三天三夜。

正因为农业生产的种种艰苦，我们常常听到人们说，退耕还林以后日子好过多了。一是经济上有国家的补贴，比过去的收入要高。二是土地没有之后，人们几乎没有事情要忙，早晨很晚才起床。建明一家基本上是8点钟左右起床。建明说，要是在以前，这个时候他们已经在山上干了一阵子活了。和过去从事农耕的生活相比，现在的日子舒服多了。白天，很多女人上山砍柴背柴，男人们就在家里打牌、打麻将，或者喝酒。

然而日子不能就这么过下去，单靠补贴是有吃的，但是人不能总闲着。毕竟退耕还林国家只补助8年，那么8年以后怎么办，人们不能不考虑。刚开始还可以上山挖药材，平均每天可以有20多块钱的收入。后来为了养护林区、开发旅游业，山上的一草一木都要保护，上山挖药也被禁止了。于是人们把目光转向了大山之外，外出打工就成了人们要考虑的选择。2005年我们进行调查的时候，外出的人还不太多。到2007年我们进行第二次调查的时候，这种现象就已经非常普遍了。也就是说，仅仅一年之隔，外出务工人员就大大增加。听说，很多人到内蒙古、新疆、兰州、北京等地，还有远到东北吉林省延边朝鲜族自治州打工的。因为受教育程度的限制，男的大部分在建筑工地上打零工，女的多做手工，或者到新疆摘棉花。一般来说，人们向哪里流动，做什么工作，往往是有一定渊源关系的。很多宕昌的藏民到新疆摘棉花，这可能是有原因的。果然，当我们到县劳务移民局了解劳务输出的情况时，得到了答案。

宕昌山多地少，劳动力富余，历史上就是劳务输出大户，有到四川等地打工的习惯，但外出人口主要是下半县的汉族。宕昌县为了发展当地的经济，从 1993 年开始，人们到新疆、陕西等地打工，劳务输出逐步发展。宕昌劳务输出有两次大的推动：第一次是移民。省外移民主要是移往新疆，和生产建设兵团互惠互利；省内移民主要是河西，包括古浪、张掖、秦王川和安西四个地方。通过移民，宕昌县解决了移民的经济收入问题，使本县人口减少，缓解了土地的压力，也推动了宕昌当地的经济发展，因而宕昌县政府认为这是发展当地经济的一个有效途径。1993 年的这次移民主要是针对汉族，基本上不涉及藏民，主要原因是考虑到不同民族的生活习惯不同，移民会造成一定的困难。第二次则是 2000 年开始的退耕还林。退耕还林使大量农民离开了祖祖辈辈耕作的土地，更多的富余劳动力外出谋求生路（表 2-3）。

表 2-3　1993 ~ 2006 年宕昌移民情况

	户数	人数
省　内	2367	10963
省外（新疆）	16926	58763
合　计	19293	69726

资料来源：宕昌县劳务移民局。

这种举家搬迁的移民带动了外出打工。移民觉得新地方好，将信息反馈回来，推动更多的人外出打工。一般是亲套亲、亲朋好友互相介绍工作。这样人们打工的首选地点就是移民的地点。但是由于受教育程度低、没有技术，一般到新疆务工的主要是务农；到内蒙古的主要从事伐木，或者到煤矿、盐矿上打工；到山西的则是在煤矿或者工厂，苦力工多。相对而言，汉族受教育程度要高于藏族，从事建筑行业、泥水匠等热门工种的打工者较多。现在的年轻人多是初中毕业，往往到深圳、上海、广州等经济发达地区务工。根据宕昌县劳务移民局的资料，2006 年劳务输出已占农业人口纯收益的 60% 以上（表 2-4），原来号称劳务输出在宕昌的经济发展上是"三分天下"，现在已经是"半壁江山"了（表 2-5）。大家戏称宕昌县目前是"三八·六幺·九九"部队[1]，因为男女青壮年普遍外出务工，家中留下妇女、孩子和老人。如此大量的人口外出，必然要引起社会文化的剧烈变革。

表 2-4　2005～2006 年劳务输出和人均收入状况

年度	劳务输转（万人次）	劳务收入（亿元）	人均收入（元）	劳务收入占人均纯收入比例（%）
2005	8.3	1.66	614	58
2006	8.8	1.98	706	65

资料来源：宕昌县劳务移民局。

表 2-5　2000～2007 年劳务输出人数与收入

数据来源	年度	人数（万人次）	总收入（万元）	计算平均收入（元）
劳务移民局	2000	4.30	4540	1056
	2001	4.35	4270	982
	2002	4.70	6418	1366
	2003	6.50	8220	1265
	2004	7.46	12000	1609
	2005	8.30	16600	2000
劳动和社会保障局	2006	9.10	26000	2857
	2007（计划）	10		

资料来源：宕昌县劳务移民局。

在汉族移民和外出务工人员的带动下，藏民也逐渐加入打工潮，并且大多是夫妻二人共同外出，孩子则交给老人照管。即使是没有实施退耕还林的川坪沟，藏民这些年也开始纷纷外出，但大多数是男性青壮年，妇女则留在家中从事农业生产，而不是夫妻二人同时外出。通过对外出务工人员的调查我们了解到，刚开始的时候藏民外出务工也首选主要移民地，比如到新疆承包棉花田，或者摘棉花等。乡民们也说，他们大多是通过中间人介绍工作，中间人基本上就是在某地打工的本庄人或者附近村庄的人。

---

[1] 三个称谓分别来自"三八妇女节""六一儿童节"和"九九重阳老人节"。

一般来说，打工的人从农历正月外出，一直要到农历十月才返回，第二年再出去找工作。也有极少数的人在一个地方连续干几年，通常情况下都是和老板关系很好、用不着换工作的。根据我们的调查情况来看，人均可以拿回来 4000 元钱左右。宕昌县的统计资料和我们了解到的情况大致相仿。鹿仁行政村（包括鹿仁庄在内的四个村庄）共计 158 户 698 人，2006 年外出打工 124 人次，其中男性 91 人，女性 33 人；主要到新疆、银川、兰州、嘉峪关、山西、内蒙古、山东、北京以及就在宕昌本地，从事运输、服务、建筑、砖场、煤窑、保安、摘棉花、木工等工作。

鹿仁庄的苗进生从 2003 ~ 2005 年连续三年外出打工。夫妻二人一同到新疆摘棉花，每年在那里三个月。好的话，每人每年可以拿回来 2000 元，不好的话一年拿得到 1000 元。他们有两个孩子，男孩 10 岁，女孩 5 岁。夫妻二人打工的时候，孩子就交给爷爷奶奶照顾。进生说，过了年还要出去，已经找好了工作，到山西修铁路，至于具体修哪条铁路他也不大清楚。他说，一般铁路和石油的工作不会受骗，老板到年底都会结账。进生家里有土地 5 亩 8 分，再加上 25 亩荒地，退耕还林的款项加上打工收入，他家一年可收入八九千元。他说退耕还林以后，生活比以前好多了。不过，我们离开鹿仁的时候他还没有出发，说是爷爷去世三年了，今年要下葬，等把爷爷安葬以后他才能外出。后来我们得知，他没有去山西，而是又去了新疆。

小菊的妈妈也说她 2006 年到新疆摘棉花，去了三个月，带回来 2000 元，她说很辛苦。不过她说还想再去，要去就和小菊爸爸一起去，小菊和弟弟小文就交给爷爷奶奶照看。

人们外出打工也影响到了宕昌藏民的宗教信仰。宕昌藏民的山神信仰要依靠宗教人士苯苯举行祭祀仪式，但是苯苯也都相继外出打工，这样很多宗教活动就没办法举行了。比如大河坝沟的新坪庄，据说苯苯杨清元是年轻一辈苯苯中学得最好的一个，但是他已经有好几年不再从事宗教活动了。他有两个孩子，大女儿在读高中，儿子读初中，一年仅供孩子上学就需要 6000 元，是家里最大的开销，所以他们夫妻二人每年都要到外面打工，否则根本没有办法供孩子念书。再加上山神信仰的很多仪式，实际上是为了祈求神灵保证农业生产的顺利进行。退耕还林之后，这些仪式也就失去了原来的作用，渐渐地人们也就不再注重这种祈求风调雨顺、五谷丰登的祭祀仪式了。鹿仁庄的苯苯苗刘荣保说："没有庄稼了，也就没上山（行仪）了。"

宗教信仰是一个族群内部精神的深层体现，流散在全世界各地的犹太人历经两千年仍然保持着强烈的认同感，关键的原因就在于共同的犹太教信仰把他们紧紧联系在一起。当生计方式发生了改变，原来的社会文化体系也会随之发生改变，从而造成文化的变迁。早期生态人类学家朱利安·斯图尔德（Julian H. Steward）曾经提出过"文化核心"的概念，指的是那些和生计活动与经济安排有密切关系的文化特质的集合（the constellation of features），此核心包括了与经济安排有决定关系的社会、政治和宗教等文化模式。①比如同为藏族，从事农耕和从事牧业，文化与习俗就有很大的不同。当然，宕昌藏民山神信仰的逐渐衰落并不完全是由生计方式的改变所造成的，这种信仰本来就处在一个不断弱化的过程中，只是生计方式的改变加剧了消退的趋势。

外出务工还造成语言上的很大变化。前面我们已经论述过，宕昌藏民的语言非常有特点。那么目前讲这种语言的，也就是宕昌这四千多名藏民。外出打工以后，他们的语言也在急剧发生变化。2005年进行田野调查的时候，语言对于我们来说还是比较大的障碍。虽然他们都能讲汉语，不过口音非常重，听起来还是比较吃力。但2007年的调查却让我们大吃一惊，特别当见到苗进生的时候，他居然讲带有浓重西北口音的普通话。后来我们发现不仅是他，有不少乡民也说起了普通话，这是外出务工的结果。仅仅一年半，语言上的变化令人吃惊。

外出务工以后，人们的交往范围逐渐扩大，也造成了通婚范围的扩大。婚姻的缔结对象不再仅限于藏民之间，和汉族的通婚已经成为普遍现象。尽管他们的后代在身份证上仍然登记为藏族，但他们还能保留父亲或者母亲的文化吗？我们看到目前宕昌藏族即使外出打工，都会把孩子留在家里，在春节前返回。几年之后，情况会如何呢？目前外出打工的年轻一代是否会在外面定居呢？如果定居，他们又将发生什么样的变化呢？

---

① Julian H. Steward，*Theory of Culture Change:The Methodology of Multilinear Evolution*, Chicago: University of Illinois Press, 1955, p.36.

当我们准备结束调查返回北京之前，我们带了一点礼物，去看看曾给了我们很大帮助的鹿仁庄的苗伍家保和毛时平。然而，去之前建明就告诉我们，苗伍家保出门打工了，只有婆娘在家。毛时平两口子也都走了。我们只能带着深深的遗憾，去看了看苗伍家保的婆娘和孩子。临走时，苗伍家保的婆娘慌忙拿出几双绣花鞋垫，一定要送给我们做纪念。盛情难却，我们只好收下，带着深深的感激和眷念之情离开。后来听说，苗伍家保并没有在外面停留多长时间，两个月以后，他就返回了庄子。我们离开宕昌的时候，将近农历的二月，正是人们外出打工的高峰期。可能看到庄子里很多亲朋纷纷外出打工，加上我们也即将离开，引起了伤感之情。一天吃早饭的时候，建明说："哎，人都走了，弄得我也心里慌慌的，也有点坐不住。"虽然是笑着说的，但是眼圈已经泛红。

乔小义的故事

有一天[①]，我们到乔小义家里。他说他只有18岁，不过看起来比较老相。小义有一个哥哥，他说哥哥24岁了。我们看过小义哥哥的医疗证，上面写的是32岁。从长相上看，我们觉得小义说得不对，包括他自己的年龄都有可能不对。小义的父母看起来有50多岁，母亲身体不好。在鹿仁庄，他们家大概属于经济状况最差的，一家四口住在一间很小的房子里，可以说连转个身都困难。

小义个子不高，却很壮实。脖子上总戴着串粗大的人造宝石项链，看起来蛮有藏族味。我们问他项链从哪儿买来的，他说兰州。

"我们藏民人的。"他又补充说。

"你看，我今天刚刚从宕昌买的歌。"说着他拿出来几张光碟递给我们，是藏族锅庄舞和一些比较流行的汉语"藏歌"。[②]封面印刷很粗糙，一看

---

① 2007年2月10日与乔小义访谈，本节内容基本来自这次访谈。
② 这类"藏歌"确切讲多是融入了藏族音乐风格元素的流行歌曲，或者只是内容与藏族有关的流行歌曲，比如韩红的《青藏高原》《天路》，九寨沟藏族歌手容中尔甲的《神奇的九寨沟》《高原红》等。

就知道是盗版光碟。

"我放给你们看。"说着，小义把一张锅庄舞的光碟放进影碟机里。

屋子里立刻响起了锅庄舞曲，小义盯着电视屏幕，津津有味地看着电视里那欢快的歌舞。

"我们人是藏民人，就喜欢看藏族歌，别的不喜欢。"小义边看边对我们说，他似乎很强调他的藏族身份。

小义家是从爷爷那一辈才迁到鹿仁庄的，小义的哥哥和他自己都还没有成家，所以虽然姓乔，但是和庄子里其他三户乔姓没有任何关系，和庄子里的所有人家也都没有亲戚关系。

小义说他没读过书，不识字，甚至也不会算账。这些年外出打工，看得多了，勉强能写自己的名字，简单的账也会算一些，但是复杂一点的就不行了。每年家里的退耕还林款都是请庄子里一位苗叔叔帮忙算的。

小义已经有八年的打工历史。他去过新疆乌鲁木齐的烟厂，在那里串烟片，到宁夏银川干过建筑小工。他说那时候年龄小，个子也小，常常干不动活。2005年，有一个远方的朋友介绍他和庄子里另外十几个年轻人去了山东，说是到厂子里工作，结果到了济南，进了门就不让出去了。后来才知道那是四川人开的黑砖场，他们出窑、进窑、码窑，都有专门的打手拿着刀盯着场子。就这样一直干了五个月。后来有人偷偷打电话回来，县里劳动局把他们救了出来。这件事情我们第一次来调查的时候就听说了，那时候和小义一起去的人刚刚获救，还没有回到庄子里。

"那天，我病了，拉肚子，去看病，也走不动路。嗨，（被）撇下了。"后来，小义想办法，自己跑了回来。他说，砖场给了他一千块钱的工资。

"路费就花了四百多。到宕昌，饿得很，吃了一碗面。回来进门的时候，口袋里剩下四元钱。"

2006年，他在兰州一家铝合金厂打工。工作是下料、切割、组装、安装。开始工资低，因为干得好，给他提工资了。小义说自己生活很节省，一年大约只花了一千多块钱。带回家1.6万元，是庄子里挣得最多的。

"我哥今年没挣下钱。"小义说，"棉花不好。"

小义的哥哥2006年在新疆石河子包了40亩棉花地，但是收成不好，没有挣多少钱。不过，他家退耕还林的补贴是按19亩地给的。他和哥哥又都不在家，2005 年的粮食没有吃完。2006 年就没有要粮食，要的是钱，一共给了 5630 元，这些事情都是村里那位苗叔叔帮忙料理的。有了这些钱，他们打算盖房子。在小义家现在房子的后面，他们家新房的夯土墙已经垒起来了。小义说，房子是给他结婚用的。

"有对象了吗？"

"有了，宕昌的。"

"汉族吗？"

"汉族。"

"你们怎么认识的？"

"在兰州打工着呢。……"

小义还说，哥哥年龄大了，已经不可能结婚了。他结了婚，生的头一个娃娃给哥哥。看来，小义似乎想把一家的重担都挑起来。

还没过完年，大年初四大清早，我们正准备出发到大庄，刚出建明家门口就突然听到有人大声在唱《青藏高原》。一看，原来是小义背着筐往河滩走。我们问他干什么，他说背沙子。后来几天我们看到小义和哥哥一直在忙着背沙子，大概准备天暖和了继续盖房子。

我们快要离开鹿仁庄的时候，又见到小义。他说，他到县上劳动局参加了一个培训，说着拿给我们一个小本本，是外出务工人员的培训证。我们在县劳动就业局了解到，2006 年 12 月中旬至 2007 年 2 月，在全县范围内开展劳务培训活动，包括 10 个科目，其中有建筑工人、美容美发、摩托车修理、汽车驾驶、装载工、电焊工、餐厅服务员、家政、保安等。小义参加的是保安培训，庄子还有一些人也参加了这个培训，培训了 4 天。不过小义说，他不打算去做保安。因为不识字，不能到外地，只能到附近的地方，像到贾河乡煤矿上当保安，别的识字的人可以到北京去。小义说他打算仍到兰州那家铝合金厂工作，因为工资还不错。我们看到小义的那个培训证上除了培训项目和时间以外，还有劳动局等一些相关部门的联系电话，并写了一些注意事项，比如防止上当受骗，一旦遇到什么事情，及时和县里的有关部门取得联系等。

直到我们离开鹿仁庄的时候，没有再见到小义，不知道他打工走了没有。

立界山上的婚礼

人类学田野调查非常关注各种重要的人生礼仪，比如出生、成年礼、婚礼和葬礼等。所以我们一住下来，就急忙打听鹿仁庄子里有没有这类活动。结果被告知，刚入腊月的时候有三场婚礼。我们来得晚了一点！

错过了婚礼，又听苯苯说婚礼上的宗教仪式也有不少人家不再举行了，说我们不遗憾那是假的。不过，正月里还会有结婚的。冬梅说她娘家的庄子立界山上到正月初九和正月十六的时候都有婚礼。"到时候，一起走去吃筵席。"冬梅很高兴地说。那是他们娘家的亲戚结婚，而且都是姑娘出嫁，男方也都是汉族。

正月初九，我们因为参加宕昌县庆祝春节的游行活动，又错过了第一场婚礼。接下来正月十六的那场婚礼就成了工作的重中之重，冬梅带我们一起去立界山。

说是立界山，是因为鹿仁庄在河谷的台地上，而立界庄在半山腰，从鹿仁庄到立界庄是一路上坡，所以鹿仁庄的人们习惯上把立界庄称为立界山。一路上我们和鹿仁庄前往立界吃筵席的人同行。我们前一段在鹿仁庄做谱系调查时就发现，鹿仁庄和立界庄的姻亲关系非常多，果不其然，鹿仁庄前往立界庄吃筵席的人非常多（图 2-12）。快到立界庄的时候，我们这一队人突然停了下来。原来大家在路上就要把凑份子的钱收在一起，由一个人统一交给结婚的人家。我们看到，大家凑的份子钱都是 10～20 元，我们也凑上了一份。来之前，建明已经交代过我们，说最多给 20 元就行了。本来我们打算多给一些，但是看到大家凑的钱数都差不多，如果我们给多了，说不定会让其他人难堪，我们也就随了 20 元。我们很仔细地写下了单位的名称，然而让人意想不到的是，最后上礼的时候，写礼单的人看了看那长长的单位名，依然大笔一挥，写下"记者"两个字，实在让人觉得哭笑不得。田野调查，最头疼的就是无论怎么解释，人们总把我们当成记者。

图 2-12　去立界吃喜宴的鹿仁庄民

　　我们到庄子的时候，人已经非常多了，人声鼎沸。有些人正在吃，有些人还未入席，在等着下一场开席。结婚的日子是第二天，当天是吃筵席的时间。虽然天很冷，但房间里没有地方，筵席就摆在院子里。院子也比较小，只能放下几张桌子。一般是来了人就开席，一拨吃完再换一拨，也就是通常所说的流水席。在正房的门廊下面摆着收礼金的桌子，专门有两个人负责记账和收礼。他们旁边摆满了人们送来的各种礼物，被子、千层底的布鞋、绣花鞋垫、塑料花、床单、枕巾等，和汉族农村婚礼上收的礼物相似。厨房里一位汉族师傅掌勺，一些看来是亲戚的人帮忙端盘子和洗碗。鸡、鱼、猪肉和馒头摆了满满几大盆。席面上有鱼，有些地方的藏民是不吃鱼的，宕昌的藏民看来没有这个禁忌。院子里人们猜拳行令，好不热闹。除了有些妇女穿戴着宕昌藏民的传统服饰，从表面上看，和北方汉族农村的婚宴没有什么区别。人们凑完份子、吃完筵席之后，就匆匆离开了，吃席的时间很短，也没有什么特别的仪式。院子里实在太冷，我们受不住，没有吃完就离开了，躲到冬梅娘家烤火去了。也没有看到新娘子，说是去宕昌县城化妆了。

第二天正式结婚的日子应该会有什么仪式吧。不过也没有抱太大希望，因为之前我们已经了解到宕昌藏民缔结婚姻十分简单，不讲究什么仪式。吃筵席也就是最近两三年的事情，他们说这是从汉人那里学来的。我们在大河坝沟新坪庄的时候，明珠农家乐的主人也告诉我们说：

> 从前男女双方愿意，跟女方家里说一声，给娘老子带一包茶叶、一身衣服就到男方家里了。结婚证是 1971 年、1972 年才有，以前没有；也不给山神交代。一般有了娃娃，满月的时候答谢，宰一个尕羊、尕猪等四条腿的牲畜，请跳神的老师父打卦，说上庙就庙里去，如果家里成也行。①

有一天和苗建明闲聊的时候，无意之中谈到了关于婚姻的问题。其实一直想问问传统的婚姻习俗是什么，但我们想肯定和汉族的有很大区别，应该是属于自由恋爱。果然建明说，以前姑娘和小伙子十几岁以后，就可以自由交往，如果双方中意，就相约到男方或者女方家居住，这时候并不举行仪式。如果双方不和，就分手，没有过多的限制。如果同居期间生下了孩子，分手后，孩子多跟母亲。有些甚至在生下了孩子以后，也还会和其他异性接触，但大多数会固定下来。如果双方决定在一起生活，就会举行一个简单的仪式，主要是请苯苯给山神交代一下，告诉山神家里又添了新人。建明说，他就曾经有过三个妻子，现在的冬梅是第三任。和第一任妻子同居的时候，他只有 17 岁，当时他还结交其他的女性。他说这些话的时候，是当着妻子冬梅的面说的，冬梅好像对此并不在意。当我们问到，按照习俗，男女同居期间是否还和其他异性结交的时候，冬梅插嘴说是，并告诉我们，建明的第二任妻子就是和第一任妻子同居时结交的。

这时候建明有点不好意思了，他下面的话意味深长："那时候不懂事，太随便。"他说起当年他和第一任妻子同居的时候，晚上经常出去玩，不回家，妻子一个人住在大房子里面，晚上害怕，常常蒙着被子哭。"想想，那时候真是太不负责任了。"建明略带歉意地说，并用眼角瞟了瞟妻

---

① 2007 年 2 月 26 日大河坝沟牛头庄杨明珠访谈。

子冬梅。他还说，婚姻关系较为固定也还不到十年。至少，在谈话时从建明的语言和表情，我们能够捕捉到他的婚姻观念已经在渐渐转变，在他心目中，已经认为过去的婚姻习俗有些过于随便，还是固定一些为好。建明和冬梅结婚的时候是 21 岁，他说那时候感觉自己很大了，这么大还在找婆娘，有些不好意思。但是现在庄子里二十五六岁的小伙子也还不找婆娘，二十三四岁的大姑娘还像小姑娘一样待在家里，都变了，晚婚似乎已经成了大家的共识。①

后来我们访谈庄子里的武苯苯苗赵向义时，他告诉我们遇到结婚的事情，需要请他们给山神做交待，意思是某户人家又添了新人。办喜事的人家将苯苯请到家里，往粮食升子里装上平平的一升麦子，麦子上面插上两炷香，点上一盏油灯，升子的一侧贴上一张黄纸。等新娘子登门时，苯苯要往新娘子的头上和身上撒上一点面，表示洁净的意思。然后，苯苯和新郎家里的一位亲属带上一只公鸡一起上山，到这一姓山神的神地方向山神交代：先点上一盏灯和五炷香；再拔三次公鸡鸡冠附近的毛，和五张纸一起烧掉。之后把鸡杀掉，用鸡血染五张纸，先烧掉两张。等鸡肉煮熟以后，向山神祈祷，再点上香，然后把另外三张纸烧掉。最后向山神磕头后返回，礼毕。

规矩虽说如此，不过苗赵向义又说，这些年人们也不怎么看重这回事，都变成吃筵席了。他说，今年农历十一月有三家人结婚，就没有请他给山神交代。去年结婚的有些给山神交代了，有些没有。只要这些人家请他去给山神交代，他就会去，如果人家不请他，他也不会去。

"那些没有给山神交代的人家，可能会以后做事情没有运气，做啥啥不顺。"他嘟嘟囔囔地说。②

我们这次来参加的这场婚礼，新郎是山下何家堡村的汉族。尽管宕昌的汉族庄子也有苯苯，但是藏民的苯苯都已经不那么重要了，汉族庄子的苯苯还会重要吗？很难说。

第二天一早，尽管下了一夜的雪，山下新郎家还是早早就来了。我们

---

① 2007 年 2 月 13 日与苗建明夫妻聊天时得到的信息。

② 2007 年 2 月 8 日苗赵向义访谈。

也终于见到了新娘。她盘了头发，化了妆，但是并没穿宕昌藏民的服装，婚服是一件大红色的短大衣。为了照相，她把上装换成了簇新的民族服装，只是那条牛仔裤有些不大协调。新郎一身灰色西装，头发剪成现在比较时兴的毛碎，看起来很精神（图 2-13）。新郎家人吃了饭，迎亲的人和送亲的人手里各拿上一件陪嫁品，沿着崎岖的山道迤逦而行，向山下走去。新郎家的车在山下等着呢。送亲的人很多，凡是亲戚，每家都要有一人前去送亲，这一队人足有 30 多个。在雪的映衬之下，山路上的这队人非常显眼。渐渐地，远去的送亲队伍化作在山路上移动的小点。春雪化得很快，山路很泥泞，不知道新郎新娘的新衣服会不会弄脏。住在这样的大山上，实在不太方便，或许明年他们就可以搬到山下了。没准儿到时候真的会好呢，至少车可以直接开到庄子里了，不像现在，什么东西都得靠人力搬运。

图 2-13 立界的新娘与何家堡的新郎

鹿仁庄的亲属关系

一般来讲，人类学认为从谱系中可以反映出人们对于祖先的记忆、婚姻缔结的方式、继嗣方式，以及社会结构等。所以在对鹿仁庄的概况进行了了解之后，我们就开始入户访问，做谱系调查。然而这项调查很难进行，宕昌藏族没有类似汉族的家谱之类的资料，可以帮助记忆祖先。单凭口述记忆，鹿仁庄的人大多数人说到爷爷一辈就记不清了。即使是记忆最好的一户人家，也只能从自己往上推到第四代。

不管怎么样，我们还是决定开始从老年女性入手进行谱系调查，因为通常情况下，女性对于亲属关系的掌握比男性要清楚很多。在大部分文化中，女人是亲属关系的主要联络者，娶亲嫁女、生老病死、迎来送往……往往是女人们在操持，所以她们对于亲属关系也记得更清楚一些，因此我们的谱系调查对象也多是老年妇女。然而麻烦却在于老年妇女尽管汉语也很好，但是口音比较重，又不会写字。特别是宕昌藏民忌讳晚辈讲长辈的名字，对于去世的人，也不大愿意提起他们的姓名，这样往上追溯就比较困难。乔五月花和杨有顺保这样的老人帮了很大的忙，可还是有些串不起来的地方。在大庄一户苗家，上过学的几个小姑娘们看着我们的窘境，吃吃地笑起来。于是想出个办法，根据其他渠道获知的线索来猜测可能联姻的人家，写下来让她们点头或是摇头，这种做法很见效。但无论如何，我们得到的还是一份不很完整的关于鹿仁庄的谱系图（见附录"鹿仁庄谱系图"）。

表 2-6　鹿仁庄亲属称谓发音

亲属关系	鹿仁发音	亲属关系	鹿仁发音	亲属关系	鹿仁发音
祖父、外祖父	[o ñe]	父亲	[a pa][1]	哥哥	[guo bu]
祖母、外祖母	[gei mu][2]	母亲	[a ñe][3]	丈夫	[xi]
祖父 / 母的大兄弟	[bu za ji]	父亲的大弟	[cu wu ji]	妻子	[na nuo]
祖父 / 母的二兄弟	[bu za ñe]	父亲的二弟	[cu wu ñe]		
祖父 / 母的三兄弟	[bu za su]	父亲的三弟	[cu wu su]	儿子 / 侄子	[bu za]

亲属关系	鹿仁发音	亲属关系	鹿仁发音	亲属关系	鹿仁发音
祖父 / 母的姐姐 祖父 / 母的妹妹	[bu ma xi] [chua]	父亲的大哥 父亲的姐姐 母亲的弟兄 母亲的姐姐 母亲的妹妹	[ñe bu ji] [a ñe] [a jiu] [bu xi] [bu ma]	女儿 / 侄女 儿媳	[bu ma] [na ma]

注：苗伍家保发音。部分词语与小菊爷爷发音（参见表 2-1）不同。
1. 按照小菊爷爷的发音，父亲应该读 [á ba]。2. 按照小菊爷爷的发音，祖母应该读 [á po]。3. 按照小菊爷爷的发音，母亲应该读 [á ña]。

鹿仁庄的通婚范围非常狭小，本村间的通婚极为普遍。比如毛顺保老人有六个子女，除了在朱瓦坪小学教书的大儿子娶了汉族媳妇以外，其余五个女儿全部嫁在鹿仁。通婚关系最多的外村，就是全部为杨姓的立界庄。此外，与大河坝沟的新坪庄之间的通婚也比较多。川坪沟更远，通婚情况又稍少一点。比起鹿仁和立界之间的交通，鹿仁庄和阴坪庄之间走动要方便很多，但是二者之间很少通婚，让人深感奇怪。通过对鹿仁庄婚姻状况的调查，我们发现，和阴坪通婚的只有三户。阴坪庄也姓苗，原来我们以为大概是鹿仁的苗和阴坪的苗有血缘关系，从而造成不通婚。后来了解到，实际上鹿仁和阴坪的苗姓之间并没有血缘上的关系，两边庄子里的人都很清楚这一点。

建明的解释很有意思，他说是因为立界庄的姑娘更漂亮，所以他们愿意娶立界的姑娘，不愿意娶阴坪的。我们追问，为什么阴坪的男子也不娶鹿仁的女子呢？建明答不上来了。其他人似乎没有想到这种解释，大多说不出个所以然来。有些人的第一印象是和阴坪结婚的例子并不少，说"也结着呢"。是不是原来有过同姓不婚的习俗，尽管鹿仁和阴坪的苗姓之间没有血缘关系，但他们还是把这样的传统保持下来了呢？可看样子，人们心里并不认为不可以和阴坪通婚，也没有意识到这两个庄子之间通婚的情况其实很少。不过，立界全庄姓杨，和阴坪通婚的情况也不多，要说阴坪和立界离得更近，一个在山脚下，一个在山腰上而已。这样看来，鹿仁和阴坪通婚少的现象，似乎也不能完全用"同姓不婚"的说法来解释。反过来看，大河坝沟的新坪庄和鹿仁之间的距离很远，在不通车的情况，双方来往至少需要一天时间，而鹿仁和新坪之间通婚的例子也比和阴坪多得多，人们为什么要舍近求远呢？只能说这种情况可能有更深层次的因素。

早年间，宕昌的藏民不和汉民通婚，人们讲藏汉通婚只是最近十来年的事情。新坪庄明珠农家乐的主人今年 52 岁，妻子是汉族。他说当年结婚时遭到父亲的竭力反对，但是最终没能阻挡他们结婚，那时候极少有藏民和汉民通婚的先例。在他之前，新坪只有两个女子嫁到岷县汉族人家去，再早就没有了。他的大儿子 20 多岁，已经在宕昌工作，并找了对象，也是汉族，准备很快结婚。小女儿 13 岁，汉话藏话都会。妻子由于和他共同生活的时间长了，藏话基本上能听懂，但不会说。他说，现在新坪庄人和哪里结婚的都有，浙江的、新疆的……而且他还说，以前（50 来岁的人）在本村内通婚的多，跟上沟也就是官鹅沟的少，因为这边信神，上沟信寺院。这种说法我们只听他说过，没有听其他人讲过。不过他的话如果可靠，那就很有可能原本的官鹅沟和大河坝沟之间有比较大的文化差异或者说信仰上的差异。

根据我们的谱系调查，就鹿仁庄的情况来说，30 岁以上的人和汉族通婚的情况较少，通婚范围也比较狭小。除了一位女子嫁到哈达铺以外，其余的都在本乡本土。但是现在年轻人和汉族通婚的情况相当普遍，就我们所知，已经定亲的适龄未婚青年当中，有相当一部分找的是汉族。

春节前有一天下午，建明姐姐的女儿来建明家，她 27 岁，嫁给了宕昌县城附近的汉族，婆家是通过朋友介绍的。家里没有反对，不过据她说前几年人们还不同意汉藏通婚，现在不管了，和她同龄的本庄姑娘既有嫁给汉族的，也有嫁给藏族的。毛清莲是建明家的邻居，她女儿今年 21 岁，对象也是汉族，是在外面打工的时候认识的。毛清莲说姑娘不满意原来他们给找下的小伙儿，要自己找，所以就找到了现在的对象，两人明年准备结婚，目前男方家里还没有送酒来。她还补充说，原来藏民没有这些规矩，嫁姑娘的时候，就是男家来人把姑娘带走就行了，既不送礼，也不摆酒。现在和汉族一样，要送大酒、小酒和礼钱，还要摆酒席。毛清莲说姑娘的对象好着呢，来过家里。汉藏通婚大量增加应该和人们活动范围的增大关系密切，随着这些年交通和通信事业的飞速发展，宕昌藏民的活动空间也大大拓展，加上本民族人数很少，所以汉藏之间的通婚就成为必然。

　　同一家族的人虽然不能通婚，但是姨表婚和姑表婚则被认为是亲上加亲的好事。我们没有发现堂兄弟姐妹之间的婚姻，也没有隔辈通婚的情况。当然因为通婚范围过于狭小，各种姻亲和血亲关系交织在一起，在较远的亲属关系中也出现了隔辈通婚的个例。

　　在宕昌藏民中，我们也没有发现在其他藏区存在的一夫多妻和一妻多夫的婚姻状况。一般来说，宕昌藏民婚后实行的是夫方居住，就是女子到男方家落户。值得一提的是，宕昌藏民中普遍存在入赘婚，或称妻方居住婚，就是男子到女方家落户，而且入赘的男子要改为妻子的姓，为妻子家里延续后代。通常情况下，入赘婚多是女方家没有男性子嗣，才选择招女婿上门。入赘女方家里的男性也多是自己家里有兄弟延续后代，才会到女方家上门，这种招赘婚最重要的目的是为了家族的传承。但是宕昌藏民对于这种招赘婚的观念与汉族有很大的不同，汉族的上门女婿很没有地位，也常常被人们看不起。宕昌藏民却没有这种观念，招赘是非常普遍的现象，上门女婿也不会受到任何歧视。在我们进行谱系调查的时候，人们很大方地说自己或者某人是上门女婿，毫不隐瞒。鹿仁庄很多杨姓男子多是从立界或者大河坝沟招来的上门女婿。在宕昌藏民的观念中，招赘婚只是延续后代的一种方式，和非招赘婚一样，并没有贵贱高低之分。

　　人类学的谱系调查特别注重继嗣方式，这其中包含着家族、氏族或者部落的延续链条以及财产的继承。从谱系的情况来看，宕昌藏民对于家姓的延续很重视，没有儿子的人家要招赘来延续家姓，但是至于延续的结果，人们却不大关注，人们甚至记不住三代以上的祖先，所以这种对于家姓的延续也就非常有意思了。至于财产的继承，多是子女成婚以后单独分家另过，父母留幼子住在一起，家产也由幼子继承。不过家堂神案却不一定传给幼子，一般是传给儿子当中最合适的那个。比如，建明在家里的几个儿子中排行老二，他们家里的家堂神案却传给了他，而不是传给他的哥哥——家里的长子，也没有传给他的弟弟——家里的幼子。他说，因为前些年哥哥在外地当兵，弟弟年幼，只有他最合适，家堂神案就传给了他。果然，我们在他哥哥家和他父母那儿都没有见到家堂神案。

　　尽管人们往上追溯到的祖先非常有限，但是随着一步一步的深入调查，我们发现，其实鹿仁庄目前的 78 户大概只是由最初的几户人家繁衍来的。

乔家现有四户，除了乔小义家而外，其余三户是由一户繁衍而来的，而这一户到鹿仁的时间距今不过四到五代。苗姓虽然人数很多，但是也不过是由三到四户苗姓繁衍来的。毛姓的情况不是十分确切，但是从谱系调查的情况来看，极有可能是由一户延续下来的。这和人们记忆中，最早来到鹿仁的是乔姓或者苗姓，而且来的时候只有一户乔姓、三户苗姓的说法基本吻合。我们还听人们说 1949 年之前，鹿仁庄只有 25 户。那么我们似乎可以大胆推测，实际上，现在鹿仁庄的乡民定居在此的时间不会太长。甚至都不可能在明代，很可能是清中期迁来的（参见附录"鹿仁庄谱系图"）。这也和后文记述的乡民的历史记忆相吻合。

杀年猪

在村里，各家各户厨房梁上都挂着不少腊肉，比较特别的是把年猪的网油擀成饼状挂起来，据说汉民是擀成长条，做法不一样（图 2-14）。在建明家，厨房的房梁上也挂着一些腊肉，刚开始往下滴油，已经熏成黑色

图 2-14 厨房房梁上挂着的网油和腊肉

了。我们问建明什么时候杀猪,他说他们这里有一个习俗,一般要在腊月里杀猪,而且一定要在立春之前,再晚就不好做腊肉了。除了小猪,当年的猪都要杀掉,建明开农家乐看到腊肉很受游客欢迎,他家杀了三头猪,算是比较多的。我们进沟的第二天就是立春,就是在我们来之前,庄子里大部分人家包括建明自己家的猪都杀过了。自从看过四川木里县纳人①的杀猪仪式以后,我们就特别关注其他地方是怎样杀猪的。和木里同处藏彝走廊上的宕昌,其杀猪的方式会不会有相似之处呢?听建明说杀猪的时候是要给家堂神交代的,也就是要搞一点点仪式,好像并不隆重。几天之后,建明打听出来,村里面还有一两户没杀猪。我们马上请建明留意,如果哪家杀猪一定要通知我们去看。

腊月二十八,冬梅告诉我们说,第二天大庄有一户人家要杀猪。我们赶忙跑去跟人家说,想来看杀猪,还要拍照,那户人家很痛快地答应了。

第二天,我们早早起了床,推开房门一看,漫天大雪纷飞。顾不上赏雪,简单洗漱完,也等不及冬梅做早饭,那可要到半中午了,万一猪都杀完了,我们不白起那么早了吗?背起相机和三脚架就直奔大庄。到了以后,人家正在做准备工作。烧了一大锅开水,来了两个人帮忙,正在磨刀。毛时平也来了,后来我们知道,杀猪这户的女主人宝莲是时平的妹妹。猪圈里的两头猪还不知道自己很快就要被宰的命运,哼哼着和狗在一起嬉闹。

我们支起三脚架,等待那一刻的到来。也许已经习惯了我们在庄子里四处出没,主人并没有过多地关注我们,只是怕我们冷,在门廊下专门为我们端来一个火盆,架上柴火旺旺地烧了起来。尽管我们一再反对,还是盛情难却。实际上,我们不大愿意让人专门为我们生火。一是他们把这些柴弄回家实在不容易,二来,也确实毁林比较严重,还是尽量少用些柴吧。

终于要开始杀猪了。宝莲的丈夫把狗牵开,拴到院子的另一边,然后几个男人开始把一头猪的四脚捆起来。正在这当儿,另一头猪大概感到形势不妙,一溜烟跑了,几个人马上追了出去,只留了两个男人把那头捆好的猪抬到院子的长凳上。猪拼命地嘶叫着,拴在院子另一端的狗也在狂吠,

---

① 纳人是居住在四川木里县境内的一个少数族群,目前的民族身份为蒙古族,自称为"纳"或者"纳日"。

狂躁地蹦跳不已。长长的杀猪刀直捅猪的心脏，鲜血马上流了出来，宝莲的儿子拿着爸爸事先准备好的白纸（图2-15），在血流出的一刹那，马上往白纸上淋上一点血，表情紧张地喊妈妈："阿涅，阿涅……快来！"宝莲接过染了血的白纸，拿到神案前面。猪嚎叫了一阵，终于断气了。那只狗大概是因为受惊过度，这时一声不吭，眼神里流露着惊恐，站在那里不停地摇着尾巴。雪依然在密密地下着……

宝莲的丈夫从神案前拿来染血的纸和一枝木香，从死猪的耳朵上揪下一撮猪毛，重又回到神案前，点燃染血的纸和木香，念了几句话（图2-16）：

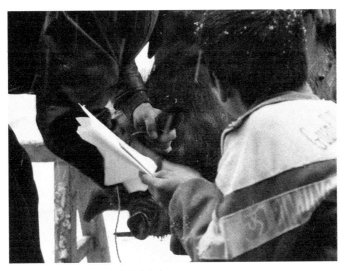

图 2-15　杀年猪的仪式（染血纸）

图 2-16　杀年猪的仪式（烧血纸）

今天是好年、好月、好日子，

腊月二十九，

常爷①啊，

我家杀猪，

求你保佑我家顺顺利利，平平安安。

很奇怪，他似乎是在用汉语在念这段求吉祥的话，难道是因为家堂神案供奉的是汉族的神，所以也要用汉语和神灵说话吗？

虽然这个仪式非常简单，但也说明了杀猪这件事情还是要给神灵说明的，并不是随便可以杀的。不过建明告诉我们说，立春前的杀猪就要稍微隆重一些，而且是各家各户略微集中杀猪的日子。

那头逃掉的猪也终于被人们追了回来，大概是在雪地里摔了跤，沾了满身的雪粉。同样的过程又重复了一遍。

中午时分，雪渐渐停了。

下午，宝莲的儿子拎着个竹篮进了建明家门，从篮子里取了一根东西给建明。我们凑过去看，签子最上面是一小块煮熟的猪肝，接下来是一截子滚圆滚圆的荞麦灌肠，再往下串的是什么没看清。听说凡是杀猪的人家都要给村里每户人家送上一点肉。赶紧去取相机，奈何男孩脚步飞快，一会儿工夫就走没影了。

春节前最后一个集市

腊月二十六是春节前最后一个集日，建明要到县城采购年货，我们打算和建明一起去宕昌赶集。一来，看看宕昌集市临近春节时的情况；二来也为了拍些素材，为后面的纪录片做准备。

---

① 常爷是鹿仁庄苗姓人家供奉的家堂神案的案主，为明代开国大将常遇春，关于家堂神案和常爷在第四章有详细论述。

我们上了马师傅的三轮车，一路上欣赏着雪后美丽的景色。马师傅听说我们是从北京来的，非常照顾我们，一再让我们往前坐。高大结实的马师傅是汉族，曾经当过兵，妻子也是鹿仁庄的。夫妻两人现在住在宕昌县城，买了一辆三轮车跑起了客运，主要跑鹿仁庄到宕昌县城这段道路。马师傅的三轮车几乎成了鹿仁庄的专车，每天都要从宕昌到鹿仁往返几趟。每人每趟只需要 4 元钱，很实惠。我们住在鹿仁庄的时候也常用马师傅的车，接送我们往返县城和鹿仁庄。

这毕竟是春节前最后一个集市了，宕昌的街道上车水马龙，人来人往。其中身穿宕昌藏民服装的妇女不少，也有包着包头的老年男子，整个街市上人声鼎沸，一派过年的繁忙景象。这和中国内地任何一个县城的集市没有什么两样，仍然是当代的工业产品较多，物资也相对比较丰富，各种名牌或者山寨名牌的日用品、服装，还有水果、蔬菜、活鸡、清真牛羊肉摆满了整个街道两边。茶叶堆得像一座座小山，调料林林总总，绣样成打成打的，旁边各色亮丽丝线看得人眼花缭乱。另外还有宕昌当地的土特产品，有当地蒸花卷用的姜黄粉（图 2-17）。还有各类药材，比如红芪和黄芪等药材。红芪捆成小把，堆得比柴垛都高，大竹筐中的党参扇子般整整齐齐地码着（图 2-18）。很多当地人非常老练地拿着这些药材端详着，和卖家讨价还价。在来宕昌之前，就知道宕昌的大山中有很多比较有名的药材，尤以红芪和黄芪为最，在

图 2-17　姜黄　　　　　　　图 2-18　集市上的药材

史料中记载过宕昌国的梁王曾经向南朝进献宕昌国的特产，其中就有当归、甘草等中药材。[①]但是我们不懂，究竟什么样的品质是好的，也不敢贸然购买。

和其他内地县城的集市不同的是，这里街头卖祭祀用品的摊位比较多，香烛纸表比比皆是。香是临洮的，纸是"四川金黄表"或者"中表"。还有祭祀时不可少的木香，而且光顾摊子的看起来并不都是藏民，也有不少汉民，宕昌的汉族在祭祀的时候也使用木香（图2-19）。木香是香柏树的树枝，香柏生长在海拔2700～3000米，尤以2800～2900米为最佳生长高度。宕昌藏民在举行各种宗教仪式的时候都离不开木香，他们认为木香可以洁净除秽，因而凡牵涉到和神灵有关的事情，比如打开经书、开家堂神案等，都要用木香燃起的烟把相关物品熏一熏，以表示洁净。而且木香也是他们自我认同的重要标志性物品，鹿仁庄师家苗伍家保就以"瓦薮"来证明他们是藏族。"瓦薮"大致相当于煨桑，做法是在木香上面放一撮面，然后点燃。"'瓦薮'是最干净的……是我们藏民人的习惯。"他这样说。

看到大街上有人卖木香，我们突然想到，几天前在官鹅沟内遇到三位鹿仁的村民，每人背了一大袋木香从山上下来。说是过年家里开神案的时

图2-19 卖木香

---

① 载《南史·夷貊上》。

候要用，不过看起来有些躲躲闪闪的。当时我们很纳闷，家里开神案的时候只用一点点，为什么他们弄了那么多？那些木香就是全庄人用，也用不完。现在看来，应该是拿来集市上卖的。果然我们遇到了当时背木香的一个村民，他高兴地说，他那袋木香卖了100多元，而且卖得相当快。

我们还看到了遮挡在家堂神案前的白色剪纸"遮面"，也有人买。想来应该是汉民在买，因为人们都说，藏民的遮面要请供奉家堂龙王神的祭司师家来剪，一定不能去买，而汉民的遮面只要到集市上买来就行了。关于家堂龙王神的情况，我们在第四章会详细论述。我们在集市上还看到了古朴的灶王爷线描画像，这种线描画像是四川一带的典型造型。宕昌离四川不太远，两个地方都有这样的东西也不奇怪。

正当我们在街市边走边看的时候，突然听到高音喇叭里传来台湾歌手孟庭苇的歌，原来是瓷器促销。一辆微型货车作为宣传车，挂着大幅的宣传标语"景德镇瓷器大甩卖"，在嘈杂的街市上一边响亮地放着歌曲，"你有几个好妹妹……"一边蜗牛踱步般缓慢地开着。我们很讶异景德镇的瓷器能到这么遥远的地方来销售，不知道究竟是真是假，反正这种情景在全国各地都能看到。

建明采购了相当多的年货和一大批蔬菜。主要是因为我们住在他家里，这也实在给他们一家添了不少麻烦。另外建明还为家里的小卖部进了一些货物，特别是进了一些烟酒等。我们也让建明帮忙买了烟、酒和点心，过年的时候到谁家去总要带些礼物才好。

鹿仁庄很多人也来赶集，我们在街上不断遇到鹿仁的人，少不了打打招呼，寒暄几句。每个人都买了不少年货。下午我们仍然坐马师傅的车回到鹿仁，天色也渐渐晚了。

过年了

宕昌藏民在日常生产生活中使用农历而非藏历，包括掐算日子也是甲子乙丑，只有苗刘荣保家有一本"算日子书"很有特色，第三章中将会重点讲述。因此，春节也就是他们最隆重的节日了。

我们选择春节期间来宕昌，一个主要的原因是他们的家堂神案，包括他们山神信仰的苯苯神案都要到这个时候才会打开，而且各种宗教和民俗活动也相对比较集中。在民俗活动较多的期间进行调查，获得的信息相对要多一些。当然从个人的角度来说，现今城市里的春节好像没有了过年的味道，差不多已经沦落为吃喝的节日，余下所有的内容都已经简化，甚至完全消失。当然不单纯是春节，其他节日节气也差不多都简化得只剩下"吃"了：元宵吃汤圆，端午吃粽子，中秋吃月饼，立春吃春饼，立冬吃饺子。心里暗自期盼着，或许在这相对较为偏僻的山谷深处，还能保留着过年的气氛，这样我们也可以感受一下"异文化"的春节。

"小孩小孩你别馋，过了腊八就是年。腊八粥，喝几天，沥沥拉拉二十三。"印象里，儿时的春节是从腊月二十三祭灶王爷开始的，从那天开始，家里就忙着打扫卫生、蒸馒头、炸果子……似乎一直要忙到年三十的晚上才算忙完。然而在宕昌藏民的庄子中，我们没有看到期待中的忙碌。腊月二十三也没有祭祀灶王爷，这完全可以理解，灶王爷是汉族的神，藏族不祭祀汉族的神也是当然。然而过了腊月二十三，人们似乎也并没有为过年特别准备什么东西，依然和平常一样。背柴的人依然上山背柴，放羊的也还依然放羊……男人们确实闲得无聊，白天在观场上晒晒太阳，晚上聚在一起喝酒、打牌九、打麻将。

除了腊月二十六我们和建明一起到宕昌县城赶集，感受到春节脚步临近而外，我们在庄子里并没有感觉到要过春节的气氛。事后想起来，那段日子庄里来了个卖蜂蜜的，还有一天听见河边等车的地方有人叫卖苹果，也算是快过年的迹象吧。一直到腊月二十九的时候，我们才看见冬梅和建明在家里炸馍馍（图2-20），他们管这叫"卓巴"。杀猪之前也看见毛宝莲在堂屋柜前地上摆了三大屉抹了姜黄蒸出来的花卷，支着油锅炸东西（图2-21）。面团擀成长条，切出长方形的块，每块中间划两道，过油炸出来就是卓巴。冬梅一口气炸了很多，和面时加了蛋，所以吃起来脆，表面上还抹了蜂蜜，色泽非常诱人。过年走亲戚拜年要带这个东西，建明家辈小，加上冬梅在立界还有很多亲戚，所以要多做一些。他们说，这是春节前一定要做的事情，过年走亲串友卓巴是必备的礼品。卓巴也是摆在家堂神案前，用来敬神的供品。此外，就是作为拜年的礼

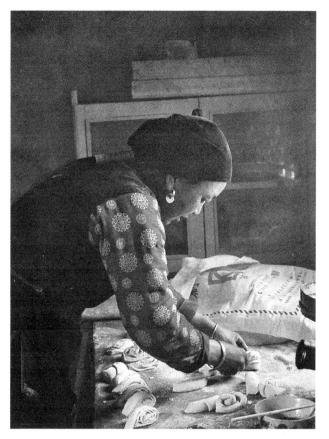

图 2-20 做花卷、炸卓巴

图 2-21 宝莲家炸好的卓巴

品了。

　　年三十，应该说是各家各户比较忙碌的一天。吃过早饭，已是临近中午，建明开始忙着贴对联和"符符"（图2-22）。方言里 f 和 h 常常不分，叫成了 [hú hu]。"符符"必须用黄表纸，剪成正方形，对折成三角形（两个角不是正对齐，要稍错开一点），然后贴在每个窗楣和门楣的正中央。当我们离开宕昌，行经卓尼、临潭、合作等甘肃南部的几个县市时，发现无论是藏族还是汉族的门楣上和窗楣上都有这样的"符符"。建明说，家堂神案打开以后，就不能打扫卫生了，所以在贴对联的时候，艳霞就在清扫房间和院子。我们期待着那只能在春节才打开三天的家堂神案究竟是什么样子的。

　　建明先找来一只盛粮食的斗，用木香熏了一下说：

　　"熏一下就表示干净了。"

　　然后在斗里装上满满一斗小麦，在斗外面也同样贴上"符符"，放在

图2-22 建明贴好的"符符"

家神案前，就开始不紧不慢地剪白色的长钱，就是用白纸剪出长长的一串纸花，称为长钱。无论是纸还是剪刀，他都要用木香熏一下，含义也应该是驱污除秽（图2-23）。

"反正今天就是他（家神）的日子，就是早一点迟一点都没有关系。"他边剪边向我们介绍。

"是师家的人家，斗里面要插上十一支纸花，一般人家插九支就可以了。长钱有些人家嫌麻烦就不剪了，我还是每年都剪。"

建明还在房间左边墙壁供山神的位置放了一只碗，碗里同样装上满满一碗小麦，也插上了白色的纸花，不过纸花只有三支。

准备完所有的东西，建明就住手，说要等到下午太阳快下山、夕阳照进屋子里的时候才会打开神案。

这样我们就先去苗伍家保家看他开神案，前几天就和他约好了。苗伍

图2-23 建明剪长钱

家保是鹿仁庄师家的祖师，对于家堂神的信仰比较清楚，所以我们特地要看一下他开神案的过程。我们到苗伍家保家以前，他已经做好了开神案的准备，专门等着我们到他家以后，就开神案。他特意穿上红色的法衣，他说一般开神案的时候是不穿的，是专门穿给我们看的。"瓦薮"的时候，他不像建明直接用打火机点木香，而是从火炉里取了点柴灰。他说这是"瓦薮"的讲究，不能随便用其他火源。后来我们在苯苯家也看到，苯苯就是用火塘柴灰来点燃木香的。然后他戴上用白纸叠的"马头"。与此同时，他儿子给家堂神和供奉的其他神点上油灯。一切都准备停当以后，苗伍家保爬上神案前的柜子上，把画像卷轴拿下来，并用羽毛掸子把墙面和柜顶打扫一遍。这个卷轴包裹着很多层红布，他和儿子两人一层一层打开红布。他说神案上裹多少层红布是没有讲究的，因为他是师家，帮别人做法事时，人家给了不少红布，他就都用来裹在画像卷轴上了。把卷轴上的所有红布都打开以后，他把画像卷轴重新挂上去，慢慢展开，打开了整个画像。最后，再用一块红布挂在画像的上面，左右分开，算是给画像的装饰（图2-24）。这时我们一下子理解为什么家神案前悬挂的白色纸花叫"遮面"：画像上主神额部以上恰好被遮面挡住，就像帝王戴的冕旒一样。他详细为我们介绍了画像上的各路神灵，这些都会在第四章中介绍。

图2-24 年三十苗伍家保开家堂神案

　　离开了苗伍家保家，我们马不停蹄地赶到苗赵向义家看他家的神案。天色已经暗了下来，我们担心苗赵向义不会等我们。然而这样一位忠厚老实的人，依然在等我们，显然他已经准备好了，只等我们到了就要开神案。之前我们已经了解到武苯苯的神案即使在过年的时候也不打开，所以知道他不会打开他们家的神案。但是当他把苯苯的各样法器摆好之后，拿出来一张塑料覆膜画，把它当作神案供了起来，这样的方式还真是让我们大吃一惊。这幅猛虎下山图（图 2-25）看来已经用了很多年，有些破损，这也未免太不讲究了吧？不过，民间信仰往往就是比较随意。当神案准备好以后，苗赵向义又准备了一只篮子，带上一瓶酒、一瓶水和纸、香等去敬土地。我们跟着他前往敬奉土地神的地方，看他如何敬拜土地。路上遇到了文苯苯苗刘荣保，打了招呼说，我们晚上来看他开神案。

　　苗赵向义到了土地神的地方（图 2-26）以后，拿出来事先准备好的土

图 2-25　年三十苗赵向义安顿家神时供的猛虎图

豆油灯点上灯，就是把一个土豆挖掉一半，中间挖了一个窝，倒上油，做成油灯（图2-27）。原来以为这是他的创举，后来发现，当地人都使用这种土豆灯，大概在室内摆放铜灯，在室外就用土豆灯。点上油灯和香以后，苗赵向义烧了木香和纸，开始念起了长长的经文：

好年 好月 好日 好时

东方的土地

西方的土地

南方的土地

北方的土地

中方的土地

今年是狗年腊月三十

给你们点了一盏灯

烧了五张纸

供了五炷香

燃起了木香

奉上香茶 美酒

一杯清水

猪年要来了

求你们保佑新的一年顺顺利利

走到何方跟到何方

四方有财

八方有喜

平安无事

大吉大利

百事顺利

顺顺和和

之后，又重复了一遍这样的动作，他说要敬山神。同样念完了长长的经文，同样的内容，只是将土地换成了山神而已。之后，他摘下帽子，虚叩了三个头。说：

"这就好了。"

恰好就在这个时候，不知道是谁家刚刚开了神案，响起了一阵鞭炮声。这鞭炮也响得正当时，似乎是在庆祝敬拜土地和山神。

图 2-26 年三十苗赵向义安顿土地的地方

图 2-27 年三十苗赵向义安顿家神的油灯和卓巴以及为安顿土地准备的土豆清油灯

不过，苗赵向义回家以后还是放了一串鞭炮。

离开苗赵向义家以后，我们到文苯苯苗刘荣保家，问他晚上几点开始开神案。他说晚上八点要把各种法器摆出来，准备好。等到凌晨三四点，也就是鸡叫的时候开神案。我们希望能看看开神案的过程，这事前几天就提过，被他拒绝了，他说我们是生人，在场的话有可能会冲撞了山神。其实，我们知道，这不过是他的推托之词。今天再次请求，他稍微迟疑了一下，还是答应了。看来，我们今天不能睡觉了。

凌晨，我们按时到了苗刘荣保家，那神秘的文苯苯神案也按时打开（图2-28）。苗刘荣保说，因为山神是大神，所以要比龙王神的神案打开得晚一些，走得也要早，大年初三下午三点多钟就要卷起来，而龙王神的神案则要等到那天太阳落山才会卷起来。

不论是文苯苯开神案，还是武苯苯开神案，我们的感觉是并没有多少庄重神圣的气氛，更多的像是在履行一项任务。除了每家的男主人以外，其余人似乎和这件事情没有任何关系。即使是开神案的仪式，也只持续十分钟左右。表面上看起来，宕昌藏民的宗教活动并不多，山神也并不是他们真的十分看重的神灵。或许是神灵太多，分了心……我们不得而知。

大年初一的早上，还没有起床的时候，听到有稀稀落落的鞭炮声。这和我们以前在城里过年完全不一样，那鞭炮声简直把人吵得整夜整夜没有办法入睡。早饭和平时也没有什么两样，只是多了煮腊肉。冬梅再三劝我们多吃些肉，今天是过年。建明也说，他们藏民过年就是大块吃肉、大口喝酒。冬梅也给我们每人倒了一杯自己酿的大麦酒（图2-29），这酒喝起来和南方的米酒口味很像，估计酿造方

图2-28 大年初一凌晨鹿仁苯苯苗刘荣保开案

法也一致，只是用大麦酿的。他们过年不吃饺子，毕竟吃饺子是北方汉人的风俗。

吃过早饭，建明要到寺院拜佛。这大概是鹿仁庄的村民表示他们依然信佛的一点标志吧。建明说每家都会在大年初一和正月十五到寺院点灯烧香，也有些人家固定是初二才去。他端着茶，提着一小瓶灯油，手持几张白色马纸、一把木香和几炷香，这就是拜佛的所有物品。另外，他还带了一点吃的东西，有腊肉和一些点心。这是给看寺院的老人苗醋加醋带的。我们跟他一起到寺里，看他拜佛。

看来有人比建明来得还早，寺院里已经点了不少灯。建明在苗醋加醋老人的帮助下，到正殿佛台跟前，给灯捻灯芯，倒满油点上三盏灯，再燃三炷香。苗醋加醋就在大殿里打几下鼓，敲几声锣，然后跪在佛像前左侧的蒲团上，口中念念有词。听得出来，似乎和我们第一次到寺院的时候老人给我们念的祝祷辞差不多。后来建明告诉我们，老人是在祝福我们的工作顺利，建明一家人新年平平安安、吉祥如意。他念完，磕三个头，建明也跟着磕。最后建明出殿门，在一个三足鼎式香炉里把木香点燃，烧了马纸，这样拜佛的过程也就结束了，前前后后也就不到十分钟。建明走了之后，我们继续留在寺院里，看看其他人家怎么拜佛。

后面陆陆续续来了不少拜佛的村民，也有很多人家只派小男孩代表一家人来磕头拜佛、点灯烧香（图2-30）。值得注意的是，妇女不能代表一家人到寺院拜佛烧香。不管什么人来，都要给老人带一点吃的，表示拜年。由于平日不拜佛，他们的动作一般都不熟练，往往要苗醋加醋指点和示范。老人无论是对待大人还是孩子，都要按照建明拜佛的程序敲上一番锣鼓，念几句祝福的话。大概是油灯不够，

图2-29　麦仁酿出来的酒

老人就把先前人家已经点着的油灯熄掉，再给后来的人家重新倒上油点上灯。我们没有统计是不是全庄的人都来拜佛了，但是建明说，每家都要来的，这是规矩，一定要把规程行到。

等我们从寺院回家的时候，看到庄子里不断有孩子和年轻人拎着烟酒、端着碗和盘子走动，这大概是走亲戚拜年吧。一打听，果不其然。因为庄子里各家各户大多有亲戚关系，过年的时候晚辈当然要给长辈拜年。我跟着一个小男孩去他亲戚家拜年，拜年的礼物是满满一碗面点，有油炸的卓巴也有蒸馍馍，还有一瓶酒。酒和馍馍都收下了，有意思的是，人家又给这位男孩换了满满一碗馍馍，也是有油炸的，有蒸的。尽管东西是一样的，但是意义却不同。这就是人们之间的礼物交换，包含着复杂的社会文化含义，其中体现着一个社会的社会组织、等级秩序等。人类学大师莫斯（Marcel Mauss）对于礼物的研究是经典著作，阐释了礼物在人类社会中的重要意义和作用。小男孩也没有白跑这一趟，赚了一杯甜酒喝，还有压岁钱，外带一支香烟。回到家，我看到彩霞和艳霞也被妈妈支使着到处拜年，这情景确实很像我小的时候。后来的几天，我们也不断看到有其他庄子的人来拜年，因为路途远，大多吃了饭才走。我们也被庄子里的人不断叫到家里吃饭，当然我们也会带上点烟酒和点心，作为礼物送给人家。

宕昌藏民的过年，看起来没有汉族地区的过年气氛浓厚。

图 2-30 大年初一到鹿仁寺上香的小男孩

第三章　凤凰山神

在宕昌县城环望四周，群山光秃秃的，只是在村庄背后的半坡上常常孤立着一片树林，景象奇异。前文在介绍鹿仁庄的时候也提到了，这就是宕昌汉藏地区都存在的神树林（图3-1）。神树林对于宕昌当地人非常重要，在建立村庄的时候，人们就会选择一片长势良好的树林，作为神树林，也就是宕昌藏族最为重要的神灵——凤凰山神的栖身之地，因而神树林绝对不可以随意砍伐。但是并不是所有的神树林都是凤凰山神的，也有一些是属于当地龙王神信仰的神树林，这在西北地区普遍存在。宕昌当地无论汉藏村庄都有龙王神的"神地方"，也以不能随意砍伐的树林为其标志之一，但不一定就是山上的树林，似乎山神林总是在山坡上。据人们说，神树林真的有神灵居住，如果随意砍伐，会遭到神灵的惩罚。鹿仁庄民曾经为我们讲过这样一个故事："文化大革命"时期，有一个人砍了神树林的树。后来他赌博输了70元钱，因为还不起债，上吊自杀了。他死了以后，庄子里很不安静，全村就请师家禳庄子。龙王神借助人告诉庄子里的人说是因为这个人砍了神树林，山神把他逼死了。从此以后，再也没有人敢去砍神树林的树。[①]正是因为神树林有着类似这样的传说，所以人们基本上不敢砍伐神树林，这从宕昌周围的林地保留情况可以看得出来。在宕昌县城周围绝大多数的山都是荒山，即使已经执行了几年的退耕还林，但是荒山的状况并没有多大改观。只要看到这样的荒山上突兀地出现一片生机勃勃的树林，很可能就是当地的山神林。[②]

从初遇神树林开始，我们慢慢接触到凤凰山神——这曾经弥漫宕昌全境的信仰，目前在几条藏民聚居的山沟里还有不同程度的留存。

图 3-1 鹿仁大庄背后的苗家神林

① 2007 年 2 月 15 日苗刘荣保访谈。
② 关于宕昌山神信仰在保护生态方面发挥的作用，可参见艾菊红、廖旸《陇南宕昌藏族的宗教信仰和植物多样性调查报告》，载薛达元主编《民族地区传统文化与生物多样性保护》，中国环境科学出版社，2009，第 40 ~ 54 页。

苯苯印象

第一次到鹿仁庄的时候，小菊带我们去看她爷爷。爷爷住在一座很小的房子里面，在屋子正中央生着一堆火，火上架着铁三角，以前人们大概就是这样生活的吧。和小菊的爷爷聊了一会儿，他说：

"我们人现在还信那个苯苯，苯苯的那个教派。苯苯有两种，一个叫"郭巴"，一个叫"北布"。"郭巴"是武的，"北布"是文的①，庄子现在都还有呢。他们那个现在有那个木头的牛头马面，我们藏民把那个叫"西哈"。大河的那边有好几家都有，代代相传，一代一代地传下来。还有一个叫"牙哈"，一个叫"布哈"。我们那个苯苯么，基本上就是……我们的村庄……看家护院起这个作用。每年这个牛羊呀、庄稼都要受他的保护。"②

"北布"？听起来有点像"苯布"（藏 bon po），藏族民间宗教苯教以及苯教祭司的叫法。小菊爷爷给我们描述的这种宗教信仰，会不会就是苯教呢？我们以前只调查过藏传佛教，苯教还从没接触过，但闻其名而已。

"你们要看苯苯，晚上我带你们去，白天他们做活了。"
"那太好了，晚上我们来找你带我们去。"

晚上，小菊的爷爷领我们去了苯苯家。后来我们知道，这是一位文苯苯——"北布"，庄子里还有几个武苯苯——"郭巴"。原来宕昌藏族最重要的宗教信仰不是那位于家堂正中的龙王神，而是凤凰山神，苯苯就是祭祀凤凰山神的巫师，每个村庄背后的神树林就是凤凰山神的居所。

苯苯还告诉我们，每年他们都要到山神林子里请山神，扎一些牌牌，

---

① 关于苯苯的分类详见本章"逐渐衰落的苯苯"一节。
② 2005 年 7 月 15 日小菊爷爷访谈。

那究竟是什么东西呢？我们不知道。终于他给我们看了他收藏的一些经书（图3-2）。拿经书之前，他在放经书的柜子前面点了一盏油灯，又点燃一小根木香，作为洁净之用。然后念了一段经，说拿经书是要惊动山神的，要给山神交代一下。然后他小心翼翼地把经书拿给我们。经书前后各有一块木板，这是起保护作用的夹经板，中间正反两面都写着经文的活页用红布包裹着。谢老师双手合十，表示对山神的敬意，然后打开了经书。经书的四周呈黑色，好像烧过的样子，莫非苯苯家里失过火？①

正在纳闷，经书的内容就更让我们惊讶了：看起来有点像纳西族东巴经，细看里面的图画就更接近了。曾问过谢老师，他说藏族的苯教和纳西族的东巴教是有渊源的。这是我们以前不知道的，那么宕昌藏族的这种山神信仰和西藏的苯教一样吗？谢老师仔细看了经书，非常高兴地说，这种

图3-2 宕昌苯苯经护经板上木刻宗教图案与咒语

① 后来知道，这实在是我们闹的笑话。经书四周烟熏火烧的痕迹与室内常年用柴烧火有关，被烟熏之后经书四周发黑，好像火烧过一样。

经书很古老，他在西藏都没有见过这么古老的苯苯经书，措辞大概用的是唐吐蕃时期的古藏文，也就是说相当于公元 8～9 世纪的语言，抄写的年代则要晚一些，可能会在明代。看来，这种经书应该很有研究价值，对于判断宕昌藏族的来源和年代可能会有帮助。可惜的是，苯苯说他不认识经书上的字，根本不知道说的是什么。他很希望谢老师能帮助翻译这些经文。但是如果翻译出来，那就是汉文了。他是藏族的巫师，却不懂藏文经书，需要翻译成汉文他才懂，也确实有意思。

苯苯说这些经书都是他的父辈传下来的，但是最近两三年退耕还林，人们把山神信仰都看淡了，以前每年农历三月三都要上山举行闸山仪式的[①]，只是现在"没有庄稼了，也就没上山了"。

"那您还让您的儿子学苯苯吗？"

"哎呀，那是看他嘛。"

……

"不学咋办呢？我们藏民人还是要这个呢。"

过了半天他又说。

"娃儿想学吗？"

"娃儿打工去了。去山东砖场上，让人给骗了，才救回来呢。"

我们已经听说过庄子里有人被骗到黑砖场的事，原来苯苯的儿子也在其中。

因为谢老师懂经书上的大概意思，赢得了苯苯的信任，他答应让我们拍一本经书。还是谢老师的数码相机好用，不用担心费用问题，而且整理起来也方便。尽管我们的宾得相机很好用，但是想想一张胶片就要多少钱，回去以后冲印又要多少钱，就算了。更何况谢老师是准专业的摄影师，我们就别班门弄斧了。

---

① 在甘青地区很多民族都有三月三闸山仪式，也就是所谓的青苗会。根据范长风对甘青地区青苗会的研究认为，"闸山的意思就是将盖有龙王神大印的三角形小红旗插在表示村界、路口等地以避免冰雹灾害，是一种保护青苗兼有封山、护林的农业保护和生态防御仪式。"（参见范长风《跨族群的共同仪式与互助行为》，中国人民大学博士论文，2007。）宕昌藏族的闸山仪式我们没有看到，但根据人们的描述，也应该与甘青一带的青苗会相类似。

我们终于拍到了一本经书，也把拍经书的整个过程用摄像机记录了下来，希望能够作为影像资料保存。其实我们看到，这位苯苯还有一些经书，但是他没有拿给我们看的意思，我们也就不好得陇望蜀了。

从我们最初从小菊爷爷口中了解到苯苯的基本情况，随着调查的深入开展，获得的信息也逐渐丰富起来。信奉山神的人家分为两种：一种称为"苯苯"，在下沟用当地藏话称为"北布"或"簸（[bǒ]）布"，上沟则称 [boe yǐ]；另一种称为"郭巴"，在舟曲等附近地方也音如"贡巴"或"苟巴"等，均相当于藏文的 sngags pa，意思是咒师，也就是修持密咒法术的人。这两种称谓都指向苯教祭司。在鹿仁庄有时也用汉话"文苯苯""武苯苯"来进行区别。举行各种仪式活动的时候二者互相配合，行仪过程相同，但各自念的经文不同。至于一文一武这两者的地位，一种说法称并没有高低等级之分，类似朝廷的文武大臣，郭巴的主要作用是降魔除妖，相当于武将[1]；或者说文苯苯"就是还愿，武苯苯是处理不干不净的事，要禳解"。[2]而另一种说法则称做法事时武官（郭巴）在前，因为他是保文官（苯苯）的，从地位上讲文苯苯较尊。[3]这些说法可能与访谈对象本身的立场有关。再有，按立界的规矩，郭巴是不出门行仪的。[4]二者之间并非对立，如"立界这里武官不行"，苯苯杨吴生换就文、武都学。

关于苯苯的来历，鹿仁的村民有这样的传说。相传，在现在花儿滩上面有一个叫卓家沟（音，藏 [hē mā zì]）的地方，有龙珠的传说。鹿仁有个老师父在那里修仙，他死的时候跟儿子说，年三十晚上三更时候会出来一头虎，戴着数珠和圆铜盒"署固"；你不要怕，把这两样东西摘下来戴上，再磕三个头。结果儿子担心老虎会吃人，顾忌家中断了香火，心生惧怕，只拿下铜盒却忘记取数珠。其实这头虎就是老师父变化的，儿子凭着铜盒传下了苯苯。看来变虎的老师父应该就是副神。在立界流传着类似的传说，只是把虎改成了龙。[5]

---

① 2007 年 2 月 7 日郭巴苗赵向义访谈。
② 杨沿明访谈，见《地理编·藏民族采访实录》。
③ 2007 年 2 月 26 日苯苯杨清元访谈。
④ 2007 年 3 月 10 日立界杨吴生换访谈。
⑤ 2007 年 2 月 11 日苗伍家保访谈。

　　苯苯／郭巴基本上是家传的，苯苯的哪一位儿子学了苯苯，就将苯苯的衣钵传予其。如果是亲戚或者外人学了苯苯，那就传给该人徒弟，但是苯苯的儿子依然还是苯苯家，即使没有学，也还要举行仪式承认他是苯苯，他依然继承父亲的苯苯头衔。鹿仁庄有一户乔姓人家是苯苯，但这户人家没有儿子，只有一位独生女儿，就招了上门女婿。因岳父去世得早，关于苯苯的知识这位上门女婿知之甚少。但因其家原来是苯苯家，所以这位上门女婿尽管没有学苯苯，仍要继承苯苯的衣钵，尚未搭衣也要上山做安顿神的仪式。当然他们是兼职的神职人员，并不脱离生产劳动。

　　我们最早接触的苯苯就是鹿仁庄的文苯苯苗刘荣保。他的年龄其实并不大，属马（1954 年生），只有 50 岁出头，看起来却比较苍老，大概是常年劳作的原因。苗刘荣保的苯苯继承自舅舅，因为舅舅无子，所以就传给了这个外甥，到他已经 12 代了。19 岁的时候苗刘荣保来到舅舅家学习苯苯，完全凭口传。舅舅传下来的经文、法器和衣服都放在老屋子里，一直没有移动过。苗刘荣保说，所有这些都是老辈人传下来的，不能随便动。即使新房子修得再漂亮，家神和这些东西也不能随便移动。要移动就要杀羊还愿，只有祖先和神愿意，移后家里才会安好。所以，苗刘荣保家的家神牌位没安在正房的墙上，而在正房对面的老屋内。

　　苗刘荣保的儿子今年 18 岁，我们问他学不学苯苯，他说准备学：因为这是祖先留下来的，一辈一辈的不学也不行。而且对门邻居郭巴，也就是武苯苯苗赵向义家只有一个女儿，已经出嫁，家里没有人继承，以后庄子里也就只有他一个苯苯了，所以他打算还是学。

　　前面提到过的苗赵向义，属小龙（1965 年生），据他说其家里苯苯究竟传了多少代，他也不清楚。因他是家中的幼子，所以由他继承苯苯。18岁那年他开始跟父亲学习苯苯，当时他并不愿意，是父亲逼着他学的，大约学了 6 年。苗赵向义没有儿子，无法传给自己的孩子，侄子和外甥也都不愿意学。我们问他，下辈人不愿意学怎么办？他笑笑说，"那就失了嘛"。

　　说起来，鹿仁郭巴的掌坛人还不是苗赵向义，而是毛时平，属猴（1968年生）。毛时平的爷爷是郭巴，父亲那一代因为破除封建迷信而没有学。到毛时平这一代宗教政策放宽了，他们才开始学的。当时毛时平的爷爷已经去世，他跟爷爷的徒弟，也就是苗刘荣保的舅舅学习。从十五六岁开始学，学了三四年。那时只在冬天农闲的时候学三个月，就是白天劳动，晚上学三四个小时。师父口传，因为都不识字，也不会写。他说因为觉得学了用处不大，而且学习认字和写字很费劲，再加上学的人少，师父也不大愿意费心，所以也是各人忙各人的活计，就没有下功夫去学。所以尽管他家里也有经书，但是他自认为自己并不大会郭巴的那些本领。

凤凰山神的种种称谓

在西藏山神是非常普遍的信仰，宕昌的凤凰山神信仰与西藏民间宗教信仰，或曰原始的苯教（藏 bon，又译本教）有着密切的联系。[①]藏地各处的山神通常有着非常具体的形貌，例如青海的阿尼玛卿山神玛卿伯姆热（藏 rMa chen spom ra）是穿甲披白斗篷、挥矛、骑白马（一说狮子）的英俊武士；而西藏雅砻河谷的雅拉香波（藏 Yar lha sham po）山神常化身白牦牛。[②]宕昌各地藏族祀奉的山神则有着比较统一的形象——金翅鸟。金翅鸟（梵 garuḍa 迦楼罗）是一种渊源于南亚次大陆的神禽，传说体躯极其巨大，翼展可达百万里，性猛烈，常食龙（蛇），但敬畏佛法，为护法天龙八部之一。在西藏其形象与苯教有所结合，特征是头顶出现了牛角。汉地通过佛教也吸纳了金翅鸟的内容，但是其形象与西藏的金翅鸟相差悬殊，后者随着藏传佛教在汉地的推广与渗透才逐渐在内地出现。而在汉文化体系中，最有名的神禽当推凤凰，因此当地人就把金翅鸟形象的藏族山神比附为凤凰；同时也有比附为另一种神禽大鹏的例子。

尽管山神信仰在西藏地区如此普遍而盛行，但藏语中并没有直接对应"山神"的词语，在不同地方可能分别使用 gzhi bdag（当方神）、gnyan（念神）等字眼，

① 有关宕昌地区苯教的基本状况杨海帆曾做过简要介绍，见杨海帆《宕昌民族研究》，宕昌县志办公室，2006，第 93～99 页。

② 对于西藏山神信仰概貌的探讨可参见〔奥地利〕内贝斯基-沃杰科维茨《西藏的神灵和鬼怪》"山神"一章（谢继胜译，西藏人民出版社，1993，第 233～269 页）；谢继胜：《藏族的山神神话及其特征》，载《西藏研究》1988 年第 4 期，及同氏 "The Mythology of Tibetan Mountain Gods: An Overview"（*Oral Tradition*，Vol. 16/2, 2001, pp. 343-363）；南文渊：《藏族神山崇拜观念浅述》，载《西藏研究》2000 年第 2 期等论著。

有时还与 yul lha（地域神）、gnas bdag / srung（地方神）等有所交叉。[①]在我们调查的宕昌藏族地区，对凤凰山神的称谓亦多种多样[②]：

（1）"野萨"。这是鹿仁的称呼。

（2）"格（[gě]）布"。这是鹿仁的另一种称呼，似可与野萨互换。[③]郭巴毛时平还提到，凤凰山神的全称是"响雄格布"，并解释说响雄意凤凰，格布即山神。[④]响雄与苯教的发祥地象雄发音类似，很有可能这其中有一定的关联。象雄语中的象雄（zhang zhung）相当于藏文中的 khyung lung，意为鹏谷，亦即大鹏（金翅鸟）所居之地。若是，则响雄格布或对应于 zhang zhung skyes bu，其中 skyes bu 原意为生者，通常指英雄、上师、圣人等与众不同的人物。

（3）"夏琼"（[xiǎ qióng]，bya khyung）。[⑤]这是新坪的称呼。夏琼相当于梵文所谓迦楼罗，汉语译为金翅鸟或大鹏。新坪的苯苯杨清元亦称之为"金翅大（[dài]）鹏精"，此汉名与藏语名号非常吻合。类似名号在鹿仁亦有出现，法器圆铜盒"署固"里装的图（图3-3）在凤凰山神的右爪一侧就写有 yee sa（？当地读若 [he]）bya khyung 字样。

（4）"洛杰"（[luǒ jié]）。这是立界、黄家湾的称呼。另外新坪亦称各家族供奉的山神为"洛宰"（[luó ze / zai]），当是同字、方言发音不同。需要注意的是，新坪的洛宰与夏琼不同，这里指夏琼为洛宰的上司，不杀生。

还有一个值得注意的现象，就是同一个庄子里不同的家姓往往信奉不同的山神。例如鹿仁有苗、毛和乔三姓以及一些后来的杂姓人家，苗家神林的当方山神是"雅伊布野萨"（亦可略作雅伊野萨）；乔家的山神叫作

---

① 有关这些称号的内涵及相互关系可参见孙林《西藏民间宗教中的"山神"——希达、念神、赞神关系考析》，载《中国藏学》2009年第3期。

② 根据宕昌县志编辑部对宕昌藏民的访谈，车拉乡扎玉河村人用藏话称呼凤凰山神为"占扎一兰"，见宕昌县志编辑部编辑、杨和安执笔《地理编·藏民族采访实录》。待考。感谢杨海帆惠赐资料。

③ 例如苗家山神"雅伊野萨"也叫"牙音格拨"，后者见《地理编·藏民族采访实录》以及杨海帆编著《简读鹿仁庄羌藏文化》，宕昌县志编辑部，2005，第7页。

④ 这一点与《简读鹿仁庄羌藏文化》第7～8页介绍的调查结果有所抵触，该文称毛家带来的凤凰山神叫"熊格拨"，其中"熊"是毛家原住地迭部的一地名。

⑤ bya 为禽鸟总称，因此亦可单用 khyung 一字指称金翅鸟。在宕昌及白龙江流域的其他藏族地方的文献中均可见到这种用法，如杨士宏、华青太《白龙江流域发现的苯教文献及其文化信息》一文中编号为 TW9、TJ10、TJ14 的苯教文献，载《中国藏学》2009年第3期。

"逋斯野萨";毛家的叫作"得（[dei]）伊布野萨"。庄子的总山神叫"野白野萨"，他是杂姓人都包括在内的总山神，还管辖着鹿仁周围的上、下坪地方，总管三个庄子的所有人。山神的名号还透露出一些额外的历史地理信息：以乔家山神逋斯野萨为例，传说中鹿仁的乔家正是从舟曲的"逋斯"地方辗转迁徙来的——当地人迁徙到宕昌后居住地亦名"逋斯"，即今官鹅沟乔家村（见表 6-1）。乔家村部分人后来又陆续迁居鹿仁庄，形成今天的乔姓。[1]换言之，前面限定山神名号的可能正是家族原来的居住地地名，

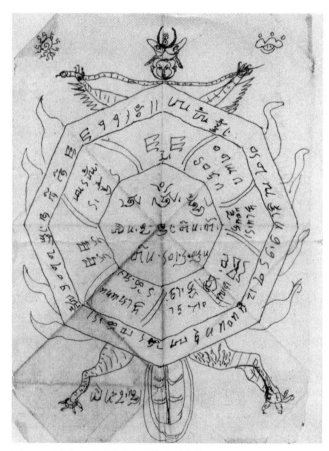

图 3-3 鹿仁郭巴署固内装夏琼护身符临摹

---

[1] 类似的例子如周家峪，传说此地居民都是从任藏来的（参见《地理编·藏民族采访实录》），而周家峪与任藏的藏名发音类似，见表 6-1。

或者居住地山神的原名一类。由于各姓陆续迁来，他们敬请山神的日子也就各自不同，后来由于杂姓的进入才逐渐形成了全庄的总山神之说。

至于新坪庄则有两位山神。虽然新坪庄全民姓杨，但是分属三个家族，其中一家有自己的山神"垂伙巴洛宰"；其余两家信的是全庄的山神"野白洛宰"。新坪这一地名的当地发音就是"野白"（参见表6-1），词尾"白"据解释是坪的意思，所以野白洛宰一词的字面意思是很明显的。另外，新坪的全庄山神野白洛宰与鹿仁的野白野萨字面上似亦有所关联，新坪的杨姓和鹿仁的苗、乔诸姓大致都来自今舟曲的憨板乡地方。[1]据说当地老年人称藏族为"挪北"，后来才简化自称"北"，不知是否与两庄全庄山神前所冠的"野白"有关。[2]

要注意的是，"庄庄都有山神，性质上是一个山神。"[3]与此同时，一个村庄可能有多片山神林，以对应不同的山神。以鹿仁庄为例，它被抬水沟分隔为两个自然村落——大庄和小庄，大庄背后的神树林是苗家山神的，而小庄背后的神树林中则一共栖居着三位，即毛家、乔家还有全村的山神（参见图1-10）。在一定程度上，神树林的分布也能反映出最初人们定居、聚居乃至逐渐形成村落的一些情形。

"三位"山神与山神牌牌体现的世界观

神树林看起来都差不多，"凤凰山神"听起来一个样，没想到藏话里还有不同的称谓，透露出丰富的宗教与地理信息。不仅如此，鹿仁和新坪两地的苯苯或郭巴都告诉我们，山神分"三位"（应做三个层次理解），并与其不同的图像联系起来（表3-1，参见表3-2）：

---

[1] 参见第六章"我从哪里来：宕昌藏族的口述历史"一节。
[2] 2007年3月3日新坪杨文才访谈。
[3] 2007年2月26日杨清元访谈。

表 3-1　宕昌山神的三个层次对照

	鹿仁	新坪	西藏民间宗教的宇宙模式
1	"诺萨"。天上("诺"，藏 gnam）的山神	"勒丹巴黑热"（[lē dān bā hī rè]）。即夏琼、大鹏精，为凤凰山神的上司，头上有角	天界 / 神界，lha "天神" 的领域
2	"谷乌野萨"。半天云彩里的山神	洛宰。凤凰山神，为鸡叼蛇的形象	人界，gnyan "念" /btsan "赞" 的领域，亦即山神居处
3	野萨。山头上的山神，亦即当方山神	"惹涅"*，一座山一座山的山神	地界，龙（klu "鲁"）和土主（sa bdag）的领域

　　* 后来在杨吴生换讲解苯苯经上捏面人的谱子时我们得知，"惹涅" 指长着两角的动物，应对应藏文 rwa gnyis，详见本章 "面人图谱与云南同行带来的启示" 一节。这样就有了一个更形象的印象。

　　通过表 3-1 可以看出，这种区分方法所体现的世界观与西藏民间宗教信仰中传统的三界划分有一定联系，但并不能等同，可以说是把人界进行了细分。这在西藏信仰中也是有迹可循的：人界的上部也就是白云的位置活动着当方神和念神，其下则是赞神（btsan）的空间——这些神都与山神密切相关。[1]

　　在山神牌牌上可以更直观地看到各层次山神的形象，其图像构成揭示了山神信仰中的世界模式（图 3-4）。这是一种在闸山插牌等仪式上要用到的竖长条形木牌，上面用墨笔画有山神等形象，它在鹿仁的发音在 "熊" 和 "讯" 之间；在立界称为 "曲"；新坪称为 "遮署"，由苯苯来画，郭巴并不动笔。在鹿仁，每年是由郭巴苗赵向义给各家画山神牌牌，他藏有一件 "母本"（图 3-5），长两尺、宽三寸，按照这个小样画出来的成品长四尺五寸。

　　杨吴生换家藏的苯苯经前两叶正反面分四幅给出山神牌牌的图样（参见图 3-6），竖幅构图，从上至下用墨线分为 17 栏或 18 栏，部分栏标有阿拉伯数字。

　　现将新坪苯苯杨清元与杨吴生换对于山神牌牌上图文的解释列表对照如下（表 3-2）：

---

[1]　参见孙林《西藏民间宗教中的 "山神" ——希达、念神、赞神关系考析》，第 169 页。

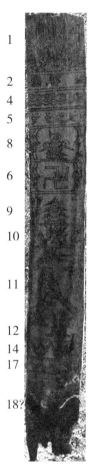

1
2
4
5
8
6
9
10
11
12
14
17
18?

图 3-4 城关曹家村（如今
都是汉民）山神
牌牌。车拉老苯苯
绘制。照片由杨海
帆提供。左侧标记
的数字系笔者所
加，为表 3-2 中
相应内容的栏号

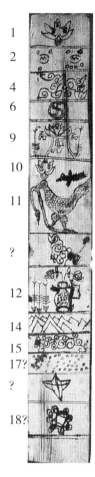

1
2
4
6
9
10
11
?
12
14
15
17?
?
18?

图 3-5 山神牌牌图像小
样。苗赵向义绘。
约 66.7×10 厘
米。左侧数字含
义同图 3-4

图 3-6 山神牌牌图文小样（立界苯苯杨吴生换经书插图四页）

表 3-2　山神牌牌图文构成

栏号	新坪杨清元解释	立界杨吴生换解释
1	夏琼，凤凰山神的上司勒丹巴黑热	（标记"1"）凤凰山神洛杰
2	中间是天（"诺"，[yi ku lu zhuo ji]；其右是太阳（藏 nyi ma），其左是月亮（[le ga]，接近舟曲方言 levo ba 或 le mu）	（标记"2"）左起依次为太阳、月和星星（[gā ma]，藏 skar ma）
3	草书藏文一行，大意为：天上有日月	（标记"3"）藏文一行，洛杰如何如何云云
4	连续波浪形图案，云	云（[xì]）
5	连续"W"形波折图案，含义不明	铧（[zhà]）*
6	卍字符（[yao zhu]，藏 g.yung drung "雍仲"），代表空中的神	（标记"4"）卍字（[yōu zhū]）
7	草书藏文一行，大意为：半空中有一个龙（[zhu]，藏 vbrug）一个蟒（[sei]）	藏文一行，意思是洛杰有水有雨云云
8	[xie bu]，含义不明	（标记"5"）[chē dě]，含义不明
9	中央的塔状物名 [chě di]，右边为戟（[dǔ]，藏 mdung），左边是箭（[dá]，藏 mdav）	（标记"6"）含义不明
10	中央的神名为 [ně bù]，他比夏琼小、比凤凰山神大，是善神，两侧有小小的八卦（[bā gá]，藏 spar kha）和 [bǎ nà]	（标记"7"）中间是山神戴的冠或者说面具 [nǒ bù]，两旁是卍字和 [sà yī bē mā dě jiě]，这些是三种舞蹈的步伐
11	凤凰山神，边上的鸟是老鸹（乌鸦），可能是伺候他的	（标记"8"）整个图称为夏琼，这是掌教的，图样的第1栏和本栏是同一尊神，原型就是这只鸟，它下凡降妖除魔。它嘴里叼的就是大海里面害人的毒蛇 [chī]
12	左边瓶（葫芦 [hé duǒ]），右边是孙悟空"颇乌国布"，孙悟空保山神的意思（当地人称画像上面一个猴子模样的图样为孙悟空）	（标记"9"）左边的壶代表水，象征害人作怪的蛇从水里面出来；右边的动物曾经跟上栏的洛杰打赌，说你降不住妖精，结果洛杰降服蛇妖，把它吓得目瞪口呆
13	松树（松树枝）	（标记"10"）树林（[yí ge chuò bā]）
14	石山（[zhā]，藏 brag）	（标记"11"）山（[zhā gē chuò ba]）
15	连续的浪头图案，代表草（[zè]；音略近 rtsa / rtswa）	（标记"12"）[chù gē chuò ba]
16	草书藏文一行，意思是地上有老虎（[dà]，藏 stag）和牦牛（[yà]，藏 g.yag）。按照立界郭巴的画法，这行草书在上，单列为一栏，草图案在下栏	（标记"13"）藏文一行，意同左
17	连续鳞形图案，代表水（[chù]，藏 chu）	（标记"14"）水
18	类似交杵金刚的图案，代表土（[sà]，藏 sa）	（标记"15"）土

　　*杨吴生换特别解释说：铧就是《封神》中殷纣王的儿子受刑的那种东西（参见明·许仲琳《封神演义》第六十五回"殷郊岐山受犁锄"、第六十六回"洪锦西岐城大战"）。在越来越多地接触汉文化的同时，宕昌藏族乐于用类似的说书、演义故事来理解和阐释藏文化的元素，此亦一例。

对比我们在宕昌各地看到的山神木牌，虽然互有出入，但总的来说主体结构、核心内容和排列次序是基本一致的，均以表现天朝、半空中、人间地上这三种层次的凤凰山神为骨干。很多苯苯／郭巴不会书写藏文，就把藏文栏给省略掉了。再者，比较师父和直系徒弟画出来的牌牌，可以看出有些地方徒弟未能真正理解。例如，老师父画的天朝凤凰山神脸型是倒葫芦形，似猴脸；而徒弟就把五官都挤到上半脸去了，这样一来，下半脸看起来就像胡子或衣服的翻领。事实上，我们访问到的苯苯／郭巴中没有人能够完整地解读所有象征符号。

副神——山神的副手

凤凰山神而外，副神[①]是山神信仰体系里的重要神灵，他们是山神的副手，也是保护山神的将官。据说蛇妖作怪祸害人间，佛拿它没有办法，而山神又不能钻到水里去治蛇，最后由副神出面把蛇引出来，凤凰山神展翅遮天，天色暗下来，使蛇迷了路，这样才把它抓住，以后蛇也成为山神的一名大将。还有一种传说，讲的是有 800 个恶鬼吃人，副神把鬼消灭了，于是凡人得到平安，现在苯苯用的数珠就是这些恶鬼的头串起来的。降服蛇妖、恶鬼的过程中副神都出了力。不仅如此，副神还变成一个人，传授苯苯。他先传的是武苯苯，后来才传给文苯苯。[②]副神不杀生，所以向副神献祭的时候不能在神面前现杀，要在外边杀好，否则就是破坏规矩。

苯苯和郭巴尊奉的副神不同。在鹿仁，苯苯敬拜"达巴赫热"，郭巴敬的是达拉梅巴（藏 sTag lha me vbar，图 3-7）。达拉梅巴的字面意思是燃火虎神，据说其全称很长，共计四段文字，其中第一段是"汪北达拉梅巴"，"汪北"无疑就是藏文文献中往往加在其名号之前的

---

① 一些田野调查资料中又写作"护神"。本文依据村民发音及对其"副手"含义的强调，暂定为"副神"。

② 有关文、武苯苯的区别，详见本章后文"逐渐衰落的苯苯"一节。

dbal bon 字样。他是位著名的苯教神祇，广受崇信，"这是一位虎头黑人，周围环绕着火焰。身穿丝制披风和虎豹皮衣，右手持金属火球，左手持虎鬃"。[①]在图像上，这位一面、二臂、三目的忿怒相神灵有时也现红色身相，头戴五骷髅冠，右手挥动金轮，左手执九剑，足下踏定人形，周绕炽烈火焰（图 3-8）。

宕昌藏民中信仰的达拉梅巴三目、六臂、青面，能降妖除魔。传说他本来是白脸，因为脚踩妖怪，用力挣成了青脸。另有说法称妖怪（蛇妖？）有毒，把副神毒成了青脸。[②]这种有趣的传说也算是文化交流的产物了，它的原型可能来自婆罗门教搅乳海故事：诸天和阿修罗搅动乳海以求不死甘露，没想到大蛇喷出毒液，为避免蛇毒荼害众生，大神湿婆吞下毒液，结果颈项因此变成青色，这也是湿婆的别名之一"青颈"的由来。佛教中青颈观音同样是从湿婆故事衍变而来的。

这时回想春节苗赵向义开案时令我们诧异地感到"不讲究"的猛虎下山图（参见图 2-25），既然副神是 stag lha"虎神"，供只老虎说不定还真有按照老规矩做的影子。我们找到了达拉梅巴（图 3-8）以及一种骑虎苯教神的图像（图 3-9），作为理解宕昌藏族信仰的副神的参照。

图 3-7 郭巴副神达拉梅巴像。郭巴经插图，新坪郭巴杨沿明约绘制于 2003 年，立界杨学平藏

---

① 〔奥地利〕内贝斯基-沃杰科维茨：《西藏的神灵和鬼怪》，第 371~372 页。
② 2007 年 3 月 10 日杨宝亮访谈。其口头描述与文本上的插图稍有不同。

从世界范围内藏学研究的趋向来看，苯教和苯教美术都是热点问题，也希望
我们在宕昌的见闻能够为学术研究增加一点新的材料。

　　而在新坪，郭巴家仍是达拉梅巴主案①；苯苯家则有三位，主案的是

　　图3-8　苯教神达拉梅巴像唐卡。19世纪。棉布、设色，鲁宾艺术博
　　　　　　物馆（Rubin Museum of Art）藏，acc.# P2000. 19.5。
　　　　　　Retrieved from http://www.himalayanart.org/image.
　　　　　　cfm/200041.html

① 神像画轴称为"案"。主案指画像上的主尊，换言之也就是主供之神。周围次要的眷属
　　称为合案神。

图3-9 苯教骑虎神像唐卡（局部：主尊）。鲁宾艺术博物馆藏

骑老虎的"北术"（全称北术殊玛），此外还有骑羊的"扎给殊玛"①与骑牛的"哲黑（[hi]）殊玛"。据说寺院里面也有这些神，不过是扎给主案，比北术大。这时，我们有点怀疑人们口中说的"寺里面的扎给"指的是具誓黑铁匠（Dam can mgar ba nag po），因其坐骑又称为骑羊护法。西藏的很多本土神灵被莲花生等大士降伏后进入藏传佛教神祇体系，骑羊护法即其一，他是伏藏（藏 gter ma）体系中的世间护神，通常着藏装、踏靴、戴宽边帽，手持铁锤和虎皮风箱。

②在宕昌县城丁亥年（也就是 2007 年）元宵唱戏酬龙王神时，附设的神位牌中有"大经堂供俸（奉）三大古佛、牛头护神、杂格护神、骡子天王护神之位"，大经堂通常是藏传佛教寺院中最重要的集会诵经殿堂，牛头护神可能是阎摩（梵 Yama, 藏 gShin rje chos rgyal）或阎摩敌（梵 Yamāri, 藏 gShin rje gshed），骡子天王当即吉祥天母（藏 dPal ldan lha mo, 班丹拉姆）；杂格（扎给）侧身三护神之列，可知村民所述大致不谬。村民特意将鹿仁寺壁画上的扎给（图 3-10）指给我们看，他红色身相，满面怒容，骑青羊，

① 一说"扎给"是宕昌羌人心目中的人神先祖，藏语意思是"老崖洞里的神"，宕昌车拉乡大沟村有个山洞叫"扎给爷洞"，洞内有题记提到清光绪六年（1880 年）正月重塑扎给爷神身，现存泥塑像"骑一只青羊，青面獠牙，三只眼，手中执掌法器，神态威武"，见《宕昌县志（续编）1985～2005》，第 720 页。

另说此像双手持象征开山凿的小玉米棒，与宕昌簸箕乡香山洞所塑扎给均为 20 世纪 80 年代后重塑，见陈启生《宕昌地区的几位地方神》，《宕昌历史研究》，甘肃人民出版社，2006，第 142～145 页。

② 骑羊护法被认为是善金刚（梵 Vajrasādhu, 藏 rDo rje legs pa，多杰列巴）的主要化身或者眷属之一，参见内贝斯基-沃杰科维茨《西藏的神灵和鬼怪》，第 175～180 页。宕昌善金刚信仰尚存痕迹，在新城子藏族乡叶贝村（按：应即新坪庄，参见表 6-1）发现的苯教文献中有一卷《多杰拉巴供赞词敬上》（藏 sKyes bu dbu la gsol），见杨士宏、华青太《白龙江流域发现的苯教文献及其文化信息》，第 111 页，该文中此经编号为 TJ2。

左手当胸捧宝瓶，右手挥动天杖，持物与上述打铁的工具不同。

由于郭巴家副神案即便在春节和元宵期间也不能展开，我们就无缘得见达拉梅巴神案的真容了。郭巴苗赵向义告诉我们，他家的副神画在本白布上，立幅，宽二尺五，高四尺五。画面上部显著位置绘副神骑虎的形象，两边是菩萨（藏语音同）。副神达拉梅巴是人形，青面，三只眼，一只手拿刀，一只手里拿普巴杵。坐骑是虎，虎和下面画的豹子手里还拿着箭。下面右侧是牦牛，也就是最大的野牲；左侧是耕牛。它们下边是狼和豹子，再下面是羊，最底端是鸡。现在他家的像是二十多年前请西固（即现今舟曲）一位画师根据以前的图样画的。这位画师专门画神，估计是道释人物、藏汉民间神祇都能画的意思。由于苗赵向义家曾经失过火，物事尽付灰烬，所以他家的副神案应该是火灾后根据别人家的样子重画的。

苗刘荣保进一步解释，山神和寺（指佛教）都不见猪的，包括副神达

图 3-10 骑羊护法，鹿仁寺壁画局部

巴赫热、观音菩萨等都不杀生。苯苯既然是神弟子，平时家里也不能杀生，如果要杀生都要在院子外面进行。敬献山神要鸡、羊、牛；而副神则什么牺牲都不要，只能烧香点灯，因为他是天朝神、善神——这从他坐莲台就可以看出来，香灯就是他的大愿。而龙王神只不过是地上的人位神，所以可以在龙王神面前杀鸡杀羊。这一点可能说明宕昌的山神信仰在一定程度上受到佛教的影响。阿尼玛卿等山神更甚，他们获得萨加巴地位，就不再食用肉类。[①]夏琼亦如此。

（夏琼神）是热贡地区普遍信仰的山神。该神住在同仁县西部海拔 4700 余米的夏琼山上。夏琼神神通广大，已修炼到八个等级（最高为十级）；因此，它不仅能管现世，也能管来世，为当地众神之首。夏琼神是善神，保护民众免遭灾害。他不准杀牲血祭，酸奶、果品、"朵玛"（炒面、酥油拌制的供点）、馍馍、白酒、哈达、彩绸等作为贡品即可。[②]

苯苯的法器

正月初二到毛时平家，招待客人的偏房门上贴着大红的对联，对联上方各高挂一件长角的面具，引人注目（图 3-11）。屋里正有客人，我们也得到热情款待。他家家堂神案前的斗的摆法和同是郭巴的苗赵向义家不一样，没有箭也没有老虎像。贴着符符的斗里插着红布搭着的五佛冠和羊皮鼓，此外还放着些不认得的法器（图 3-12）。

当我们聊到门口挂着的面具时，毛时平告诉我们这种面具叫作 [xī ha]，在一些重要的宗教仪式上佩戴。他藏的面具之一是作为主将的面具 [xī ha bé / bó hà]，长角，长 48 厘米、宽 15 厘米（图 3-13）。他说只有

---

① 参见伦珠旺姆、昂巴《拉卜楞地区山神崇拜之历史渊源及文化现象分析》，载《西藏艺术研究》1996 年第 4 期。

② 陈景源、庞涛、满都尔图：《青海省同仁地区民间宗教考察报告》，载《西北民族研究》1999 年第 1 期。

图 3-11 鹿仁郭巴毛时平家堂屋门口悬挂的面具

图 3-12 鹿仁郭巴毛时平家过年时堂屋右壁的柜顶上供的斗和其他法器

属龙的人才能戴，做法事时其余面具都相当于它的偏将；苗建明的说法是猪年属猪的戴，依此类推。另一件面具叫 [xī hā yá hà]，有角，尺寸也差不多，但就是偏将了。这也就是小菊爷爷曾给我们讲过的"西哈""布哈"和"牙哈"。

苗赵向义家有三个类似的面具，除了主将的面具和有角的偏将，还有一个无角的偏将叫 [xī ha gé lù]，因为没有角所以短一点，不连须长约一尺。苗赵向义本人就会做面具，据说他家的面具是拿毛时平家那两件面具当模子自己做的，2006年，这件作品选送参加天水伏羲文化旅游节陇右非物质文化遗产展，获优秀参展作品。立界郭巴杨学平也很热心地为我们展示了多件法器，称都是祖上传下来的，年代不明。他家的面具总称 [lò hěi hěi]，一共五件，代表五方；其中有角的两个称为 [bə hà]，对照鹿仁的称呼就是主将的面具了；无角的三个称为 [bə dà]（图3-14）。

做法事时苯苯和郭巴的穿戴也值得一提。就苯苯而言，有两种头饰，一种是通常所谓"五佛冠"，就是五片冠叶，每片冠叶上画有一身佛像，用一根绳子串起来系在头上，苗刘荣保管它叫"五冠佛"，藏语叫 [yá ŋa]（参见图3-15上右、图2-28下部）。苯苯的另一种头饰是在普通的毡帽上加鹰羽和锦鸡头皮，杨吴生换特别告诉我们戴的时候鹰羽要在头右前侧（参见图3-15上左、图3-24左部）。这种头饰叫作 [hə lù]，这并非专门术语，

图3-13 毛时平藏面具之一：有角、为主将的面具

图3-14 立界郭巴杨学平藏无角面具之一

跟普通帽子的叫法是一样的。

郭巴法冠则有专门的叫法：[hā lù bā là]。苗赵向义的法冠用黑鹰翎毛、黑熊毛、圆铜片制成，距今五六十年了。圆铜片当额，代表眼睛，类似于藏传佛教和本教中忿怒相神灵额头上总会出现的圆睁的第三目（图3-15下）。他的法衣是按照老样子新做的，蓝色、缎面，看起来没有太特别的地方。在郭巴举行仪式跳舞时才能穿，平时不能穿，因此保存得非常新。

做法事的时候，和法衣、法冠配合的饰物有数珠、铜圆盒"署固"

图3-15 郭巴和苯苯的各种法冠。由上至下：苯苯的锦鸡羽毡帽、苗赵向义藏郭巴五佛冠、郭巴法冠

和野猪牙挂饰，这三样要一起戴起来（图 3-16）。苗赵向义藏数珠（[dū jī]）传了很多代人了，珠子部分是后补的，长约 120 厘米。下面缀金属牌饰长 6.5 厘米、宽 6 厘米，表现的图案据说是"和尚"骑龙，从图像上看更接近仙人形貌。杨吴生换藏数珠（[chē mǔ]）长度差不多，其上点缀数枚熊牙和一个狐狸鼻子，据说这些东西可以驱邪。上文已经提到过的小圆盒"署固"（在立界叫作 [sī gǔ dāi]）用红铜或者黄铜制成，里面装有山神画像护身符、五色土和八宝（图 3-17）。我们在一位私人藏家手里见到一

图 3-16 苯苯做法事时要佩戴的数珠、署固（图中用一金属方盒代替）和野猪牙挂饰——谢继胜摄

件红铜署固，藏家称铜盒的年代是明代；链子则是后配的，可能是清代。也有的署固很简单，用印泥盒代替。但无论如何署固的意义是很重大的，只有许最大的愿才能打开盒子。野猪牙挂饰（[chà mù gǎ wù]，图 3-18）主要部分是野猪牙，弯弯的野猪牙最宽处 5 厘米，直径大约 16 厘米；边上镶铜饰，用长约七八十厘米的细链子挂在身上。可能野猪牙比较难得，我们见过两段野猪牙拼起来的，还有野猪牙荡然无存后没有添补的。现在宕昌仍有些汉族人家收藏野猪牙挂饰，月牙形黄铜饰片，上錾有西藏艺术中十分流行的八吉祥图案（宝瓶、伞盖、胜幢、盘肠、金鱼、海螺、莲花、轮），基本可以肯定是原先藏族苯苯使用的法器。

法器有普巴杵、金刚杵、拨云刀和"八宝"等数种，其中前三种只见于郭巴家（图 3-19），后一种仅见于苯苯苗刘荣保家，可能与文武苯苯的

图 3-17 署固。苗赵向义藏

图 3-18 野猪牙挂饰。宕昌私人藏品

图 3-19 郭巴法器（左起依次为：拨云刀、金刚杵、普巴杵、铙）。苗赵向义藏

不同职能相适应。普巴杵和金刚杵在西藏文化中极为常见，宕昌所见从造型上说并无特殊之处。普巴杵（鹿仁 [pǔ]，立界 [rǽ zhí]，藏 phur pa，"橛"）是杀恶鬼的武器，比如洁净房屋等仪式上就会用到。一般下部是三尖刃，上部是金刚头，中间铸出三个菩萨头像。小的不过一拃，大的将近尺长，刃部有时会刻画龙（[zhú]）图案。金刚杵（藏 rdo rje）是春天堵雨时的法器，长 10 厘米或稍多。拨云刀差不多是缩小版的朴刀，在鹿仁叫作 [nǎ je]；在立界汉语称拨云剑，藏语称 [pú]，还有师家称它为 [nuǒ shè jiě zhū]。有的刃部双面均刻画龙图案和藏文。其神通是能够拨开雨云、阻止暴雨，和堵雨用的金刚杵颇为类似，因此二者拴在一起，均在发冰雹时用于拨雨。杨学平告诉我们，用拨云剑拨开雨云，再用金刚杵指向天上，即可堵雨。当然实际的仪式不会这么简洁，从他信心满满的态度可以窥见这样的仪式在当地根深蒂固。以上几种法器都是黄铜或红铜制的，"八宝"以中间夹有金、银等八种金属而得名，苗刘荣保藏的两件分别长 15 厘米和 17 厘米，前者缀有从明天启通宝到清乾隆、道光通宝的铜钱数枚。他也说，这种法器非常灵验，大有神通（图 3-20）。

还有几种吹奏或打击的乐器。一种是钹（藏 sil snyan），这在念经时要用到，多是黄铜制成，直径在 20 厘米左右（参见图 3-19 右端）。在鹿仁称 [sī nya]，立界称 [sè ŋǎi]，新坪称 [sī āi]，与藏文发音相近。其中杨吴生换藏钹上系两枚"崇宁重宝"以及一个鸡形牌饰。念经时还会用到羊皮鼓，叫 [bā dào] 或 [ŋè zhū]，[ŋè] 指羊。苗赵向义形容说，如果谁家屋里不干净，羊皮鼓一摇就可以破解，也就是说可禳除灾祸不洁。他用的羊皮鼓的鼓头部分直径 22 厘米，高 7.5 厘米，连柄全长 51 厘米。比羊皮鼓法力更大的就是大鼓（藏 rnga）了，鼓面由牛皮制成，在戴上面具跳舞、杀牦牛、破大愿这样的隆重场合才

图 3-20　"八宝"。苗刘荣保藏

使用。苗赵向义的大鼓（[ŋé be]）正反面都有局部破漏，他解释说很多年没敲过。高约略一拃，平面是不规整的圆形，最宽处直径有两尺；鼓槌叫作 [yú a]（藏文通常作 yo bo），为弯曲镰刀状，全长 81 厘米，木柄长 20 厘米，柄上还雕刻人头像和几何纹样。杨学平的大鼓（[ŋè bù]，简称 [ŋè]）要小一些，鼓槌称 [ŋè děi]，对应藏文 rnga rdeg（图 3-21）。

号也分几种，分别在不同场合下使用，例如禳房子用牛角号，闸山则用螺号，胫骨号可以镇邪，只有搭衣①这样的重大仪式活动才能用。苗刘荣保和乔明军家的牛角号（[yá du]，藏 g.yag dung）都挂在山神位下几案旁，可见其重要性。螺号（[dú]，藏 dung. 图 3-22）和胫骨号（[gōu du]，藏 rkang dung）相对比较难以得到。杨吴生换的螺号的白海螺部分磨损非常严重，可以看出使用的时间已经很长了。胫骨号则只在他那里得见，全长约一尺，胫骨部分长一拃，已经裂开，所以这部分外面裹了鹿皮（[hā]），下部则安牛角（图 3-23）。

苯苯或郭巴家多有个专门的小柜或者搁架，精心地安置各种法器和经书。还记得杨吴生换取法器的时候，我们在等待中看着他家墙上糊着旧报纸，柜顶上有一台老式的卡带机，上面摆着几盒药以及一只工艺品贝壳船。前面放着一些法器：用布带缠得严严实实的经书，被经书衬得洁白鲜明的

图 3-21 大鼓。杨学平藏　　图 3-22 螺号和数珠。新坪老郭巴杨沿明藏——谢继胜摄

---

① 是指苯苯等宕昌当地各类宗教人士的出师仪式，参见第三章"搭衣"一节。

图 3-23 胫骨号。杨吴生换藏

图 3-24 苯苯法器（左起可见到法冠、牛角号、数珠、八宝、螺号）和经书。杨吴生换藏

螺号，红、黑珠子串起的数珠，高挑鹰和锦鸡羽的毡帽（图 3-24）……这些东西和谐地摆放在一起，光线从侧面的窗户投射进来，很有古典派静物油画的色调与质感。似乎向我们诉说，古老的信仰穿越悠悠岁月存留至今。

苯苯的经书："野纳"和"野嘎"

正月初二探访毛时平时，我们提出想看看他家收藏的经书，他很痛快地搬出来四部。后来我们陆续得到其他苯苯和郭巴们惠允，在鹿仁、立界等地见到了一些家传、师传或者他们亲手制作的经书与法器。通常在请出经书法器之时他们会郑重地交代山神，桑烟熏沐，燃灯爇香；观看过程中要保持油灯长明，香烟不断。看得出来，仪式虽小，苯苯们还是很在意的。

白龙江发源于岷山，是嘉陵江的一条支流，流经宕昌的南端。目前藏学界的普遍观点，将甘肃甘南藏族自治州的迭部、舟曲与陇南地区的武都、文县、宕昌等地聚居的藏族称为"白龙江流域藏族"，在传统的藏区划分中隶属于安多，同时该地区在文化形态上呈现出明显的独特性和边缘性。近年来，迭部、舟曲、宕昌等白龙江流域藏族地区流传的苯教文献逐渐得到学者的关注，并开始了初步的搜集、整理工作。[①]虽然能够阅读并使用这些宗教文献的当地人并不多，但它们对村民以及学者的重要性是不言而喻的。系统分析与解读这批文献远远超出了本书作者的能力范围，这里只对我们所看到的宕昌藏族苯苯/郭巴家藏经书做简单的介绍。

首先简述当地制作传统的长条形经书的材料与工具。我们看到丙戌年腊月新画的几块山神木牌都洇得厉害，问起原因，毛时平解释说跟用的墨水没关系，主要是竹笔的问题。竹笔不能储墨水，难以控制墨水流量，很容易滴下来就洇开。在苗刘荣保家我们看到了这样的竹笔。此外还有柳条笔。柳条笔是用柳枝剥皮削出来的，相对柔软，而且柳条芯吃水，这样笔迹均匀，墨水量稳定。

以前的纸特别薄，竹笔会划破，需将三至五张纸粘起来用于书写。粘贴纸用的糨糊是用熬好的糨子、碾碎的米、鸡蛋清混合制成的，里面还要和上研成面的木香，并加白矾起到杀虫的作用。粘好的纸要磨得平整之后才能用。[②]

画像的工具也比较特别。据苗赵向义描述副神案的制作，画师要用36种毛笔、36种颜色来作画。颜料放在瓶里。作画前起稿用的是柳条炭。木炭条的制作很特别，将长约10厘米、铅笔粗细的柳条用绳子捆上，外面

---

① 杨士宏、华青太：《白龙江流域发现的苯教文献及其文化信息》，第109～113页，其中第111页列出宕昌新城子藏族乡叶贝村（即新坪庄）发现的苯教文献共41卷，可资参照。另可参见看召本《苯教文献解读——以舟曲发现的十四函苯教文献为例》，《甘肃民族研究》2006年第4期；洲塔、韩雪梅：《藏族早期民间信仰的形成及佛苯融通和适应》，载《兰州大学学报》2011年第11期。
对宕昌县内这批材料最完整的公布见洲塔、洛桑灵智多杰主编《甘肃宕昌藏族家藏古藏文苯教文献》，甘肃文化出版社，2011。
② 2007年3月10日杨宝亮访谈。

包上纸，放水壶里煮大约十分钟，然后连带纸包一起埋入灰火中大约十分钟，就成了勾轮廓用的木炭。勾好轮廓之后，上色，完工以后要向神交代。听起来，这里的"交代"跟其他宗教艺术实践中的"开光"应该是一个意思：一幅画按规矩画好，经由神灵加持之后，才会具有神力。

宕昌藏民山神信仰用到的经书很多，包括苯苯经（"野纳"，内容为如何敬山神、如何安顿山神等），郭巴经（"野嘎"），安顿水神的经，禳灾祛秽的经等。①内容少的经通常是祈禳类，最少的只有23页、46面，纸页部分高0.7厘米；内容多的就有一两百页了。我们在鹿仁看到的都是郭巴经（图3-25、图3-26），立界则还有苯苯经。

藏文经书的书页是横长条形，双面书写后叠置，顶上和底下加上木封盖加以保护，然后用绳子捆绑数道。纸页宽度在13～15厘米，长逾倍，在30～35厘米。木封盖要比纸页略宽一点，有的上面浮雕图案或文字，

图3-25 郭巴经书"野嘎"四种。毛时平藏

---

① 2007年2月26日杨清元访谈。

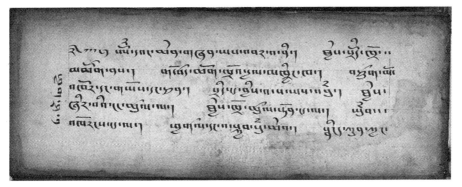

图 3-26 毛时平藏郭巴经书之一页

比如一件木封盖上刻有藏文 a oṁ huṃ 字样，据说代表三大古佛。追溯起来这几个字应该渊源于佛教的三字总持咒"唵阿吽"（oṃ āḥ hūṃ），分别代表身、语、意。

由于文字内容我们看不懂，经书里面的插图就格外引起我们的注意。一部经分成若干品，每品的标题外有绕有插图。毛时平的一本经书的折页图里夹有八张彩图，内容包括扭头鸟、秃嘴鸟、尖嘴鸟、扭头凤、凤凰山神以及佛装人物。苗刘荣保的经书里画有被称为"夏琼野萨"的金翅大鹏鸟（凤凰山神）形象（图 3-27）；有大场跳舞的舞步图谱 [sà yí bē mā dě jiè] 和 [nuò yī zhuō bā duō jiē]（图 3-28）；有张图上有墨线勾描的鹿（[kā hā]）、老虎、麝（[há]）等；还有捏面人（朵玛）的谱子 [nǎ ri]。立界杨

图 3-27 经书插图"夏琼野萨"（凤凰山神）。苗刘荣保藏

图 3-28 经书插图舞步图谱。苗刘荣保藏

吴生换的苯苯经前两叶（四面）为山神牌牌小样（见图 3-6），接下来的一叶正反两面是捏面人（"腊尔"）的图谱，即用荞面边念经边捏，表示依次要请的神（图 3-29）。捏面人的谱子也特别有意思，下一节会做些解释。

苗刘荣保本人是苯苯，但是不能读写，对经书内容不甚了解。毛时平母亲谈起，毛时平的爷爷兼通文武苯苯，收了很多经书。因为他家是武苯苯，所以就把文苯苯的经书给了苗刘荣保的舅舅。这样说来，跟舅舅学苯苯的苗刘荣保手里的经书就应该是苯苯经了。但据其他识文字的苯苯称，实际上这本也是郭巴经。待考。

有些经看起来很长时间没人使用或翻阅了，被虫蛀蚀，或者由于有虫网粘连、几页纸粘在一起揭不下来。也有能够读诵出来、还在使用的经书，或者现在的苯苯自己书写。杨吴生换说他的经书里面有各种内容的经文，也有些他完全没学。他说经文是诗歌形式的，每七个字一句①，并给我们示范念唱了一段。我们了解到行文中点的两点（：）表示省略了一些文字，亦即没具体书写下文。②经文中有些他们能读却不晓究竟，但有些内容是可以解释的。他们举例说，有段文字讲这样一个故事：一个媳妇和婆婆梳头，梳子（"昭不"，藏文通常作 skra shad 或 so mang）掉进河里去了。婆婆说是媳妇拿了，媳妇辩白说没拿。"师巴"和"昭给"过来问她们何故争执，其中一人说他知道因由，梳子掉水里被鱼叼走了。

---

① 看召本《苯教文献解读——以舟曲发现的十四函苯教文献为例》一文研究的文献也多为七言句。
② 杨清元也告诉我们，经上有些文字是省略着写的，因此有的字要念三遍，也就是说，念的时候要把省去的文字也念全。见 2007 年 3 月 4 日访谈。

立界杨学平藏郭巴经一部，系新坪郭巴杨沿明于四年前写下。开始的三面为郭巴所奉五方，一面为北、西；一面为东、南；再一面是中央，即郭巴主案副神达拉梅巴（见图 3-7），他是四方的总管，脚下踏妖鬼（[qó ěr]，藏 vbyung po）。杨学平堂屋门口在"符符"上方挂了块木牌，我们以为是安土的牌牌就没留意，后来检查照片时发现应该就是按照这个经上的达拉梅巴画的。这本经书全部是关于副神的。第一章 [tāi ǽ wū là gū gé]，意思为禳除。章首图画上有"乌"（[vū]，即 oṁ）字，文武苯苯行法术时手里拿着青稞撒向四处打鬼，口中就念"乌"。第二章仍是驱鬼。在行这种仪的时候，一段一段念经。第三章、第四章章首图画均为副神达拉梅巴。无论是碰上下冰雹，还是家里不太平，都可以用。

杨吴生换有本经书，据他听父亲说这是老太爷曾用过的，有一部分已经损坏，后来杨吴生换自己补入若干页。杨宝亮有两本经，是老师父杨沿明写下的。一本有五百二十余面，内容很全。另一本比较薄，相对不重要。另外，还有一些没有写下来但是凭记忆可以念诵的经。他取来较薄的那本写经，挑出有三页长的一段和杨学平唱诵了一遍。可以看得出来两人是看着经文唱的，有可能把藏文的前加字、后加字之类全部念出来，从而导致读音与日常所用的藏语相去甚远，经文语意不明。也可以看出来他们唱得投入而陶醉。杨宝亮解释，这段经文的名字叫作 [chǒu rèn shǔ bèi]，是每次行仪最后总结时都要唱的，亦即送神时说的喜话，意在颂扬祝福神灵，取悦神灵，表示仪式结束感谢对神灵的惊动。每段经文唱颂时的音调都不同。

我们在宕昌看到了不少经书，有些经书看起来很陈旧，烟熏火燎；有些则簇新，抄写的年代不长。我们没有办法辨别这些经书的抄写年代，立界庄杨吴生换说他见过的经文最早的是清光绪年间（1875～1908 年）写的，落有年款。当然可能还有些年代更为久远的经书，只是没有年代的落款，不知道抄写年代。

面人图谱与云南同行带来的启示

2007 年，我们参与的"藏彝走廊"课题组在青海西宁与台湾学者一起举办了"藏彝走廊族群认同与社会文化互动"海峡两岸学术论坛。会上我们介绍了在宕昌开展的田野调查，云南的同行对山神牌牌表示出浓厚的兴趣，认为和纳西族的神路图有相似之处。这无疑给了我们很大启发，也一直在翘首期待他们的研究成果。2011年，终于有机会去了纳西族聚居的丽江，才发现除了山神牌牌之外，二者之间还存在其他类似的宗教图像。譬如，面人。

在宕昌考察期间我们没赶上需要捏面人的宗教仪式，不过，立界杨吴生换的苯苯经正面就是苯苯要捏的面人图谱（图3-29）。下面按左起顺序分行记录各种图像（字体加粗部分为每行的中心图像）：

第一行：①三兄弟（[shī bā sū]）[①]；②两角动物（[rě niè]，rwa gnyis，新坪表示每个山头上的山神的用语发音与此类似）；③鸡；④夏琼；⑤鸡，每个将官边上都各有鸡，它们相当于保镖；⑥两角动物；⑦四角动物（[rè hé]）；⑧六角动物（[rě zhù]，rwa drug）；⑨八角动物（[rè jiě]，rwa rgyad）；⑩[shě táo]，纸的四角上均有。

第二行：①灯或者叫作海灯（[mǎ mù]，mar me）；②四角动物；③无角动物（[nā wā re]，尾音节发音在[re]和[ze]之间）；④点的香（[bēi mu]）；⑤[sǎo sǎo]，有空间的时候随便捏一个；⑥梧桐树（[wū shǝ wǔ zhē guò]）；⑦"扯兆"（[chě zhào]）；⑧"姑涅"鸡（[shǝ gǔ niè]），鸡有很多种，这是另一种；⑨六角动物；⑩扯兆；⑪花（[mǝ dū]，me tog）。

第三行：①有角、背东西的动物（[rě (zhu) zhē hī bà]，[hī bà]指背有东西）；②扯兆；③背东西的鸡（[shǝ hī bà]）；④扯兆；⑤鸡；⑥宝塔（[chē dě]）；⑦背东西的鸡；⑧扯兆；⑨有角、背东西的动物；⑩扯兆。

第四行：①背东西的鸡；②姑涅，也相当于保镖角色；③无角姑涅；④姑涅；⑤姑涅鸡；⑥姑涅；⑦背东西的鸡（又作[shǝ mā sā niè wù]）；⑧姑涅鸡；⑨姑涅；⑩不明；⑪姑涅；⑫无角姑涅。

---

① 新坪藏话称呼三大古佛为：[dū ba sū]、[gē ba sū]和[shī ba sū]。其中最后一位音与此相近，疑此即三大古佛。

第五行：①鸡；②牛；③牦牛；④"颇乌国布"[1]；⑤牛；⑥牦牛；⑦狗。

这一面右上角、第二行末尾空白处还有一组小图案：①羊（[rè]，ra山羊）；②郭巴副神（[dà hí]），即达拉梅巴；③不详；④鸡。如果哪块板子上面人没捏够，就捏它们来填补空间。

面人究竟如何捏取决于行的是什么仪。如随便念经，捏四行面人即可。安山神要捏五行面人，需要一块大板子和两块二寸长、五寸宽的板子。最大的仪式要捏八板面人：其中一块差不多有桌子一半宽，长度比桌子还要稍长；四块边长六寸的正方形板子；两块二寸长、五寸宽的长方形板子；一块四寸宽、40厘米长的板子专放十二属相的面人。搭衣和举行较大的仪式时，要用五块板子，每块板子中间各有一个大面人（即上文中粗体字部分），旁边是小面人。大的面人包括第一行的琼、第二行的梧桐树，连起来是鸟落在树上的意思。[2]其中体量最大的神是琼（山神、金翅大鹏鸟）。

最后要捏的是面人图谱第五行中央的颇乌国布，捏完这个面人就可以吃献祭的肉了。按照立界庄苯苯的说法：天下雨时，它躲在大石头下面躲雨，等天晴它离开的时候跟大石头夸口：要是没有我，你就挨雨淋啦。由于这不切实际的夸口，后来无论它走到哪里都要背上一块大石头。画谱上并没有表

图 3-29 面人图谱。苯苯经插图，立界杨吴生换藏

---

① 此处按照新坪藏话记音。立界读若 [póu wū guó bō] 或 [pǎo wǔ gě wù]。
② 这一点令人联想起汉地凤栖梧的神话传说。

现出来，但捏的时候要在它脊骨上放团面，代表石头。它出现在新坪苯苯案里的时候被解读为孙悟空。由于它背上有块大石头，而《西游记》里描述孙悟空被如来佛压在五行山下，加上西游记普及到民间为众人所喜闻乐见，他被附会为神通广大的孙悟空，连带其师父唐三藏也被添加到神案里。

背面是郭巴要捏的面人谱子，是十二属相里面的。如第一行左起依次为：①不长角的动物；②兔；③猴；④蛇；⑤不详。郭巴一共捏三个板子：第一个板子上六个，第二个板子是中间人物，最后一个板子还是六个。

当我们在丽江考察的时候，我们特别留意丽江纳西族民间宗教仪式活动中可资比较的部分。有一些现象是很明显的，也可以说我们从直观表象上就能够把握到宕昌与丽江之间的共性。比如宕昌的凤凰山神形象类似于丽江东巴艺术中的大鹏鸟（图 3-30、图 3-31）①，宕昌的山神牌牌类似于东巴仪式中插在地上的木牌画（图 3-32），等等。我们在东巴文化博物馆看到了占卜书上的形象（图 3-33）和一些象征神灵的泥偶、面偶（图 3-34），

图 3-30 神路图（局部：大鹏鸟）。鲁甸征集。云南丽江东巴文化博物馆藏

图 3-31 五佛冠（局部：大鹏鸟）。云南丽江东巴文化博物馆藏

---

① 关于东巴艺术中的大鹏鸟形象，可参见木仕华《纳西东巴艺术中的白海螺大鹏鸟与印度 Garuḍa、藏族 Khyung 形象比较研究》，载谢继胜等主编《汉藏佛教艺术研究——第二届西藏考古与艺术国际学术讨论会论文集》，中国藏学出版社，2006，第 297 ～ 334 页。

图 3-32 举行东巴仪式时插在地上的木牌。云南丽江东巴文化博物馆藏

图 3-33 巴格卜书（局部）。云南丽江东巴文化博物馆藏

一下子就增加了对杨吴生换经书上的面人图谱的认识。揣测那形形色色的鸡，两个角四个角六个角乃至八个角的动物，捏出来就和博物馆陈列展出的泥偶、面偶差不多吧？

　　宕昌和云南相去遥远，却仍能在它们之间觅到很多相似之处。

图 3-34　面偶。云南丽江东巴文化博物馆藏

"看日子书"与宕昌藏族的文字

　　鹿仁庄的武苯苯苗赵向义告诉我们，他的内弟杨清元是新坪庄的苯苯，而且学得还不错。大家也都说只有新坪的老苯苯会写，然后年轻一代的就是杨清元了。因此，我们早早就把他列入了重点访谈对象，很期望从他那里了解到宕昌藏族使用的文字。

　　杨清元属羊（1967 年生），小学毕业，要上初中时，因父亲去世、家里经济条件不好而辍学。20 岁时，他开始每年冬闲时节跟同村的杨彩元学苯苯，前后有七八年的时间。他说杨彩元是他的三外爷，而且他觉得这是藏民的宗教信仰，才决定学苯苯。当时跟他一起学的还有新坪庄的三四个人和附近牛头山庄的两个人，杨清元学得时间比其他人要长一些。后来人们渐渐地不那么看中苯苯，也就没人学了。前些年"三月三"等活动他参加得比较多，除了新坪本庄，他还到官鹅沟和川坪沟去参加和主持各种仪式与活动。20 世纪 90 年代后他"拒绝迷信"，也就很多年不再主持任何苯苯的活动。他说，这些年他和妻子一直在外地打工，苯苯的东西也都忘得差不多了。在我们与他访谈的时候，他能把山神牌牌解释得很清楚，而且鹿仁庄有些山神牌牌就是他画的。可鹿仁的经书他无法解读，他说估计那些都是郭巴经书。我们失望地发现，他只会念他学过和认识的经，没有学过的经他就无法辨识，更不要说用学过的文字去记录当地的语言。不过，他还是尽力回忆了数字、声母和韵母符号以及个别单词的写法（图 3-35 及表 3-4）。需要特别指出的是，杨清元提到韵母符号是五种，而非常见的 u, i, e, o 四种，可能与古藏文中 i 的标记符号有正写和反写两种形式有关。倒是我们没想到准备专门的书写工具，难为杨清元只能用中性笔了。

　　苗刘荣保宝藏了一本"看日子书"，在我们提出想看山神林的时候，他拿出来看过日子。但婉言谢绝让我们拍照，给它蒙上了一层神秘的面纱，其实谢老师曾经拍过这本书，大概他忘记了。相对我们看到的经书而言，这本历书算是容易着手解读的。

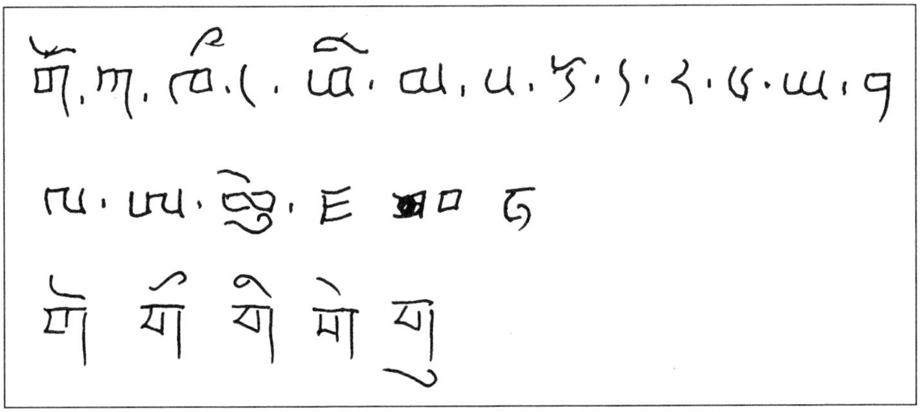

图 3-35 新坪苯苯杨清元回忆起的藏文字母与韵母符号

  该书同日历一样分格布局，每格里面注明该日的属相（干支纪日的变体形式）、方位、值日星宿等内容，有的附记符号（图3-36）。第一格里写着 bcig po stagvi，意思是"第一属虎"。揣测起来，它有点像汉族使用的黄历，只不过黄历每年都要更新，年月日的干支纪法都会发生改变，而这种历书则因为总是以"母虎"标记新的一年的开始，一般称为"母虎历书"。关于历元古历书有不同的处理，如《后汉书·律历志》记载："故黄帝造历，元起辛卯，而颛顼用乙卯，虞用戊午，夏用丙寅，殷用甲寅，周用丁巳，鲁用庚子。"我们这里谈到的看日子书之母虎历书，大约还是古时候特定时期律历制度的文化遗存。

  母虎历书的"虎"是指历元在寅日，而"母"则显系藏文化的概念。藏历除借鉴农历的地支而外，还应用五行和阴阳（公母），母虎历书的很

图3-36 看日子书，鹿仁苯苯苗刘荣保藏——谢继胜摄

多基本元素应该来源于农历和藏历，正好体现了藏彝走廊在汉藏之间的特点，藏彝走廊四川段发现过多种母虎历书。

我们见到的苯苯经书虽已不少，遗憾的是难以解读。但是，其中蕴含的信息量必然巨大，寄望于相关领域专家学者的细心揣摩吧。这里只是从看日子书着手，管窥宕昌藏族的文字书写以及反映出来的文化现象。

在看杨吴生换的经书时我们请他念诵并解释了十二生肖，同时也记录了立界的发音，可知大多数是通用的藏文称呼，个别有不同。有了看日子书，我们就可以了解其书写（表 3-3）。

表 3-3　宕昌藏族十二生肖发音与书写

生肖	藏文转写	看日子书书写	看日子书转写	宕昌立界发音	备注
子鼠	byi ba	（藏文字符）	byi va	发音在 [shǔ-ə] 和 [shuǎ] 之间	宕昌发音疑近汉语"鼠（儿）"
丑牛	glang	（藏文字符）	glang	[lò]	
寅虎	stag	（藏文字符）	stag	[dà]	
卯兔	yos	（藏文字符）	yuvu	[yǒu]	
辰龙	vbrug	（藏文字符）	vbrug	[zhú] / 鹿仁 [zhù]	
巳蛇	sbrul	（藏文字符）	sgrul	[ěr]/ 鹿仁 [ŋè]	发音有明显差别
午马	rta	（藏文字符）	tav	[də]	
未羊	lug 绵羊	（藏文字符）	lug	[lù]	
申猴	sprevu/ sprel	（藏文字符）	sprel	[shěn]	发音有明显差别
酉鸡	bya	（藏文字符）	byad	[shə]	发音有明显差别；也有拼写为 bya 的例子
戌狗	khyi	（藏文字符）	khyis	[qǐ] 和 [qiǎ] 之间或 [xiè]	也有拼写为 khyi 的例子
亥猪	phag	（藏文字符）	phag	[pà]	

除了十二生肖或曰地支而外，从看日子书上还可以完整地找到数字（表3-4）、方位（表3-5）、七曜（表3-6）和二十八宿（藏 rgyu skar nyi shu rtsa brgyad，表3-7）的拼写。表3-4中杨清元写下的数字与看日子书的写法大致相同，不同之处可能是遗忘或者生疏了的缘故，他坦言自己已经很久不写了。这些数字既有按照藏文数字书写的，也有按照藏文文字或其变

体进行书写的。另外，从反复出现的二十八宿名称来看，正字相对随意，前加字后加字的变化很多，在保证基字和母音正确的情况下对正字法并不讲究规范，也反映了宕昌藏族中文字书写技能传承当中的特点。

表3-4　宕昌藏族数字的发音与书写

	藏文数字	杨清元	看日子书	藏文转写	发音	备注
1	༡	༡	༢	gcig	[zì]	
2	༢	༢	༢	gnyis	[ŋè]	
3	༣	༣	༣	gsum	[sù]	杨所书为文字 su。历书有写 sum
4	༤	（不确定）	༤	bzhi	[hə]	与常见发音不同
5	༥	༥	༥	lnga	[ŋe]	文字 lnga，字形如 ༥
6	༦	༦	༦ 或 ༦	drug	[zhuò]	文字 dru，正确拼写字形如 ༦
7	༧	（遗忘）	༧	bdun	[zǐ]	与常见发音不同
8	༨	༨	༨[2]8 ༨	brgyad	[jié]	似为文字写法
9	༩	༣（不确定）	༩ 或 ༩	dgu	[gú]	
10	༡༠	༡༠	༡༠ 或 ༡༠	bcu	[gú tè ba]	第二种写法似对应当地发音
11	༡༡		༡༡ 或 ༡༡	bcu gcig	（未记录）	
20	༢༠		༢༠ 或 ༢༠	nyi shu thaṃ pa	（未记录）	文字字形 ཉི་ཤུ་ཐམ་
21	༢༡		༢༡	nyi shu tsa gcig	（未记录）	文字 ཉི་ཤུ（二十）与数字1结合的写法
30	༣༠		༣༠ 或 ༣༠	sum cu thaṃ pa	（未记录）	文字 སུམ་ཅུ་ཐམ་

表3-5　宕昌藏族方位的书写与发音

方位	藏文转写	藏文书写	看日子书书写	宕昌各藏族村发音		
				鹿仁山神体系五帝称号	鹿仁师家	立界山神体系
东	shar	ཤར	ཤར	he gu bu	hé	há
南	lho	ལྷོ	ལྷོ	le wo bu	lè（促音）	lə
西	nub	ནུབ	ནུབ	nü na bu	nú	nuó
北	byang	བྱང	བྱང	shu ma bu	sǒu	suǒ
中	dbus	དབུས	དབུས	wu si bu	wú sí bō	wù

表3-6 宕昌藏族看日子书中七曜的书写

	藏文转写	藏文书写	看日子书书写	看日子书转写	备注
日	nyi ma	ཉི་མ།		nyaṃ ma, nyi ma	
月	zla ba	ཟླ་བ།		zla va, bla va	
火	mig dmar	མིག་དམར།		myig dmar	mye 意"火"
水	lhag pa	ལྷག་པ།		lhag pa	
木	phur bu	ཕུར་བུ།			
金	pa ba sans	པ་བ་སངས།			
土	spen pa	སྤེན་པ།			

表3-7 宕昌藏族看日子书中二十八宿的书写

		藏文拼写	看日子书书写	转写与备注
1	东	昴	smin drug	smir drub, sma drub, sma dru, sma+drud。又作smid vbrug, smad vbrug, smad drub, smang vbruv 等形式
2		毕	snar ma	snaṃ ma, snaṃs ma
3		觜	mgo	vgov, vgyo
4		参	lag [pa]	lag。又作 lha 7
5		井	nabs so	naṃ so, naṃ sod, naṃs so。又作 naṃ sa。有一处疑讹作 nag
6		鬼	rgyal	rgyal
7		柳	skag	skyag, skyal。又作 rkyag
8	南	星	mchu	chu, chud。又作 chub 等形式
9		张	gre	gyeb, gyev。又作 gyed, gyer, gyem, vgyev, gyov
10		翼	dbo	o
11		轸	me bzhi	me 4, med 4, me zhung。又作 me zhi, ma 4, myir 4 等形式
12		角	nag pa	nag pa, nal par。又作 nag, nag po 等。有一处或讹作 lha pa
13		亢	sa ri	sa ri, sa ris。又作 se ri。有一处或讹作 yar
14		氐	sa ga	sa ga, sa gar。又作 se gi, sa ko 等形式

续表 3-7

		藏文拼写	看日子书书写	转写与备注
15	房	lha mtshams		lha tshaṃ, lha[ ]tshang。又作 lha tsha, lha tshag, lha tsheng, lho tsha 等形式
16	心	snron		snon, snol。有一处疑讹作 naṃ na（←snan）
17	尾	snrubs		snuṃs。又作 snum, snuṃ+ng, snaṃs 等形式
18	西	箕	chu stod		chu stod, chu stang。又作 chuṃ stod。chu+do 也有省作 chu+o。11 月末日写作 chu byed?
19		斗	chu smad		chu smad, chu smang。又作 chuṃ smad, chung smang 等形式。也有省作 chu+o
20		牛	gro bzhin		gro bzhin。又作 gro zhin。偶见讹作 bra bzhin
21		女	byi bzhin		byi bzhin, byin bzhin。又作 byid bzhin 等形式
22		虚	mon gre		mev gye, med vgyang, ma vgye 又作 me gyed, me gyev, me gyi, me gyis, ma gyev, ma gyis 等
23		危	mon gru		ma vgyur, mu+gyuv。又作 mu vgyuv, mu vgyur, mu+e vgyur, muv vgyur 等形式
24	北	室	khrums stod		khyuṃ+ng stod, khyung sten, khyus stod
25		壁	khrums smad		khyuṃ rmad, khyung smad, khyung smang
26		奎	nam gru		naṃ vbru, naṃ vbrug。又作 naṃ vbruv, nams vbrug 等形式
27		娄	tha skar		tha skar, thar skar。又作 thang skar
28		胃	bra nye		bra nye, brav nyid。又作 bbra nyi, bra nyi, bra nying 等形式

春种秋收，堵雨挡雹——苯苯仪式种种

宕昌藏族里与凤凰山神有关的仪式分两种：一种涉及个人，不设固定的时间；另一种涉及集体的生产劳动，行仪的日期比较固定（表 3-8）。我们可以看到，同样性质的仪式在不同村庄举行的时间很接近但并不相同，这可能跟苯苯/郭巴的人力资源有限相关，必须错开行仪时间。有些地方，例如贾河乡，可能已经没有苯苯了；有些地方，有苯苯人家但没有人会行仪。有苯苯的地方也可能请其他村庄的苯苯来行仪，例如鹿仁，我们在这里看到了新坪和立界的苯苯画的山神牌。除了庄内的仪式，立界和新坪的苯苯还要参与鹿仁、贾河乡、周家峪、大堡子、大歇台、树念坪等地方的山神祭拜活动，每年外出行仪相当频繁。

表 3-8　宕昌地区山神有关仪式日程简表

农历日期 ＼ 地点	鹿仁	立界	贾河乡的几个庄	临江铺乡周家峪村	何家堡乡大堡子	何家堡乡大歇台	县城树念坪
二月初二	—	—	吵山神	—	—	—	—
三月初三	三月青苗	—	—	—	—	—	—
三月十五	—	—	—	吵山神	—	—	—
四月初一	—	问是否闸山	—	—	—	—	—
四月初三	四月青苗	—	—	—	—	—	—
四月初五	—	（如要）杀羊	—	—	—	—	—
四月十一	—	（如要）闸山	—	—	—	—	—
四月十二	—	—	—	—	闸山插牌	—	—
四月十五	闸山插牌	—	—	—	—	闸山插牌	—
四月十七		—	—	—	—	—	闸山插牌
四月十八		—	—	—	—	—	—
四月十九		（如要）闸山	—	—	—	—	—
五月初一	五月麦熟	—	—	—	—	—	—
六月初一	六月麦熟	—	—	—	—	—	—
九月初九	谢神	—	安山神	—	—	—	—
冬月廿四	乔家请山神	—	—	—	—	—	—
腊月初五	全庄请山神	—	—	—	—	—	—
腊月十二	苗家请山神	—	—	—	—	—	—
腊月十五	毛家请山神	—	—	—	—	—	—

从表 3-8 可以看到，鹿仁的山神仪式相对比较丰富，其他村庄的集体仪式主要是吵山神（把山神吵起来）和安山神，据说是郭巴的仪式。有些地方，例如周家峪吵山神后不安山神，每年只行一次仪。下面以鹿仁的情况为主线索，介绍各种仪式的基本内容和程序。

（一）青苗仪式

冬日农闲时村民请凤凰山神；等到来年庄稼开始生长时，一般是农历三月份，再送凤凰山神上山。苗刘荣保说："三月三，送上山"。青苗仪式于三月初三和四月初三分两次举行，分别称为 [sū ba mu jī] 和 [e ba mu jī]。其中 [mu jī] 指青苗，[sū ba] 对应藏语（zla ba）gsum pa（三月），以此类推 [e ba] 当指四月（藏文中通常作 zla ba bzhi pa）。从时间、功能等角度看，这与周边整个临洮地区乃至青藏高原东北部的汉、藏、土、回等民族中盛行的青苗会非常类似。①

在青草生长的三月初三日，清晨行礼之始，先念经请神，即念神的名字把家神请到神地方来。郭巴要请 22 尊神，苯苯大概请 12 尊，汉语笼统称他们为"副神"。请神之后，念祷一年四季平安，主要目的是保护庄稼。农历三月份庄稼开始生长，举行仪式的目的是要打动神、保佑"落雨"。所念经文很多，郭巴有 180 段甚至多达 200 多段经，在不同场合下念祷。

接下来要请家神，烧香的盘子架在木箱上，给神敬白酒，倒上后用中指蘸上酒弹一弹，火盆里倒上一点，以使火盆的火苗蹿出一点。倒茶的方式也同上。请到神时，献上事先依画谱②捏好的面人，它们是给五方五帝（表3-9）开路的，相当于西藏的朵玛（藏 gtor ma）。视仪式的大小所捏面人的多少不同，有山、蛇、人、鬼等形象。面人放在木板上，每块木板上放五个，木板叫作 [le du dè du]、[zha jī gā dù]。

表 3-9　宕昌、汉地与藏传佛教五方五色对照

	阴阳	山神		师家		汉地五色	藏传佛教
	下坪	鹿仁	新坪	鹿仁	阴坪		
东方	青色	白色	白色	绿色	白色	青色	青色
南方	赤色	红色	蓝色	蓝色	赤色	红色	黄色
西方	黑色	黑色	黑色	黑色	黑色	白色	红色
北方	白色	绿色	红色	红色	蓝色	黑色	绿色
中间	黄色	黄色	黄色	黄色	黄色	黄色	白色

注：从表中可以看出，宕昌不同藏民村庄使用的标志五方的颜色既有比较相近的，例如中央用黄色、西方用黑色。也有差别比较大的，个别似可见出汉地观念的影响，但总的来说和藏传佛教对五方五色的诠释甚少相同。同样是在鹿仁，苯苯和师家的理解就有很大差异。

① 参见范长风《青藏高原东北部的青苗会与文化多样性》，载《中国农业大学学报》（社会科学版）2008 年第 2 期。
② 苗刘荣保和杨吴生换都有这样的经书。

　　山神居住在神树林中，山神牌牌就设在神树林中那棵神树下面。开路以后 12 点左右，到神树下念经杀羊。通常要杀一只羊和三只鸡。羊是敬献给山神的，因而要用公羊。[①]三只鸡选取二公一母或者一公二母，是献给张爷、常爷和赤爷等人位神或曰龙王神的[②]，以及同为龙王神之属的四面神：金丝娘娘、金花小姐、[si ye luo gu]、[guo mo bo xi]。请张爷和常爷时杀一只鸡，请赤爷和泰爷时杀一只，再就是请四面神的时候杀一只。杀羊不需苯苯，平常人就可以，苯苯专门主持法场、念经。杀羊时用羊血染五张血纸，染好后当时烧两张；最后送神、给神交代时再烧三张。这时所用的柴火和水都有特别的讲究，柴火必须要在神树林里拣取的柴，其他地方拣的柴不能用；水必须是净水，也就是先取水涮容器，叫头水，被认为是不干净的水，要倒掉，再接的水就是净水了。

　　下午 2 点左右就该送五方五帝了。先送山神，之后是当地的张爷等龙王神和四面神等。郭巴最后总送，之后也就意味着所有的神都被送回。这样，三月三的仪式从早上 10 点左右开始，到下午 3 点或者 4 点结束。除了苯苯、信苯苯的人户参加，跑路（指跟随帮忙）要两个人，还有跑小路的，七八个人就差不多了。想参加的村民都可以参加，并没有限制，一般情况下女人不参加这类活动，也会有些小孩子会去看热闹。

　　等到四月初三庄稼长得差不多的时候，村庄再举行这样的青苗仪式，也就是再一次请求山神保佑庄稼苗壮生长。

　　在新坪，三月三的时候苯苯在庄里给山神念经，并不上山，仪式要简单一些。[③]

（二）闸山插牌

　　"文化大革命"期间这个仪式曾经中断，后来得以恢复。其核心内容是在鹿仁庄附近、大队管辖的四个山头上闸山插牌，目的是堵雨——防止暴雨和冰雹危害生长中的庄稼。前文我们已经讲过，在宕昌地区春季很容易发生冰雹和暴雨等灾害，加之地质结构脆弱，很容易引发泥石流等次生灾害，所以闸山插牌的仪式也是为了防止冰雹和暴雨等灾害。这个仪式

---

① 关于对献牲性别的要求，有人认为山神用的都应是公的，也有苯苯认为公羊、母羊均可。
② 龙王神信仰详见第四章。洮岷地区的青苗会主祭诸路龙王。
③ 2007 年 2 月 26 日杨清元访谈。

前后要进行四天：四月十五到位于西北方的"则督"山祭苗家山神；四月十六歇一天；十七、十八、十九继续进行，祭野神。鹿仁称这个仪式为 [se zi se lo ŋa zi gei]，[se zi se lo] 谓五方的野神，野神是与"家神"相对的概念。立界则称该仪式为 [sī zī gǒu]，与鹿仁用语比较音近而字省，其中 [gǒu] 是捆，[sī zī] 指树枝等捆成的人形物，看起来就是用藤条捆起来的一束树枝，代表着神灵。

四月十五早上，要背上举行仪式的家什，如烟、酒、法器，并赶上一头猪（不分牝牡），带上一只公鸡上山。参加闸山仪式的人比较多，不限男女老少。苯苯在山脚下顺手插一根小棍，上面可以缠纸也可以不缠，表示这些人上山了，大家可以来了。其实这样隆重的仪式在村里尽人皆知，所以插这根棍子并不是很关键的步骤。上山之后在神树，也就是凤凰山神居住的地方，即神地方举行仪式。

因为每年都举行这样的仪式，所以神地方有以前每年举行仪式存留下来的各种物品：在选定神树之初，先放置圆石头、写有藏文的木板、铧、八宝如金银等，类似信奉藏传佛教的地区的拉卜则（藏 lab rtse）中间或地下藏埋宝瓶的做法。外面就用山上砍来的新发的青树枝条子扎成一个人形，把它们包围起来。具体做法是：中间以粗木为骨架，做出手脚表示神，苯苯在长方形木板上写经文，放置在相当于胸腹部的位置，外边放一圈树枝，然后再用软藤条（葛蔓藤）捆束，每处缠三道。这样扎成个类似稻草人的丑人样，表示堵雨的神（图3-37）。上面再挂五色布，红黄

图3-37 鹿仁毛家山神林内闸山插牌

蓝青白代表五方。年复一年，谁也说不清楚已经多少代了。由于总是在以前的基础上捆扎，因此越来越壮观。仪式的程序大致是：先杀鸡给苗家的山神，再杀猪献给五方的野神，也要用血染五张纸来烧，然后把猪头和四蹄剁下来，找有五杈的桦木，头挂在中间的树梢上，前蹄其次，最下面的树杈挂后蹄。不同的山头挂猪头的朝向也不同，要朝着雾来的方向。

四月十七闸山插牌要上的山是抬水沟；四月十八是任伽山；四月十九则在朱瓦坪的肖家山（音）。苗家神林和大庄所在的山——任伽山被认为是五方里的中山，鹿仁庄主要的责任田都在这座山背面，这座山是鹿仁庄民生息劳作的中心。除了十五日的则督山外，另外的这三个山头要打卦，请问山神要杀猪还是杀鸡，有时还需要杀三头猪。这四方山神都是堵暴雨的。鹿仁郭巴毛时平介绍，因为官鹅沟大体上是东西走向，所以雨季来临的时候，东西方向来的雨不大容易形成暴雨，而南北方向的雨一来就容易是暴雨。所以，堵雨主要是堵南北方向的来雨。

立界的情形，据本苯杨吴生换介绍，在他小时候每逢四月初一，用两张饭桌、一正一反对起来，问山神要不要闸山。如果要，在四月初五杀羊，这时不需念经。在四月十一、十九这两天举行闸山仪式，这是整个村庄的大事，每家都要派一个代表参加。

闸山时除了插长条形的山神牌牌而外，我们还观察到一种箭形的木牌（图3-38、图3-39），相当于尾羽的部分描绘口衔蛇、头戴牛角王冠或曰面具的立鸟形象，亦即凤凰山神、夏琼，箭杆则用墨笔勾勒羽箭的轮廓，箭镞部分指向下。藏族祭祀山神的普遍习俗是在拉卜则处插箭、煨桑、抛撒风马（藏 rlung rta），插箭节在藏区很多地方都具有悠久历史。[1]对于宕昌的箭形木牌的含义与相关仪式、习俗应做进一步了解和研究。

（三）麦熟仪式

这个仪式跟青苗仪式一样也分两次，分别在五月初一和六月初一的时候举行。前者称为 [ŋe ba mu lhe]（[ŋe ba] 拟为 lnga pa 五月），后者则称为 [zhu ba mu lhe]（[zhu ba] 拟为 drug pa 六月）。[mu lhe] 指庄稼即将成熟。鹿仁举行麦熟仪式要用一头羊、三只鸡，场面和过程与青苗仪式大致相同。

---

① 相关论述甚多，可参见华锐·东智《藏族的山神崇拜》，载《甘肃民族研究》2007年第3期。

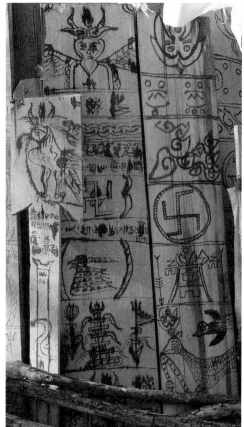

图 3-38　城关曹家村神林中的箭形　图 3-39　鹿仁苗家山神林中的箭形木牌与山神牌
　　　　木牌。杨海帆提供　　　　　　　　　牌。左手边的山神牌牌为乙酉年腊月里
　　　　　　　　　　　　　　　　　　　　　请立界杨宝亮来画的，看起来箭形木牌
　　　　　　　　　　　　　　　　　　　　　为他同时的手笔；右手边的为苗赵向义
　　　　　　　　　　　　　　　　　　　　　所画（参见图 3-5）

　　青海隆务河流域同仁县藏族和土族的"六月会"［drug pavi glu rol（cho
ga）］与宕昌的麦熟仪式有相似之处。这场于六月十五开始的民间传统
盛大节日也与金翅鸟降落山上、降伏蛇神的传说有关。这个山因而就被
称为夏琼山，而夏琼也就成为周边地区共同崇奉的保护神（yul lhavi rgyal
po "地方神之王"），后演变成阿米夏琼神（a myes bya khyung），其形
象是着铠甲、戴红缨帽、手执矛捧宝瓶、骑骏马的武士，已经远离了金翅
鸟的原始形象。①相似的活动还有甘南拉卜楞周边地区集体祭祀本村山神

---

① 阿米夏琼与六月会的有关情况可参见陈景源等《青海省同仁地区民间宗教考察报告》，
　第 56 ~ 64 页。

的日期，也集中在农历六月中旬。①这些地区的六月会逐渐演变为全民性的集会与欢庆活动，是当地最盛大的节日，而宕昌的麦熟仪式是配合农业生产的系列活动中的一个环节，性质和规模仍有显著的不同。

（四）九月谢神

这个仪式在九月初九举行，当地藏语音如 [guō bā lhǎ ŋè]，[guō bā] 当指九月［藏（zla ba）dgu pa］。鹿仁庄的这个仪式在小庄观场（藏 [yí ge zhu zhu]）的两棵大云杉下举行，向总山神还愿。这里也是个神地方，所以没有人敢居住，遂在庄内形成了一块空地。举行仪式时并不念经，只用两头羊还愿，用羊血染五张纸，一起烧。这样一年祭山神的任务就此告一段落。除此之外，村里龙王神的祭司阿巴②要给常爷献一只羊，也要烧五张纸。

春祈秋报，上述从三月三到九月九的这些仪式与农事活动密切相关，也与周边地区春秋二季的青醮、黄醮有对应关系。截至 2007 年初，鹿仁庄里有五年没做了，正好是村里实行退耕还林的时间段。因为山神是守庄稼的，退耕后缺乏现实需求作动力，因而也就渐渐荒疏了这样的活动，人们说，因为现在没有庄稼了。

（五）请山神

当地藏语称这个仪式为 [lǎ yē shī dī]。在鹿仁庄，农历十一月二十四是乔家请山神的日子，这一天被比喻为山神的生日；腊月十二是苗家，腊月十五是毛家，腊月初五由全鹿仁庄请山神。目前各姓请凤凰山神的仪式还在举行，经费采用各家凑份子的方式解决。鹿仁庄一共近 80 户，其中苗家有 40 多户，丙戌年底的仪式摊下来每户出 5 元钱，杀了一只羊请山神。每当苗家的凤凰山神过生日，住在大庄的外姓人也都要出份子钱，只是不参加；小庄的苗姓自然要参与，但是他姓就不需要出钱。苗家神林就在大庄背后的山坡上，这可能是大庄外姓需要出资的原因，换言之山神可以普佑住户而不是特定的某姓人户。③当年亦即狗年苗家杀的是一只羊，明年

---

① 见伦珠旺姆、昂巴《拉卜楞地区山神崇拜之历史渊源及文化现象分析》，第 68 页。
② 宕昌藏族另外一种信仰龙王神信仰的祭司名称，详细参看第四章 "阿巴，藏族中的师家" 一节。
③ 另听村民解释，苗家在鹿仁庄势力比较大，或许也是一个因素。

猪年就要三只鸡,后年又应该是羊,这样轮流交替。毛家 15 户,人较少,摊得相对多一些,每户摊 20 元。乔家只有 4 户,因为人少,没有准备请山神的物品,所以就取消了该仪式。如果请下神来,没有东西还愿,就会对乔家不利。全庄子也因为无人操持而没有举行请山神的仪式。[①]

据现场观察了腊月十五(2007 年 2 月 2 日)毛家请山神仪式的兰州大学博士研究生蒙小燕转述,这是一个家庭里面的小祭祀活动,仪式很小,参与的人也很少,杀了一头羊,文武苯苯主持,持续一天也就结束了。

我们请鹿仁苯苯苗刘荣保讲述该仪式的过程,苗刘荣保滔滔不绝,他的儿子也一直坐在旁边,为我们补述细节,爷俩对我们提出的各种琐碎问题不厌其烦,一直聊到深夜。当我们深一脚浅一脚地回到建明家的时候,仍能感受到他们的兴致与自豪。

请山神的具体过程如下:当日早晨,先派两人上山到神树林里,一人取下去年的凤凰山神牌和牌垛中的两支小木牌;另一人在神树林里捡上一背柴,两人一同下山。回到苯苯家以后,苯苯开始一边念经,一边把两支木牌插在装满小麦的斗里,再把白桦、枸子、竹子、红叶材[②]和松树等五种树的树枝也插在斗里,代表凤凰山神居住的神树林,同时放入事先准备好的三颗石头。这表示已经把凤凰山神请了下来。在苯苯念经的同时,其他人宰羊,把从神树林背下来的柴点燃,之后把羊血和木香添入火里,表示敬献给山神。羊的喉管需要插在山神牌的上面,羊肉煮熟,心和肾则放在火里烧熟。以前所有的肉都要烧熟,因为山神是野神,只有烧熟的肉山神才悦纳。现在由于社会生活方式和条件的改变,大部分肉煮熟即可,但是到神树林里敬献给山神的还是只能用烧熟的肉。肉煮熟以后,苯苯要再次念很长时间的经,把山神牌和树枝等从斗里稍微往外提一点,表示要送山神回树林。这时候苯苯念的经文就是请凤凰山神返回,保佑这一方的平安。送凤凰山神上山的时候,苯苯等人依然等在山下,派三个人上山插山神牌。其中一人抱着三支山神牌,其中两支是从山上拿下来的旧牌,另一支是苯苯新画的;另外一人抱着五种树的树枝,树枝上面挂着剪好的纸花,

---

① 2007 年 2 月 15 日苗刘荣保访谈。

② 包括五角枫、三角枫、元宝枫、鹅掌枫等多种秋天呈现红叶的树种。2007 年 3 月 6 日宕昌县林业局副教授刘海青赐告,谨致谢忱。

还有三块石头、一个犁铧、三支箭；第三个人吹牛角号，走三步吹三声，然后再走六步吹三声，依次循环，直到走到神树前面。他们把山神牌插在神树下面，再把五种树的树枝插在木牌的前面。点五炷香，烧五张白纸和几枝木香，然后念经（当地话称为"拍事"）。拿一斤白酒，围着神树倒三圈，把油炸馍馍献给山神，再念经；再将羊肉也献给山神，再念经；最后这三人喝一点酒，准备下山。下山之前，吹三声牛角号，之后就一路回到山脚下。回来以后，苯苯继续念经，这次的经文就是禳除祸患，洁净村庄。再由一人把捏好的面人 [du mo la yi] 扔到庄子外面的山崖下，白天的活动就结束了。

入夜之后，每家每户出一名小孩，每人拿上一根从神树林里背下来的柴点燃，边走边甩火把；男人们手抓沙子，向房顶上撒；女人也手拿火把，同时口里喊着"芜微支"（音），边喊边把火把扔向庄外。如此这般要持续三个晚上，第一天在小庄的观场甩火把；第二天在大庄的背后甩火把；第三天在现在官鹅沟内电力宾馆的位置甩。这些仪式的目的都是为了在新年来临的时候，将村庄各种不洁净因素驱除，为新的一年留下洁净和安宁。之所以选择这三个地方，是因为这些地方正好是村庄的三个主要路口，在这里甩火把表示将村庄所有的不洁净全部禳除到村外，并把村庄的道路全部封住，使各种邪灵鬼怪无法进入村庄。但是截至 2006 年底，鹿仁庄已经有三年没有举行禳庄子的活动了。村民解释说，是因为退耕还林以后封山育林，再加上天旱，甩火把容易引起火灾，对森林保护来说存在潜在威胁。但是究其更深层次的原因，很可能与生计方式的改变以及山神信仰的逐渐衰落有关。

请山神仪式中有一个特殊的环节，就是选择"神树"，要在前一棵神树将要老死时进行。这也是要选择一片树林作为神树林的原因，以防原来的神树死了以后没有其他树可以替补。选择神树时，经过苯苯念经以后，人们抱一只公鸡上山，如果公鸡飞到一棵树上，分别在树上的前后左右四个方向叫三声，再在树根叫三声，那这棵树就是神树。[1] 2006年鹿仁庄子里的苗家就重新选择了神树，苗建明和苗刘荣保的儿子都证

---

① 2007 年 2 月 15 日苗刘荣保访谈。

实，确实是通过这种方式来进行遴选的。后来我们看到了苗家新选出来的神树（图 3-40），果然与众不同，格外挺拔神气。我们还在新坪龙王神庙门前看到两株神树分立左右，那种绝尘的气势真的很难用照相机捕捉，也很难言喻，至今不忘。

我们提出是否可以去看山神牌牌，苗刘荣保说外人要看的话需要先给愿，而且在神地方不能惊动神，触怒神会很不吉利。腊月里山神每天都在神地方，就好像人们外出打工回来天天在家一样，因此腊月里给愿的话要一头羊。过了年，雷一响，山神就上天各忙各的去了，因此过了年给愿要简单点。他取出本类似黄历的藏文历书来翻，说初七才是空日，山神不在家，给愿之后可以上山去看而不至于扰动神灵。还愿则需要过了十五另选日子，给只鸡就可以了，最好用白公鸡，神弟子才能给香纸云云。后来我们去看各家山神的神地方时，并没有真的选日子，也没有杀鸡或者杀羊给愿。

图 3-40 （左图）前景为鹿仁苗家神林中干枯的老神树 （右图）鹿仁苗家神林中新选出来的神树

在新坪没有固定的山神生日，也不是每年都举行，两三年才画一次山神牌牌、做一次安顿山神的仪式，苯苯和郭巴都会画山神牌牌。如果遇到整个庄子多灾多病的情况，大家也可以一起商议请苯苯算好日子，举行安顿山神的仪式。新坪禳庄子的活动时间与鹿仁有所不同，是在正月十五晚上举行。正月十三孩子们就上山采蒿杆，正月十五天擦黑时，把家神案卷起来。然后由苯苯主持念经，孩子们点上火把绕庄子，要从庄头跑到庄尾，边跑边喊，意为将村庄的各种不洁净统统驱除。还要用河坝的沙子驱赶污秽，类似打鬼。[①]我们亲历了这个仪式，只是当时有突发事件导致仪式并未完整举行。元宵后到黄家湾时，看见晒场台地下扔了不少有烧灼痕迹的细杆，后经证实这个庄子里当天也有禳庄子的活动。

各家小事

除了上述全庄人或者全族人参与的隆重仪式外，凤凰山神信仰还涉及如下仪式，与日常生活密切相关。

（一）叫魂

山神还有叫魂（"喇北"，藏 bla vbod）的功能。某家有了病人，请苯苯来家里为病人叫魂，过程如下。

到病人家里，先烧香，点灯，请神，然后向神敬酒，之后念八段经文。接着宰一只公鸡献给山神，不同姓氏的人叫魂就献给各自姓氏的山神。鸡杀完，用鸡血染五张纸，点上木香，鸡头放到火坑里，洒点面，然后念上四段经文，先烧两张纸。念一段经，用酒敬一次山神，一共要念九段。等鸡肉煮熟以后，再把剩下的三张纸烧掉，念五段经，送五方五帝开路。这时候要拿面、炒熟的小麦、酒、清茶、木香等各洒一点在病人的身上和头上。再念四段咒语，送恶鬼，耗时 20 多分钟。在家里用法器挥打，并把炒熟的小麦撒到各处，意为把灾病等送走。事先捏好 25 个面人，分五种样子，各捏五个，杀鸡时要把鸡血淋点到面人上。把面人分别放在

---

① 2007 年 2 月 26 日新坪牛头山杨永明访谈。

五块板子上，再念十八段经，念完经就把这些面人送到庄子外面。这样的仪式要举行一天。

（二）喜事

办喜事时关于山神的仪式已经在前文讲述立界婚礼时提过，这里从略。

（三）丧事

在我们调查的宕昌藏族不同的村庄中，丧葬习俗略有不同，我们仍然以鹿仁庄为主进行介绍。死者临终时要换好衣服。里层用上好的白布，裹骨头用；外边是藏式的长袍，样式长短与活人衣服一样，只是做得简单。老人的长袍用黑色，年轻人穿蓝色，样式不分性别，男女都可以穿。外面再套上短褂子，鞋是扎花花鞋，基本上跟生者的鞋一样，只是底子上也有绣花，前面我们已经介绍过。头上戴八边形帽子，四周绣花，帽底沿加一圈花边条。腰里缠羊毛腰带，现在用布腰带代替。头发梢上挂上拧成"8"字、五六个串起来的铜环，现已不再有这种装束。男女都是大裆裤，裤子穿一到两层。尽管现在年轻人的日常装扮和汉族相同，但办丧事时死者的衣服还得照老规矩来。

人去世后不再擦洗，放在家里的柜子上。但对于不到30岁的夭亡者或者非正常死亡者，抬回家后不能放柜子上。万一在外身亡不能抬回来，在身亡的地方就地埋葬，或者把骨灰拿回来。柜子之上用纸像窗帘一样从上面悬下来挡住死者，亲戚们扯来花布挂在死者旁边。头前点上长明灯，这盏灯从死者断气一直到出殡都要长燃不熄。拿升装上粮食，点一盏灯、五炷香，跟结婚的做法类似，但是升的侧面不贴纸。这个叫作"做板子"。

板子做好了，就要到坟地，用耕地的铧上山挖坟，这时必须有苯苯行仪。炒点青稞，带上羊腿，到坟上，点两盏灯、十炷香，烧上十张纸，敬茶敬酒给山神和当方土地（"得[dei]布"），烧个馍馍，给山神土地一个交代。然后苯苯拿上青稞转圈撒，转一念一段经，用铧把五方土开了，开土之后其他人挖坟，挖好由苯苯来给大家敬茶敬酒，带来的羊腿在坟上用篝火烤熟，大家分食吃掉。这时，敬神还愿的羊必须要用篝火烧烤才行。

之后就是入殓。先要交代棺材（"耶拉夏黑[he]"）。点燃一盏灯、五炷香，烧五张纸，给神敬茶敬酒，打麻钱卦。麻钱就是古代的铜板，苯苯拿十二个麻钱平平地扔出去，撒在棺内。麻钱口（有字的一面）朝上为阳，背朝上为阴。阴是死者的卦,阳是他留给后人的,这样棺材内就留下阴卦,把阳卦取出来,死者就可以入棺了。棺底先铺麻纸,上面再铺两层花布,就是从亲戚送来的花布中挑死者喜欢的。

死者入棺后,杀五只鸡,然后盖棺,重把棺材抬回柜子上。死者的父系亲戚("固卓",藏文称为 rus tsho 骨亲,地位较尊)每人挨个说一句批评的话,无非是责怪子女丧事办得不够隆重,什么东西用得不够好,生前不够孝顺之类。若死者是女性,则娘家人("任卓",藏文称为 sha tshan)也照此进行。孝子们听着,一遍遍磕头。也请能说会道之人解释,并说些吉祥的喜话。村民们说,这样的话藏语说来非常好听,估计是比较押韵。大家喝酒吃菜,等着出殡。依照以前的旧俗并不杀羊敬献给山神,但现在子女们愿意把事情办得隆重些,也会杀羊,用竹子和麻纸编成花轮,上面洒上羊血、供上羊心等,讲究的还用网油把羊脸遮盖起来供上。

出殡的日子则要根据死者的属相以及子女们(主要是儿子)的属相推算,凡相克的都需要绕开。因此出殡的日子不定,短则隔一两天,稍长则四五天,甚至半个月、一个月都有可能。

出殡时,大儿子头顶烧纸用的盆,出大门后必须摔得粉碎。这个盆只能用家里平时和面、搅面用的好浆盆,其他盆哪怕是从城里买来上好的盆都不能用,这样才能表现出孝心。原先用来遮挡死者的纸帘要由大女儿抱着,边走边撕边扔,必须走到坟头正好撕完,不能半路撕完。如果家中没有女儿,则由大儿媳妇担任这一角色。如果儿子还没有娶亲,则是从与死者血缘关系最近的晚辈女性中选一人担任。

棺材抬出门后,苯苯马上在死者家做法事。把竹编的筛子穿在擀面杖上,擀面杖上再绑上红布,筛子口朝外,苯苯左手持筛子在屋里挥舞,右手撒青稞,五方五帝都要撒到,口中还要念经,最后撒出门外,表示死者的阳煞(晦气)都被赶出门外。

出殡路上可以请喇嘛念经超度,现在还要请鼓乐吹打。村民说本地以前有喇嘛,但现在没有了,只能到舟曲黑峪寺①去请,最少请两个,经济条件比较好的人家也会请多名喇嘛。

---

① 关于黑峪寺的具体情况,详见第六章"我从哪里来:宕昌藏族的口述历史"一节。

　　棺材抬到坟地后，要点两盏灯、十炷香，烧十张纸，苯苯敬茶敬酒给土地和山神，做交代。子女们给山神、土地和全庄人磕头，表示谢意。棺材这时并不埋，只平放在坑里（图3-41）。出殡回来，三天后子女们还要去坟上烧纸，这次苯苯不必前往。过百天再烧纸一次，全部仪式结束。

　　等三到五年以后，棺木朽坏，再选定日子，进行二次葬。进行二次葬之前也要仔细推算日子，须与死者的生日及死者家人的生日相合，讲究"三合对冲"。①日子算好以后，上山捡取死者的尸骨。这次的棺材很小，大约不到一米长。棺材底部先铺上一层麻纸，然后铺上一层红布，最后再铺一层白布，之后才能把尸骨放进去，放时要按照原来的人形位置摆放。棺内除了上述物品不能放其他东西，否则死者就会不安静。尸骨入棺后，要请苯苯给山神和土地交代：点上两盏灯、十炷香，然后敬茶、敬酒。

图3-41 鹿仁庄坟林

① "三合对冲"为占日术语，以五行相生相克思想为本，根据两个人的生肖来择吉。"三合"指十二属相中，申子辰合水（即这一组为吉配，下同），寅午戌合火，巳酉丑合金，亥卯未合木。"对冲"指两种属相冲克，即子午、丑未、寅申、卯酉、辰戌、巳亥相冲。

之后就可以动土挖坟墓，这次的坟墓挖四尺五深，长三尺到四尺五。下葬时，死者的脚朝东，头朝西，也就是面向山的上方。鹿仁庄的情况如是，但是其他村庄并不一定，死者下葬的方位是根据山和河流的走向而定。我们在第二章建筑与服饰一节中介绍过宕昌藏民的尊卑观念是按山的走向来决定的。

如果是夫妻合葬，则要男左女右排放。下葬以后，不再安排祭奠，只是每年的清明上一次坟。

立界 85 岁的老人杨有顺保[1]谈到，葬俗有五葬，金木水火土。这里藏民以前火葬，后来慢慢就采用木葬（意思是装棺材），葬俗汉化了。按旧俗，人一去世就要烧掉，不需要请阴阳，只请苯苯念经即可。尸体的姿势有特别的讲究，跟喇嘛一样装到一个轿子状的东西里，抱腿坐着，抬头，周围用板子固定，头顶木香。有经济能力的人家还请喇嘛点油，在坟林里烧，之后将骨灰倒入沟里即完成了葬礼。听老辈人说，山后舟曲还沿用这种葬俗。[2]后来，留下的骨灰用小匣子装上再埋。现在的风俗则是人死后在棺材里放三年，然后捡骨头来烧。

（四）禳房子 / 安土

房子盖好后要举行禳房子的仪式。苗刘荣保家现在供着山神的这座西厢房修建于 1952 年，1979 年举行了禳房子的仪式，杀一头羊、念经，即把木和土都安顿好。门侧挂的牌子就是他舅舅画的，当时他正跟舅舅学苯苯。画的内容现在褪色难辨，大概是山神拿着兵器，这样就可以将各种邪灵鬼怪挡在家门外，家里一切就会顺利平安。

鹿仁毛顺保家主屋家堂门口及二层屋檐下也悬挂有木牌（图 3-42），称之为"安土"。

（五）过年敬山神

宕昌藏民地区通行农历。过春节时苯苯人家敬奉山神的习俗多牵涉到

---

[1] 男，属猪（1922 年生），本姓苗，从鹿仁入赘至立界安家。2007 年 3 月 2 日访谈。

[2] 关于舟曲的坐式屈肢葬，参见闵文义《东迁蕃民与舟曲藏族——舟曲藏族渊源初探》，载《西北民族学院学报》（哲学社会科学版）1984 年第 2 期；拉措：《舟曲藏族火葬习俗简述》，载《西北民族学院学报》（哲学社会科学版）1985 年第 3 期。甘肃天祝、迭部一带的类似情形可参见马真福《迭部藏族婚丧习俗概述》，载《甘肃民族研究》1994 年第 4 期；洲塔：《甘肃藏区民俗概述》，载《中国藏学》1996 年第 3 期。

图 3-42 鹿仁庄毛顺保家安土木牌。立界苯苯绘

家堂布置，因此这里对家堂供神布局略做描述。宕昌藏民地区年代稍微早些的房子格局都是两层、三间。[1]在官鹅沟和大河坝沟都是下面住人，炉灶上方的屋顶开个口方便跑烟；上面放杂物，因此有时墙体只用荆条来编织。下面的这三间中央是火塘和家堂位置，两侧各做一个炕。炕上铺炕席，冬天平时摆火盆，铺盖是卷起来的，还有炕桌炕柜等家具。后来经济条件好了，四间的格局逐渐普遍起来，但是内部空间的分隔上，还是较多采用"3+1"的格局，也就是左侧的三间从一个大门进去、内部连通，根据家里情况半隔出一个或者两个炕，更现代的做法是隔墙、开门；而右侧的一间单独开门，例如上文已交代过我们的房东苗建明家就隔出来做成小卖部。

　　鹿仁庄藏民民居主屋大门大多面向沟的上方，主房不能背对山神而建，背对山神的房屋只能建厢房，主屋不能起二层。在主屋的家堂里要供奉家神，苯苯人家供奉苯苯的神为主；师家则供奉龙王神为主（详见第四章）。

　　鹿仁苯苯人家通常会在主屋家堂的右侧壁安设几案或小柜，陈放相关法器经书（参见图 3-12）。普通人家则会在正壁设家堂神案，而在左侧壁偏正壁的位置插上一根裹有白色三角纸旗的木棍，象征山神。按照原来当地藏民的习俗，进门的左手一侧是尊位。在鹿仁，一般人家正屋都是坐东朝西，这样进门左手一侧就是北，亦即山的方向，也是上方位。各家家堂

---

① 村民特别告诉我们，这边的风俗和舟曲不一样。舟曲数双不数单：一般穷人家盖 2 间或 4 间房，平常人盖 8 间，经济条件好的人家盖 10 间，但是不能 3 间、5 间。要对称，这样老大老二好住，要公平。

里山神旗安放在这一侧，可能跟这种风俗有关。

苗刘荣保家山神安在主屋对面的房子里，坐西朝东，跟庄子里大多人家安设山神的屋子朝向不同，因为那是前人盖下的，当时就是主房。依前述道理类推，他家安顿山神的斗的位置也与其他人家不同，是在屋子的进门右手侧壁，这一边才是山的上方位。对此，苗刘荣保解释说：山神和副神要坐上席，靠山的位置就是上席。他本想重新翻修那间房子，以留给后人，但是丁亥年是猪年，他属猴，这两者是对冲相，所以今年不能盖房子，否则会对他不利。

毛时平自述他是郭巴，他岳丈家是苯苯，苯苯家右侧墙上理应有白纸旗。由于住的是丈人家的房子，他也把原来的白纸旗继续插上。至于家堂龙王神位，苯苯人家并不主要供奉，春节期间不插长钱，只点灯。

苯苯家的家神与其他人家比较起来，神不相同，而且护神较多，敬山神时所念经文的内容也不一样。苯苯和郭巴开神案的时间和方式都有差别。我们观察了鹿仁的郭巴苗赵向义和苯苯苗刘荣保家开神案的过程。郭巴大年三十下午四五点钟的时候开始安顿山神，不挂副神画像，副神画像放在斗之上。也就是郭巴的神案不能打开，直接把神案轴供在柜子上，初三下午收起来放回箱子里；斗里装满一斗小麦；香要从早燃到晚，不能间断；灯也要点三天，分别是早晚各点一次。然后到土地神的神地方安顿土地，在那里给土地点灯。此外，从正月十四晚上开始再次点灯和点香，把神像轴拿出来供奉，正月十六早上就把副神像轴收起来。苯苯家的神案是在大年初一凌晨三点左右打开，也就是鸡叫之后才可以拆开家神画像。拆的时候苯苯要头戴法帽，口念经文，而且按规矩除苯苯和帮忙的人（多是苯苯的儿子）以外，不许有外人在场，以防冲撞了神灵。[1]苗刘荣保简单介绍说，郭巴平常也不开案，只是苯苯家开副神案。通常情况下，苯苯的神案要在正月初三下午三点半左右卷起来。也就是说苯苯的神案打开的时间比龙王神的要晚，收起的时间比龙王神要早（龙王神案要在天黑之后收起），苯苯对此的解释是苯苯的山神比龙王神大，所以来得晚，走得早。[2]苯苯的

① 我们在 2007 年 2 月 18 日凌晨参与了鹿仁苯苯苗刘向荣开神案的整个过程，之前我们与其进行了多次沟通，他犹豫了很久，最终同意我们在其开神案的时候在场，并拍照记录。
② 2007 年 2 月 18 日鹿仁庄苗刘向荣访谈。

家神画像可以拆开展开挂上，不过也有例外，那就是丑（牛）年、寅（虎）年不拆。这里需要注意的是，凡是能打开神案的苯苯人家都是已经搭了法衣的苯苯，也就是正式出师的苯苯人家才能拆神案；未搭法衣的苯苯人家需要请苗刘荣保去安顿，之后才可以拆。

乔五月花家是未搭衣的苯苯人家。她家正房右侧壁靠正壁的位置有一个柜子，柜子上放了个木箱，用于供山神，其外还挂着牛角号，其内并无经书等物。她说别的杂姓家没有案（指以画像为主的神位），两姓人（即乔家、苗家）才有，称案为副神、菩萨，并描述自家的案与苗刘荣保的是一样的。正壁右侧上端是代表两位藏族女神（藏语音"楚涅"）的罐罐，正中有家神位，但是没有安置画像卷。她解释说因为主要供副神，家神不是主要的。而普通人家主要供家神，山神是从属的，所以只是插个旗代表山神而已。大年三十晚上鸡叫的时候（实际上就是大年初一凌晨三点半的样子），请苯苯来把画像挂上；初三下午三点钟收起来。后来经我们观察，苯苯苗刘荣保并不亲自去，而且由其子苗建军吹响牛角号，据说乔五月花家听见牛角号就会把神案供起来。

郭巴家的副神画像称为"歹"；苯苯家的画像则称为"阿（[á]）麻"。由于郭巴家神案有不能拆的禁忌，我们未能亲见，见到的两家苯苯神案简述如下。

鹿仁苗刘荣保家苯苯案（图 3-43）的画面是分五栏的竖幅构图，较狭长。可以看到，上三栏、占据画面主要位置的神灵图像都与佛教有关。最顶上的三身佛即宕昌藏民口中的三大古佛，他们跌坐覆莲台，发髻绀青，饰有顶严，具圆形头身光。当我们问及三大古佛具体的名号时，苗刘荣保的解释是请神的唱腔中只有总称。从此可以推知凤凰山神信仰中的神谱主要通过请神、送神唱词的口传来维系，而不是图像，因为苯苯们通常并不熟谙绘画技能，至少目前我们所见到的情形如是。接下来的一栏上画有一身佛，左手于跏上捧钵，伸右手作与愿印，除身色外其余图像特征与上栏中央的坐佛全同，疑即释迦牟尼佛。第三栏的三身形象，中间结跏趺坐者是所谓的观音菩萨，高发髻、戴三叶宝冠，白色身相，上身饰帔帛、天衣，下身著大裙，抬左手当胸持花茎，垂右手作与愿印，图像上更接近白度母。左侧骑青牛者红色身相，口中似吹号角，右侧站着赤足青衣的忿怒相神。[①]两位胁侍疑与以牛等动物为坐骑的几位副神有关。第四栏中间是三面六臂的神，为供具所遮挡，仅可见白色身相，其左面红右面绿、菩萨装、跏趺坐，持弓箭、弯刀等。左侧为口衔蛇的一只鸟，形象类似锦鸡，当即凤凰山神。右侧人物袒露上身，右手持三股戟，左手持物略似金刚橛。底栏上绘老虎和牦牛，这是藏地比较常见的图像组合，根据苗赵向义的叙述，它们也出现在郭巴的神案上。

　　新坪杨文才家苯苯案（图3-44）落有年款，可知绘制于1990年。[②]新坪这个版本的阿麻与墨线白描的木板画山神牌牌构图存在一定的耦合关系。上栏中央为半人形的山神，牛角、尖耳、三目、黑面，面上生有赤红

图 3-43 鹿仁苗刘荣保家苯苯神案　　　　图 3-44 新坪杨文才家苯苯神案。1990 年绘

① 描述神案时是按照面对观者的左右描述画面，并未按尊主的左右来描写，以下同此。
② 《宕昌民族研究》第95页"新坪苯教及藏民供奉的唐卡图"以文字标示苯苯神案的图像构成，与此类似。杨清元家神案给了他弟弟，我们未能一睹，根据2007年2月27日杨清元访谈中了解到的情形，与杨文才家神案图像构成一致。

发眉须髯，保持着鸟喙、鸟爪、鸟翼的特点，双手攥蛇。左右两侧各四身跌坐莲台、具头光的佛装形象，杨清元解释为八大金刚（[lhe zha ŋa zhu ŋe]，也叫 [bó go jiě bu]。[jiě bu] 可能相当于藏文 rgyal po "王"）。八大"金刚"之下，凤凰山神的左爪旁有龙，右爪旁为蟒。[1]中栏绘金翅鸟和龙、蟒，之下是十大阎君（[yán jīng]），他们头戴梁冠，双手合捧笏板，两边八字形排开，中间是跌坐合掌的唐僧、手持金箍棒的孙悟空和一个"卐"字，画师表现孙悟空的形象时明显借鉴了戏曲舞台形象。[2]画像下部中间用一个方框突出鸟形凤凰山神的形象，花瓶上立着一只凤鸟，尾羽长如孔雀，嘴上和双爪抓紧一条蛇。牡丹中的山神完全是汉地凤凰形象，几乎找不到金翅鸟的任何痕迹，这应该反映了长于汉地艺术的画师对"凤凰山神"望文生义般的理解。花瓶前是一个装有粮食的斗，里面插着香和两面小红旗，斗前则是老虎和牦牛。两侧各有一只鸟站在框线上，纵向排列着北术等三位副神和五方五帝。五帝骑马，手里拿着不同的武器，象征颜色各异。

（六）搭衣

这是苯苯或者郭巴出师的仪式，也是苯苯各项仪式中比较大的一个仪式，因而所献的祭牲也比较大，需宰一头牦牛。要搭衣之人头戴五叶冠，另有其他五位已经搭衣的苯苯戴牛头马面的面具（即代表五方），一起跳舞。首先在屋里跳舞禳灾，之后在屋外继续跳。首先由苯苯和郭巴的案在前面带路，五位戴面具的苯苯跟在后面。所跳之舞完全按照谱子而来，舞步为八卦（[bǎ gà]），以转三圈为基本特征，一般要重复三次舞蹈。[3]宕昌藏民的法舞主要讲究腿部动作，屈膝半蹲，随节拍抬脚转身，循环往复。除了村民描述的以上活动外，可能也要在神树下插牌，我们在鹿仁神林看到一件年代相对早些的山神牌牌，字迹开始黯淡，下部字画有点模糊不清了，木纹显得非常清晰，这个据说就是苗赵向义搭衣的时候，请新坪的老师父（杨沿明或是杨彩元）来画的。

---

① 实际画面上龙和蟒的形象颇为接近。杨海帆老师介绍，在好画师笔下能分清二者。

② 杨清元在解释山神木牌图像构成（参见表 3-2 第 12 栏）的时候也提到了孙悟空。两处他都将颇乌国布附会为孙悟空，在宕昌类似说法我们仅闻于他。孙悟空是汉地神怪小说塑造的典型人物，自宋、西夏时期以来孙悟空保唐僧西游的情节一直流传在西北地区的文学和美术作品中。关于产生这种附会的原因的推测详见下文。

③ 2007 年 2 月 6 日苗刘荣保访谈。

除了上述仪式之外，还有一些仪式业已失传。例如，传说过去某人对谁不满意，可以请郭巴念咒语、做法术，使其害病[1]，这显然属于恶咒或黑巫术的范畴。

还有一些属于各家各户私人的事情，也需要苯苯来举行仪式，需要给神还愿，所需祭品可以是鸡蛋、鸡、羊或者牦牛，要看所许的愿是什么。具体说来，还愿的时候，三个鸡蛋顶只鸡，三只鸡顶只羊，三只羊顶头牦牛，三头牦牛顶头黄牛；黄牛是最大的祭牲。

逐渐衰落的苯苯

我们在宕昌看到了不少苯苯的经书，也接触了一些苯苯，很希望能有苯苯给我们解释经书上的内容，然而绝大多数苯苯都无法做到这一点。我们在宕昌不断找寻着，希望能有苯苯还认识经书上的文字，甚至我们还在希望能有苯苯用经书上的字写出他们日常的语言。不过认识苯苯经上文字的老人却已不久人世，那么宕昌苯苯经文上的文字从此就没有人认识了吗？终于我们打听到，立界庄里有几个年轻的苯苯认识苯苯经书上的字。欣喜之下，我们请建明带我们上立界山找那几位苯苯。

苯苯杨吴生换，属猴（1968年生）。苯苯系家传，老太爷、父亲一代代传下来，至今已经三代。老太爷是从外地学来的苯苯；其祖父是招赘来的，没学。他从13岁开始学，学了20年，学成5年左右。搭衣已经八九年，由父亲和二外爷（郭巴）给他举行搭衣仪式，仪式相当隆重，很多人都观看了搭衣过程，还有人拍了围观的人，但是没有拍摄仪式本身，因为那时候不允许拍照（图3-45）。和杨吴生换一起学的有五六个人，这些人都没有搭衣，也不行仪。他父亲病重之后，杨吴生换跟新坪郭巴杨沿明也学过一段时间，因此杨沿明也是他的师父。另据杨清元讲述，立界三个苯苯杨吴生换、杨宝亮和杨学平都是跟新坪郭巴杨沿明学的，他们都算是同学。其中杨吴生换学了七八年，家中的经也是杨沿明给写下的。县志办主任杨

---

[1] 2007年3月4日杨清元访谈。

图 3-45 立界经书里夹带的一张郭巴行仪老照片

海帆老师介绍，杨吴生换去过曹家村行过仪，头两次（2001 年、2002 年）是跟父亲去的，2003 年单独行仪一次，在曹家村神林还能看到他画的山神牌牌。他会写苯苯经上的字，在中青年苯苯—郭巴中属凤毛麟角。

郭巴杨宝亮，属马（1978 年生），已经搭衣。杨宝亮的祖父学了苯苯，但父亲没有学。他自己十四五岁时开始学苯苯，先跟杨吴生换的父亲学了三年，当时没有学书写；后来跟杨沿明学了五年，也没有学会写经文，只是师父写下来，他跟着读。所以他只会念学过的经文，没学过的经不会念。他弟弟属狗（1982 年生），虽然没有学苯苯，但也搭衣了。因为是苯苯家，到岁数先搭衣。杨宝亮这几年外出行仪，大河坝和鹿仁去得多，鹿仁大庄苗家山神林换神树仪式他也参加了，还画了一块山神牌牌。2006 年行仪比往年要多，主要是在山神树林里行仪。他主持过的大仪式有宰牦牛还愿、给他弟弟搭衣，其他还有一些小的仪式，包括安置家堂等。

立界还有名郭巴叫杨学平，属狗（1970 年生）。他的经书是新坪老郭巴杨沿明 4 年前给他写下的，不过我们拍他的经书和法器的时候，他并没有像鹿仁的苯苯那样给山神交代，而是直接拿给我们就拍了。这让我们感到似乎对山神有些不敬……不知是否和他曾任十余年村长有关。

立界庄的这三位文武苯苯都很年轻，都在 30 多岁，看起来比鹿仁庄的苯苯要学得多一些。鹿仁的苗刘荣保说他不认识经书上的字。至于苗赵向义、毛时平和苗进生，基本上说不出个子丑寅卯。我们把在鹿仁拍的经书拿给他们看，他们说，鹿仁的经书都是郭巴经"野嘎"，立界只有苯苯经"野纳"，所以他们看不来鹿仁的经书。我们把杨老师在县城附近城关镇曹家村拍的山神牌牌拿给苯苯杨吴生换看，他说，比较旧的牌牌是车拉老师父画的，比较新的那个正是出自他之手。

据说这三个苯苯中，学得最好的是最年轻的杨宝亮，他是跟新坪庄的杨沿明老先生学的。他给我们简单诵唱了行仪最后送神时"讨神喜欢"的那段经文，在唱之前，他还是比较郑重地戴上了有鸟头和鹰羽的苯苯帽子。杨伍家保和杨学平都会唱，也就跟着唱了起来，果然是字正腔圆，每个字都念到位，唱颂得非常动听。杨宝亮看起来有些内向、不善言辞，可一旦他诵唱起来，脸上马上就闪现出自信和陶醉。

他们这几个苯苯还告诉我们，以前他们不外出打工的时候，常常被山下城关镇和车拉乡等一些地方的人请去行仪，最近两三年，因为外出打工，也就没再行仪了。谈到这里他们说：

"现在是没办法了，没庄稼了。"

"我们想行仪，是我们没有时间。"

"他们在这个地方，一年到头，全庄人全部都打工去了，"建明补充说，"想行这个仪，是没人支持了。"因为祭祀凤凰山神是全庄人的事情，无论是经济物资还是人力都需要全庄人的支持。"现在来说，都退耕还林了，也就把这都荒疏了。"建明又补充说。

苯苯们也都点头认可建明的话，而且今年（2007 年）他们也都要外出打工，要到山西修铁路。

"全部去山西，一个庄子都去，一家子去两个的、三个的、一个的。"

就在之后的几天，我们在宕昌县城见到了杨学平，他说他们三个苯苯都到了宕昌，准备很快就去山西。他说他们先搭班车到陇西，然后从天水到山西，这样走道路近一些，路费也便宜。后来，我们打电话给建明时，他提到这三个苯苯又从山西辗转到了北京，在北京修建奥运会的运动场所。我们请建明帮忙联系这三个苯苯，想去看看这三个苯苯，结果一直没有消息。不知道他们是不是在建鸟巢，还是在其他工地上。

目前来看，立界的杨吴生换和杨宝亮应该算是相对活跃的。但是如今他们都要外出打工，再没有时间给人行仪。此外当地藏族生产生活方式的逐渐改变，也导致山神信仰的氛围日渐淡薄，用他们自己的话说："退耕还林，都把这（山神信仰）看淡了"。①

说到苯苯，无论是杨老师还是宕昌各村庄的藏民都会给我们提起新坪，说那里有两名老人最有威望，本事大得很，他们不仅认得经书上的字，而且还会写。慢慢打听到，其中一位 1921 年生的老苯苯杨彩元于 2006 年 8 月去世了，我们未能访及这位 80 多岁的老人。其子到甘南民族学校念书，后来回新坪小学当老师，并未学习苯苯。还有一位 70 多岁的武苯苯杨沿明（1928 年生），上次谢老师曾经访问过他。我们找到了这位老苯苯的家，结果家人告诉我们，老人家自 2006 年 7 月起身体就不好，前列腺方面的问题。春节前病情恶化，医生开始还吊盐水，后来停了，大概属于放弃治疗的阶段。家人说，不能说话了，春节以来十几天不吃不喝。阿婆告诉老人，说我们来看他，只看见被子略动了动，喉咙里发出"呼噜呼噜"的声音。2006 年甘肃省电视台拍摄的纪录片《而今何处闻羌笛》里面有采访老人的内容，杨老师特意让我们带了这部纪录片的光碟给老人看，似乎老人也没有办法看了。老人的儿子和孙子带我们离开老人的房间，阿婆送我们的时候说："下次来你们就看不到（他）了。"回头一看，她眼睛里满含泪水。

我们简单和老人的儿子、孙子聊了一会儿。老人的孙子每年都到外面打工，所以普通话讲得很好。他说，他和父亲都没有学苯苯。以前他也曾经帮助爷爷画过山神牌，后来他也就不愿意画了。

"我是爱上汉语的学校，这种（苯苯）我不喜爱是这样子。"他说，"也是觉得没用。"

在他的观念里，宕昌藏族的凤凰山神信仰属于迷信，后来随着科学的发展，年轻人什么都不信了。他还谈到爷爷原来有两个徒弟，其中一个学得还相当好，后来也是慢慢不信了，甚至"把自己的神仙的（东西）都扔俅②了。"

① 2007 年 3 月 10 日杨宝亮访谈。
② 方言，粗话，意思是很不在乎。

他还告诉我们，新坪庄已经有两年没有举行请山神的仪式了。以前都是他爷爷这一辈人在做，现在爷爷这辈人渐渐离开人世，"再过几年这种也没人做了。"他说。

离开老人家的时候，我们把光碟留给了老人的儿子和孙子，希望老人在身体稍微好转的时候能够看到自己上了电视。我们给杨老师打了电话，晚上他也来看望了老人。他带了县志和几张老人的照片，老人吃了点水果，两人说了几句话。没过多久，还在正月里，老人就走了。

看起来凤凰山神的信仰逐渐在衰落，人们也不把苯苯看得那么重要了。这从人们的口中也得到了证实。他们说以前人们对苯苯的本领深信不疑，可以堵雨挡风，但是如今很多村庄都已经不再举行这样的仪式，前面我们提到鹿仁庄多年没有举行三月三的仪式，立界庄大致相仿。

> 这庄子倒了，有五年没做（闸山插牌的仪式）了。退耕还林后没庄稼就没人管了。……叫魂等仪式还行着呢，家里不干净也禳，死人家里也禳。原来还禳庄子，时间不固定，感觉到庄里不合适就做。现在不禳庄子有六七年了。[①]

退耕还林使山神信仰衰落了——我们多次听村民明确提到这一点。无论在鹿仁、立界还是新坪，闸山等仪式都有五年没做了，这正好是退耕还林政策实际推行的时段。当然，川坪沟没有退耕还林，但是敬山神的仪式也很弱，苯苯干脆已经失传。这说明，苯苯和凤凰山神的信仰本来就处于快速衰退的进程中，退耕还林只是在局部区域加速了这一进程。当然造成这种情况的原因很多：生计方式的改变，社会政治环境的影响，等等。信仰衰落了，相应的也没有人愿意和有兴趣再去学习这些，苯苯—郭巴的技能就一代不如一代。虽然新坪的两位老人杨彩元和杨沿明对凤凰山神和苯苯信仰都有相当的才识，能够唱诵、书写和解释经文，但他们的徒弟大多只能念，难以解释和书写。阴坪庄的师家苗虎元就坦率地说：

---

① 2007 年 3 月 3 日杨吴生换访谈。

"解放前，有些苯苯本事大呢。'文化大革命'期间，神案、苯苯经书、寺庙等，点的点了，砸的砸了，为啥失哩，破坏太严重了。……现有的苯苯本事不成，做不下大事情，我们不相信喽。" ①

鹿仁庄的郭巴有九户，已经搭衣的有四户；苯苯有两户，已经搭衣的一户。②但实际上还在从事相关活动的也差不多只有苗刘荣保和苗赵向义两人，其他人要么外出务工不在家，要么已经不再从事这类活动。但是其他村庄的苯苯则一致认为鹿仁的苯苯已失了，只有郭巴。具体到个人的话，他们认为苗刘荣保并不会多少苯苯的本领，更多的是个人随便做的。对照我们从鹿仁了解到的情况，这些说法有一定依据。例如禳房子就失传了，庄子里的苯苯不会做，十几年前毛顺保盖二层主楼的时候，特地从立界山请苯苯来做安土的仪式。从我们到其他村庄看的情况也基本如此。比如川坪沟的黄家湾共有 13 户人家，其中 10 户师家，3 户苯苯。这 3 户是一家人分出去的，但是他们只有苯苯的名份，并没有学习苯苯。阴坪的苯苯则已经失传有一百多年了。阴坪庄的师家苗虎元说，在他五六岁的时候，庄子里还有苯苯经书，他们小孩子悄悄拿出经书玩，然后就扔在外面，以后再无人继承苯苯。③到如今，更为年轻的一代希望能到大山外面寻找更好的生活，凤凰山神的信仰更是后继乏人。

由于山神信仰体系中的巫师被称为北布或簸布，很容易联想到西藏的苯教。然而事实上，宕昌藏民中苯苯的所有活动都是围绕凤凰山神展开的，比较原始、简单、零散，没有成熟、完整、缜密的体系架构。"苯"（藏bon）和"蕃"（藏 bod）的关系一直是苯教研究者关心的课题之一，在宕昌，藏族自称"běi"和苯苯的称呼"北布"首字发音也相同，这是很有意思的现象。西藏地区山神信仰非常兴盛，但是和宕昌有相当的区别。苯教由于认为万物有灵，因此天上赞神、地上念神（又翻"年神"）、地下龙神"鲁"或曰水神的体系非常庞杂。年神掌管着雨水、冰雹等，山神就属

---

① 2007 年 3 月 1 日苗虎元访谈。
② 2007 年 2 月 6 日苗刘荣保访谈。
③ 2007 年 3 月 1 日苗虎元访谈。

于年神的一种，"因为山是'年'神附着之地。"[①]然而，藏地的山神是人格化、个性化的，每座山神有自己的名字、有自己的面貌、有自己的家庭，未必像宕昌所信仰的这样是统一的凤凰山神（金翅大鹏鸟）。毛时平提到，他在电视上看到过四川某个藏区的山神仪式，跟这里是一模一样的；地名记不得了，只记得那里临近彝族地方。甘南迭部旺藏、尼傲一带的林区藏族山寨也奉"夏杰琼钦"（藏 bya rgyal khyung chen 鸟王大鹏）为山神，每年农历十月以后要庆祝"供食节"，是林区藏民在供食节上舞蹈祭祀的主要对象。[②]青海互助土族地区解放前曾流行的神鹏 [琼（佛爷）、凤凰、大鹏雕] 崇拜也可与宕昌的凤凰山神信仰相比较，包括神鹏飞落在山上的神话传说，五月间的青苗会、九月九的谢降等仪式以及神鹏的形象、职能神通等。[③]或许通过与邻近地区的类似信仰进行比照研究能获取更多有益的信息。我们这里的论述只是对宕昌凤凰山神信仰做一个概况的介绍，以期抛砖引玉，期待方家做进一步的研究和论证。

---

① 格勒：《论藏族文化的起源、形成与周围民族的关系》，中山大学出版社，1988，第195页。

② 参见扎西东珠、王一清《甘肃东南部农区的藏族歌舞》，载甘肃省藏学研究所编《安多研究》，民族出版社，2007，第210～211页。

③ 参见辛元戎、祁文汝、董思明《土族神鹏文化的考察与分析》，载《中国土族》2006年秋季号。文中未明确神鹏与山神的关系，但认为神鹏"与沟通天地的宇宙山密切相关"。

第四章　家堂龙王神

在我们第一次到鹿仁庄，住进满才家的当天晚上，满才就向我们介绍了家里那个供奉神灵的地方。最初问村民他们家堂上供奉的神是哪一位，他们总说那是"灵王神"。我们一直没有弄懂灵王神是什么意思。过了几天，我们才逐渐明白是因为口音的缘故闹了误会，其实是"龙王神"。满才家供的家堂神有名有姓，居然是赫赫有名的明代大将常遇春。他说那个白色纸花下面用红布包裹着的就是家堂神案，而且神案平时不能打开，也不能轻易触动。说到这里，满才说：

"你看，我这房子都修了，这间房子（按：客房）也都刷了，就是那间屋有家堂神案，我就不敢动。"[1]

确实他家供着神灵的那间房子糊着陈年的报纸，可能因为生火的原因，报纸已经油腻黑黄了。

"只能在过年的时候才能打开三天。"他又说。原来这个神秘的神案，

---

① 2005 年 7 月 13 日苗满才访谈。

每年只能打开那么三天，这引发了我们强烈的好奇心。这神秘的神案里究竟是什么呢？

十二龙王神

有个村民如是解释为什么家堂要供龙王神："这个是汉神，汉民的。我们藏民不懂，说这个神好得很，保佑人畜兴旺，国家五谷丰登，就把这个（神）留下了。"[1]这真让人好奇，藏族为什么要供汉族的神呢？我们的另一个疑惑是山民为什么要供龙王，江河湖海不才是龙王的栖身之所么？

藏族信奉的"龙"非常庞杂且又有点神秘、含混（图4-1）。[2]"苯教典籍中却没有明确说明龙究竟属于哪一种动物，只说明其种类有鱼、蛇、螃蟹、青蛙、蝌蚪等。它们分居世界东、西、南、北、中五方位，有善恶

图4-1 藏族文化中的各种"龙"。a 鲁。西藏日喀则夏鲁村民居外墙壁画

① 2005 年 7 月 14 日苗正文访谈。
② 参见谢热《古代藏族的龙信仰文化》，载《青海社会科学》1999 年第 3 期；魏强：《论藏族龙神崇拜的发展演变及特点》，载《青海民族大学学报》（社会科学版）第 36 卷第 3 期（2010 年 7 月）。

b 龙。立界玛尼康木板彩画二龙戏珠局部

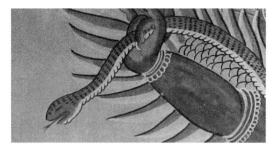

c 蛇（那伽）。鹿仁寺壁画

d 龙王（梵 nāgarāja "那伽罗阇"）。鹿仁寺壁画，图 5-3 局部

之分，颜色上可分为白、黑、花三种，种类成千上万。"[1]西藏本土的龙叫作"鲁"，它的尾巴表现为蛇尾或鱼尾，由此可见其原型。鲁与印度的龙（梵 nāga "那伽"）有所结合，佛教艺术中金翅鸟口噙爪攥的正是那伽，这种图像在宕昌的凤凰山神画像里也屡屡可见。元代以降汉藏文化交流日趋密切，蛇形或者人首蛇身的那伽形象也常常为汉地的龙所取代。另外藏语中的"珠"（藏 vbrug）则是在天空中打雷的龙，宕昌藏族在谈到龙的时候，其藏语发音与之音近。白龙江藏名就是 vbrug chu（龙水），这也正是舟曲

---

② 华锐·东智：《藏族为何崇拜龙神》，载《丝绸之路》1999 年第 6 期。

地名的由来。如果龙王管理行雨雷雹，那成为农业人群的崇拜对象就在情在理。

但宕昌藏民信仰的龙王神与西藏的"鲁"或"珠"、印度的"那伽"乃至汉地的龙都有一定距离，龙王神与凤凰山神的关系也与我们金翅鸟降伏龙的传说毫无关系。地方保护神有的称城隍，有的称土地，在洮岷地区称龙神或湫神，宕昌的龙王神就属于这一体系。在这周边地区，汉族、藏族、土族等均信仰龙王神。洮州（临潭、卓尼等地）与岷州（岷县等地）信奉十八龙神，多数人物有着清晰的历史面目，为明朝开国或戍边英烈，也有部分为其亲眷或者神话人物，据说拥有"敕封"的头衔。龙王神信仰的形成与在该地区征战屯垦而后安家的士卒有关，并受到明初自内地大规模移民的文化影响。①这些龙神保持了掌管雨雹、江湖以及水利的传统职能，与此同时强化了维持地方秩序的护方神色彩；他们的职权范围甚至渗透到每家每户，成为主一家之事、在正屋享受香火的家堂神。

洮、岷两地的十八龙神并不完全相同，民间相传的封号、座次甚至数量也会略有出入。由于宕昌历史上属于岷州，因此岷州十八龙神中有两位的管辖范围落在今宕昌境内。②而今宕昌县境则奉祀十二龙王神，当地汉话把这些神灵称为"佛爷"。村民说这十二位地方神里面既有藏神又有汉神——没有藏名的是汉神，有藏名的是藏神。但也有村民认为他们原本都是管理藏民居住地方的神，只是有些转到汉民地方，把汉民居住的地方也管了。他们兼通汉语和藏语。换言之，无论是汉族还是藏族师家，用自己民族的语言来请神，都能请到。张爷、常爷、赤爷等龙王神或曰人位神是地方神，他们八百年前在这沟里修过仙，地点就在现在官鹅沟内的电力宾馆，那地方还有一些粗木桩，是他们修炼时留下的。

---

① 参见晏云鹏《洮岷地区"龙神"信仰探源》，载《西北民族学院学报》（哲学社会科学版）1998年第3期；李璘：《甘肃岷县民间的湫神崇拜》，载《丝绸之路》1999年学术专辑；李璘：《再说十八位湫神》，载同氏《乡音——洮岷"花儿"散论》，甘肃人民出版社，2006，第109～130页；周大鸣、阙岳：《民俗：人类学的视野——以甘肃临潭县端午龙神赛会为研究个案》，载《民俗研究》2007年第2期；武沐：《洮州湫神奉祀文化的解读》，载杨建新主编《中国民族学集刊》2008年第二辑，甘肃民族出版社，第177～189页。

② 即阿坞河各竜（[léng]）庄的金龙大王（唐西平郡王李晟，727～793年，洮州人，俗称大王爷）和哈达铺新寨村的铁丝娘娘（俗称添坑阿婆）。

关于十二龙王神具体名目和座次，不同的村庄说法稍有不同（表4-1）。以鹿仁为例，简要介绍十二龙王神如下。

表 4-1　宕昌藏族中流传的十二龙王神

	官鹅沟·鹿仁	川坪沟·黄家湾
1	泰爷 [dū ŋá nà zhū]	泰爷
2	杨爷	杨爷
3	"吴翰爷"（五岳龙王）[tú mu yá ma]	"吴翰爷"（五岳龙王）
4	赤爷（金王老龙）[rú bū yá ma] / 新坪 [rú gū xiā mā]	常爷
5	常爷（常遇春）[nyà mo xī hāi nà zhu] / 阴坪 [nyá mā xiá hè]	张爷
6	张爷（张飞）[wù de yà mā nà zhu]	三爷（山海龙王）
7	薛爷（薛三太子）	赤爷
8	白马爷	四爷
9	黑爷（黑池盖国）	黑爷（黑池龙王，包括金面的大黑爷和黑面的二黑爷）
10	三爷	四虎龙王
11	四爷	"西牛代海"
12	五爷	金丝娘娘

泰爷即东岳泰山府君。当地人说他是玉皇大帝的三太子，住在宕昌县的高庙山。而高庙山上的泰山庙供奉黄飞虎。据《封神演义》的说法，黄飞虎为掌管生死的东岳大帝（全称东泰山大齐仁圣大帝），汉地民间广布类似传说；大约泰山庙里的泰山大帝即简称泰爷。在道教体系中五岳、四渎、四海各有其神，五岳帝圣与龙神的界限非常分明，但在宕昌这里泰山大帝和龙王混为一谈。县里以泰山庙香火最旺盛，现在官方如果组织重大民众活动，如元宵节晚上放焰火，仍以高庙山为中心展开。①泰山庙已通过县里宗教部门的临时登记，被视为道观，其实里面并无道人；曾经从岷县请来一位83岁的柴姓老人，但是他未能得到周围群众和信徒的欢迎。

杨爷住在宕昌西边城背后，今称红光村的大庙。大庙额题"龙王祠"，旁边有座圣母殿供金霄、银霄和碧霄娘娘。关于杨爷当地还有个传说。

---

① 此据宕昌县委民族宗教事务局提供的资料。

以前管辖宕昌藏民的马土司过白龙江，涨水过不成。他看见杨爷，问长老，这叫啥佛爷？答：杨爷。他有啥本领？能过海。马土司就说：那过海要平安无事，我把杨爷带上（宕昌）来。后来杨爷到宕昌没地方住，就跟五岳龙王一起住，这是马土司封下的。[①]

"吴斡爷"跟杨爷一起住在大庙。从大庙周围居民口中我们了解到，他本是神医（一说华佗），由于治好了某位皇帝的病而被封为"五岳龙王"，转讹为"吴斡爷"。

赤爷又叫金王老龙，住在宕昌县城下面五里地新城子乡的 [kāo zhū] 地方。赤爷有五子一女，长子和次子在岷县，其余的儿女三爷、四爷、五爷和金花小姐都住在宕昌。

常爷就是常遇春了，住在官鹅沟何家堡庙滩。当地念"常"为 [sháng]，神案上画的"尚善"或"尚砂龙王"应即常爷。祀奉常遇春的地域很广，在青海循化等地，他又被称为河池龙王。

张（[zhā]）爷可能是张飞，又称张都龙王。住在二郎山，在泰爷跟前。

薛爷又称薛三太子，供在将台乡的哈当（[gā dāng]）。[②]

白马爷住将台乡的十字头。在岷州十八湫神中，白马爷指庞统。[③]

黑爷又称黑池盖鬼，住将台乡的青岗。民间口口相传的黑池龙王不一，宕昌的这位黑爷原型孰是，难于遽做判断。岷州湫神、总督三边胡大海俗称黑池爷；洮州龙神中胡大海称"敕封洮河威显黑池都大龙王"，朱亮祖为"敕封南部总督黑池都大龙王"；甘肃天水等地还有将唐代名将雷万春称为黑爷、黑池龙王的例子，或可参考。[④]我们目睹的黑爷神案榜题均书

---

① 2007 年 2 月 7 日苗伍家保访谈。
② 宕昌地名中"哈"多读作 [kā]，参见陈启生《宕昌地名刍议》，载陈启生《宕昌历史研究》，甘肃人民出版社，2006，第 162 页。据此该地名或即哈当。
③ 岷县崇祀的庞统有二分身，俗呼作梅川大爷、关里二爷，均称白马爷。见李璘《甘肃岷县民间的湫神崇拜》，第 111～112 页。
④ 参见李璘《甘肃岷县民间的湫神崇拜》，第 111 页；晏云鹏：《洮岷地区"龙神"信仰探源》，第 41 页。雷万春在岷县亦被奉为龙王，但称号是唐代忠良、涂朱爷。

作"黑池盖国",在宕昌东南的武都、礼县存在同名之神,从字音、地缘等关系考虑最为接近。尤其是礼县的黑爷是昆季二人,这与川坪沟、黄家湾存在大黑爷、二黑爷(参见表4-1)十分吻合。[1]

三爷、四爷和五爷是赤爷家的三个儿子,分别住车拉乡的甘树、临江川的老鼠川和新城子。

上述龙王还稍有等级差别。五大诸侯是十二龙王里职位最大的,好比朝中的宰相,他们的排序依次是泰爷、薛爷、白马爷、黑爷和杨爷。杨爷到宕昌地面最迟,所以五大诸侯里他排在最后。

宕昌城里正月十六(3月6日)唱戏,请来四位龙王神,四个神轿抬到戏台对面一字排开,前面张起伞盖。四尊龙王神的本庙都在县城不远处,左起依次是张都龙王、泰爷、五岳龙王和杨爷。附带提到,高庙山的执事特意告诉我们泰爷的仪仗是"半副銮驾",平时陈列在殿前,包括龙旗、黄罗伞盖、四抬大轿等,这些仪仗对于区分龙王神的等级有着特别的意义。异神出行、迎神赛会是洮岷地区龙王神信仰的重要仪式[2],从正月初八(图4-2)、初九以社火名义出动的"龙王爷聚会"和十六的唱戏娱神来看,犹可想见宕昌类似活动的盛况。

在黄家湾传说的十二龙王神当中,"西牛代海"颇有些神秘色彩,宕昌各地无论汉藏人家均可看到对他的信仰,位于宕昌以北约100公里的漳县也有西牛爷的传说。[3]大家说西牛爷是开天辟地的神、"山神的前辈",不吃猪肉,只能以鸡或羊献神。杨海帆老师给我们讲的故事是这样的:

---

[1] 元至正十六年(1356年)五月礼县曾立蒲君美撰《黑池德圣忠惠威显广济王神道碑记》,叙述黑池之盖国大帝事迹脉络,可知这位龙神享民众祀典必在元之前,更早于明初各路功臣被推崇为湫神。碑记载民国《礼县新志》卷四,转引自李修生主编《全元文》第58册卷1775,凤凰出版社,2004,第352~353页。
这位黑池爷还有一昆季雷王保,地方上民间传说其东晋时就成为龙王神、享受民间祠祀,南宋时得礼部敕加"齐天显圣崇灵广福乾元宣烈盖国大帝",这是历史上更早的一位黑(池)爷。参见台文泽《国家权力、政策与民间信仰命运的变迁——以唐至当代陇南地区龙王神信仰为例》,载《社会科学论坛》2010年第18期。

[2] 参见阚岳《异神出游与"流动的社会"——以甘肃省甘南藏族自治州临潭庙会为个案》,载《开放时代》2008年第5期。

[3] 参见赵玉忠主编《中国民间故事全书·甘肃漳县卷》"汪氏家神'西牛爷'",知识产权出版社,2010。

图 4-2 正月初八城关镇政府组织的节日活动中异神出行的环节

　　西牛代海是从四川带上来的。传说昆仑山上起火，西牛爷要
带兵将去救火，可是他的坐骑麒麟身上没鞍子。他让他舅舅连夜
赶制出来，但是第二天蒙蒙亮的时候去看，舅舅居然还没做成呢，
而且开玩笑说：没鞍子，你把我做成鞍子不就得了？结果西牛爷
真把舅舅给剪开了，筋抽出来做勒，头剪下来做镫，手里还拿着
舅舅的脑髓。昆仑大火把西牛爷烤成了发青的颜色，所以他身上
缠条蛇去掉火气。[①]

　　这个故事对西牛爷的来历、尊格、神通等也语焉不详，实际上只是有关
图像志的阐释或者联想。其神案大部分人家都有，但藏民家的西牛爷神案轻
易不拆，理由是他不是合案神，只是随案神——也就是说，他接受供奉，但
是不主这家子的事。我们在汉族人家的神案（图 4-3）上看到了一尊三面、
三目、焰发、赤髯的六臂忿怒相神灵。他上二臂分托日月，中二臂持印与金
刚铃，下二臂捧碗及研磨棒状物。坐骑为浑身鳞甲的独角或双角神兽，鞍鞯

---

① 2007 年 3 月 4 日杨海帆访谈。也有著作将此故事系于扎给爷名下，见《宕昌县志（续编）
　 1985 ~ 2005》，第 720 ~ 721 页。

上的人皮非常醒目。从图像角度着眼，西牛爷有点类似道教天蓬元帅与藏传佛教女神吉祥天母或曰骡子天王的混合。道经中描述天蓬元帅三面六臂，赤发，左手上分别持天蓬印、撼帝钟和斧钺，右手上则擎七星、提绳索并仗剑。[①]图像中他通常两只手上举，分擎日月。吉祥天母是西藏最重要的护法女神，化身形象非常多[②]，其中与西牛爷形象类似的如欲界自在天女（藏 vdod

图4-3　"西牛爷"神案

---

① 此据《道法会元》卷二一七，见《道藏》第30册，第345页。
② 参见内贝斯基-沃杰科维茨《西藏的神灵和鬼怪》"班丹拉姆女神"一章，第25～42页。

khams kyi dbang phyug ma。图 4-4），一面四臂、身色青黑，所骑骡子背上
搭着人皮。在甘南的卓尼，勺哇人（藏 Sho ba ro）"各家都有家神，供养吉
祥天女者较多，也有信某一山神或某一泉神者"，不尽一致。[①]周边地区也
有奉吉祥天女为家神的例子，则从信仰实践的层面加强了西牛爷与吉祥天
母的联系。

　　另外，在洮岷的十八湫神信仰中，女性龙神颇值得关注：洮州有马秀英、
朱氏和郭宁妃三位元君，分别为明太祖的马皇后、姐姐曹国长公主和嫔妃；
岷州更多至八位，既有道教中的碧霞元君与玉帝三公主，也有民间的烈妇孝
女，各种传说人物而外还有一位藏族女子演变而成的分巡圣母。[②]至于宕昌

图 4-4　欲界自在天女像。西藏江孜白居寺大塔清
净殿壁画局部，15 世纪

① 杨士宏：《"勺哇人"调查及索源》，载西北民族学院西北民族研究所编印《西北民族
　研究论文集》，1984，第 145 页。
　据该文调查，勺哇人信仰佛教，奉常遇春为神灵，朝拜临潭冶力关的常爷池，同时遇灾
　病也请汉族的师公子来驱邪除鬼，人过世后还请汉族阴阳看坟脉、定出丧时辰。凡此种种，
　均与宕昌藏族信仰的现状颇多类似，可做比较。勺哇人为土族，该文认为是吐谷浑长期
　与藏族融合的后裔。
② 相关研究可见王立鼎《洮岷地区端午龙神赛会中女性龙王崇拜之探析》，载《柳州师专学报》
　第 24 卷第 6 期（2009 年 12 月）。文中认为藏族的龙女信仰促使汉藏民族文化融合的洮
　岷地区崇拜女性龙王。

的十二龙王神，鹿仁的说法并无一位女性，不过也承认赤爷家的金丝娘娘以及他们的女儿金花小姐。她们和四面神中的另外两位——[si ye luo gu] 和 [guo mo bo xi]——被认为是原来地方上的神，村民说"是我们（从别处迁来现居处后）学下来的"。如今金丝娘娘在大河坝乡的新坪有庙（见图 4-9），金花小姐的庙则在岳藏。

和山神拥有神树林一样，龙王神也有神树林，至迟在清乾隆二十年（1755 年）《洮郡城乡七会众姓草山碑记》（今藏临潭县新城镇城隍庙内）中已提到"龙神湫池神林"。[①]以宕昌县著名风景名胜官鹅沟来说，进沟后未到第一个停车场的地方有张爷洞，沟内现电力宾馆处则是常爷的神树林，由尊师阿巴负责管理。当初建电力宾馆的时候村民并不同意，也有不少人提意见，鹿仁庄里一位老尊师也想过阻止，但都没成功，最终还是把那块地方让了出来。盖宾馆的时候移了几棵树，造人工湖泊的时候又移了几棵树，而这些"都是我们当地人栽的神树，不能动的"，动一草一木必须给神祈祷还愿。村民议论说这几年当地政府也不把这些神树当一回事，说要移就移开了。[②]我们询问本来应该做什么仪式，答曰得打卦。用木头做成牛角形，然后轻轻分开成卦签。用什么木头做不重要，卦签做出来插在神位面前，就成了神卦（藏说 [gà]）。卦打出来看是阳爻（方言 [jiào]）、阴爻还是上爻。[③]如果得阳爻就表示神同意了，打不出阳爻来就是神不答应。只要卦打出来（指打出阳爻），树移到什么地方都没关系。[④]

家堂与神庙中的龙王神

家堂布置是信仰空间的直观表达。我们在鹿仁的房东苗满才和苗建明

---

① 吴景山：《甘南藏族自治州金石录》，甘肃人民出版社，2001，第 99 页。另参见范长风《跨族群的共同仪式与互助行为——对青藏高原东北部青苗会的人类学观察》，2007 年中国人民大学博士学位论文，第 67 页。

② 宕昌县林业局刘工程师在谈到这件事时也非常遗憾地表示，官鹅绿色宾馆不该建，砍了不少好树。他干了一辈子林业，感到太可惜了。立场不同，但从侧面印证了神树的多元价值。

③ 阳爻：两个卦签口均朝上；阴爻：两个背朝天；上爻：一个上一个下。

④ 2007 年 2 月 6 日苗建明访谈。

都是师家，上文也或多或少地记下了我们对其家堂的观察。这里再以鹿仁师家苗伍家保家为例，来记述信仰龙王神的藏族人家的家堂布置（图4-5）。

正壁左端高处（图4-5位置1）架了块木板，上面放着代表藏族女神楚涅（汉名"署涅儿"）的罐子，每个罐里面插着一根棍以及木香。她们保佑家里的牛马牲口，只管各家事情，不管众人。庄子里各家各户在这个位置供的女神还不一样，苗伍家保家有四位，左起依次为：[ŋǒ ñě dei nà me]、[mà zi de se nà me]、[hē ñi pā pē nà me]和[yí gē dǎ gǔ ñè rì nà me]。前两位神是庄子里人家都有的，但只有五六户有后两位神。苯苯家里有的供她们，有的没有。代表楚涅女神的罐子正下方（图4-5位置2）给她们点着灯，放灯的小木板上也贴着"符符"。

墙面中间、柜子上方也钉了块木板，这个地方供常爷手下的将，总称"阃布"（图4-5位置3）。斜倚着大梁的纸卷是西牛神案，大将身份，不能动，也不拿出来张挂。西牛爷的案旁边是四个罐子，每个罐里插了三根棍，代表小将，上面的纸花是将领们的旌旗，木香代表将的伞盖仪仗和衣服。这些将旁边（图4-5位置4）是插在墙上的三根棍，连带棍头上的纸花和棍身上的纸帘总称为"恪"，代表挑选日子的神，专门管算卦这一套。垂吊着的白色剪纸称为[mō gú sū gu]，是通藏汉、能掐算的神；棍头上插的纸花称为[mō gú dá ba]；[mō na sǒu jie]代表三朵花全在内，是看日子的藏神，也懂汉话。

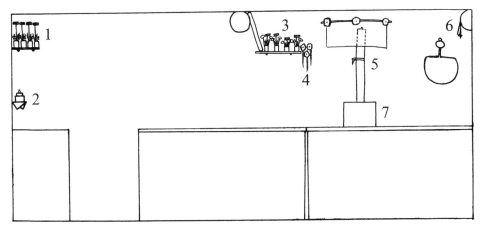

图4-5 鹿仁师家苗伍家保家堂布置示意

　　柜子上摆着阿巴的衣物箱（图4-5位置7），上面放着卦、灯碗和香盏，家神画像轴（图4-5位置5）直接支在上面。除了师家，一般人家没有这种衣物箱，苗伍家保家还在上面放了羽毛掸子，两旁设花瓶。家神案平时捆成卷轴，竖放好，顶头上横挂白色剪纸遮挡像轴，开案悬挂起来后剪纸正好遮住主尊的面部，因此称为遮面（图4-6）。遮面一年换一茬，必须在打春之前剪新的来换。剪遮面（当地称 [sē na zhē miàn]，似结合了藏汉两种语言）也需要挑日子，到了冬天算黄道吉日，沾了家神的日子（即家

图4-6 除夕鹿仁师家苗伍家保家堂展开后的神案

神的好日子）来剪。只有供奉龙王神的师家主事才能剪遮面，鹿仁庄子里就有好几位，但是有几个"剪不出数"（方言：剪不好）。请谁来剪不挑姓，鹿仁庄里苗伍家保剪得比较多。房东苗建明家就是请他来剪的，于腊月十一晚上把去年的摘下来，换上新的。年三十晚上把家神画像挂起来，对着神案点蜡、烧香、磕头。不过家里有老人过世的话，三年内是不能拆案的。除夕苗伍家保家开案，我们看到主案神左上位置安排观音菩萨（图像上看是合掌跌坐的佛装人物），右上侧安排的是道士装束的药王和药生[①]，主案神头右侧还有三身骑马、握金刚杵或剑的"腊嘛"[②]，鲜明地体现了民间信仰中诸神杂糅的特点。

最后就是正壁上方右端靠着梁钉着块红布（图4-5位置6），代表常爷手下的男将[zhá gi]，相当于他的左膀右臂。旁边稍低点的地方还醒目地挂着羊皮鼓，这是师家的一大标志。

虽说鹿仁是常爷管辖的地方，但是庄里人家家堂里不一定主供常爷。一般来说，苗家一脉祭拜的神大体相似，毛家、乔家拜的神可能不一样。苗伍家保以及苗满才、苗建明家供的是红面的尚砂龙王，应该就是常爷了。[③]我们看到的毛家神案主案的是尚砂有感龙王、硃砂龙王（当即赤爷）和金丝娘娘，共计三位。乔家一共四户，除了苯苯乔明军家，有两家循旧俗婉拒我们参观家堂，只告诉我们和毛家的是一样的。后来我们在乔想娃家看到的家神画像由黑沙周爷龙王和吴沙龙王主案，附祭太□（泰爷）、常沙、张沙、赤沙和金四（丝）娘娘诸龙王，画面较潦草，不知是否具

① 从佛教角度看，以西方净土的观音菩萨对应东方净土的药王和药上菩萨，这样配置是合理的或者说渊源有据。但是汉地有自己的药王信仰，可能转而从道教的角度崇拜药神，因此画面上表现为以道神对佛神。疑苗伍家保家堂神案榜题的"药生"即药上，可能从字形或者字音角度"上"转讹成"生"。

② 我们一直以为是藏传佛教中的"喇嘛"（藏bla ma）也就是上师，后来在乔家湾才知道"腊嘛"并非喇嘛，当地读音也不一样，只是我们不能从语言学角度记录其中的区别。第五章中将叙及腊嘛。

③ 我们询问尚砂龙王与常爷的关系，得知尚砂龙王相传是三国时代的赵云，封神之后成为龙王，常遇春和尚砂龙王是一回事；关羽也是一回事，当地叫作泰爷，宕昌高庙山也奉关羽。这种说法与我们了解到的泰爷是黄飞虎的说法迥异，看来泰山府君的原型在民间文学中有不同的版本。不过高庙山上的确有一座殿堂内供奉刘备、关羽、张飞三尊像，关羽是泰爷的传说或与之相关。另画像上的尚砂龙王（参见图4-12）面如重枣，这或许是村民认为尚砂龙王和关羽"也是一回事"的理由之一。

有代表性。

鹿仁庄杂姓人家很少，我们看到的杨家神案亦祀尚砂龙王。另一户李家开了两个神案，一件是文财神像，"昨为大臣忠良将 今作人间福禄神"，通常来说多是比干或者范蠡，或与李家原来经商的经历有关；另一件则是西牛爷像。前文已提到藏族人家的西牛爷案通常不拆，李家的做法或反映了汉人藏化后保留原部习俗的情形。①

阴坪师家苗虎元家家堂神案比较特殊，遮面下面的木板当中也支着两样神案：靠左的一卷是家主常爷像，案上有三名腊嘛，分别是常腊嘛、杨腊嘛和吴腊嘛；靠右的一卷是乔腊嘛像——上面绘三大古佛，中间体量很大的是乔腊嘛，下面的三名腊嘛就是其弟子了。由于常爷带来了腊嘛，供养时两尊神就放在一个坛子里敬。②此外也有需逢大事才能展案的西牛代海像，据描述画面顶端绘三大古佛，类似我们在李家和下坪阴阳先生家见到的画像（参见图4-3）。神案的右边有两个"殊玛（[mā]）"，即泥做的底座，上面各插三根签；左边内侧是插着十三根签的"达莫"，外侧是插一根签带红布条的[zhá gi]。遮面左侧还有一个殊玛，墙壁左端高处是楚涅，只有一位，如前所述是赤爷从舟曲带来的藏族妻子。左侧壁靠内位置还是山神的将——副神像。

由于特殊年代的原因，老神案在1962年、1963年前后都烧掉了，春节期间我们在宕昌亲眼看见的家堂神案的绘制时间都并不久远，如下坪阴阳向伍进有家落款为"公元一九八〇年十月初十日 庚申年"的玄武案和"持萨龙王"（即赤砂龙王、赤爷）案；上文提到的毛家神案墨书年款"公元一九八一年二月初六日落墨二月初十害（亥）时开光招神安位大吉大利"；杨家神案"公元一九八一年二月初十成（戌）时招神安位"；李家财神案"公元一九八七年九月十七画巧完"；水泉坪杨小明家神案之一、黑池盖国与常腊嘛合案神像题"公元二〇〇五年十二月初八日丙申黄道辛卯时招神安位大吉大利宜用显贞星三合神会日大吉"。总的来看，大部分神案绘制于"文革"结束落实宗教政策、恢复宗教活动后不久。

---

① 关于鹿仁李家的情况会在第七章"现代宕昌藏族的汉化、藏化与羌化"一节详述。
② 遗憾的是我们不够敏感，把腊嘛混同于喇嘛，忘记追问苗虎元有关"常爷引下腊嘛来"的具体说法。

相对较早的是宕昌私人收藏的一件黑爷像轴（图4-7），款题"一九五五年古三月廿六开笔润（闰）三月初一癸丑黄道招神安位大吉大利"。据藏家讲述，这件家堂神案出自临近礼县南坪村 [1] 的汉族人家，这家有人生了病，需要重画家神像，所以原先这一幅就撤下来了。这是一件很有代表性的作品，画工颇精，线条匀细，使用的矿物质颜料毫无起甲脱落，完整如新。下端留有缝纫痕迹，针距逾寸；左右边沿剪出一道道的波浪形弧线。构图饱满充实，众多眷属围绕主尊，神灵名号写在弯弯的笏板

图 4-7 汉族家堂神案黑爷像。1955年绘。私人收藏

上，大部分形象可知尊格，也有几位神灵仅榜题名号而未绘出形象。主神微怒相，赭面，骑马，眼睛瞪得滚圆，笏板上题明"家堂香火黑池盖国正神之位"。[2]他身旁的文职官员细长眼睛，包括龙王、左司右司的元帅等等。另外四身也是睁大眼睛微怒相的骑马神灵，分别持钺斧、角号、白螺和金刚杵，至少后两位使用了藏传佛教中的常见法器；帽式各不相同，持金刚杵者更像藏式三叶法冠，身着敷搭右肩的红色袈裟，只是服式并不够准确。这些细节使得典型的汉式神像也透露出藏汉边缘地带独特的地域文化特征。画面右上角题写"上天童子"，左下角题写"入地使者"，凸显主尊职司人间。

近年间作为家神的龙王爷信仰也渐渐转淡。如在外出上学和工作的人都较多的新坪，前些年还信，这三四年不信了，觉得那是迷信，没有用。好多人家盖新房，就不剪遮面不安顿家神了。[3]立界现在新修的房子也都

---

① 按南坪村位于礼县北部，靠近武山、甘谷、天水，与宕昌并不邻近。待考。

② 宕昌县志办的同志告诉我们这位黑池神在清水乡的庙里也供养着呢，言下之意应是那里的主神。查宕昌无此地名，岷县设有清水乡（现为镇），而岷县的黑池爷胡大海本庙在西寨镇田家堡村，涂朱爷雷万春本庙则在清水镇大路村。姑备一说。

③ 2007年2月26日杨清元访谈。

④ 2007年3月3日杨吴生换访谈。

没安家堂神（[luó yé]）。④

  龙王爷除供奉在各家家堂而外，村中亦有庙。乔清宝说黄家湾有一座小庙，庄子里的人也说有一座"尕庙庙"。这样的小庙一般来说供奉的都是一些民间信仰的神灵。听他们的口气，就觉得庙肯定不大，但到庄子边上一看，这"庙"也实在小得出乎我们的意料（图4-8）。仅仅是几块石板垒起来的简易神龛，里面有块石头上写着一些神的名字（文字转录于图4-9），和我们在大河坝沟和官鹅沟看到的神案类似，只是这里因为简单只写着名字，而没有图画。从石头上写的内容，我们得知在黄家湾，人们供奉的神灵是"四龙万花"和"辟沙龙王"，和杨姓、苗姓、毛姓的神不大一样。从外表上看，这个小庙刚刚有人拜过，前面在雪下露出几炷香来，里面有块红布搭在神位上。村里的人们告诉我们，原来的庙被毁了，没有重建，就在原址临时用石头堆了这么一个小庙。神位格局与家堂神案相若，如原先的庙有像设，应该也不出这个范围吧。

图 4-8 黄家湾龙王神庙旧址上临时搭建的"尕庙庙"

新坪的小庙（图 4-10）是 1983 年重建的，匾额题写"神明如电"，款署"新坪大队全体群众"。庙前两株云杉参天伫立，令人肃然起敬。前廊左右壁分别描绘宛若乡绅的随庙土地与持斧的逢山开路；庙正中塑像，前面挡着木板，塑像面相柔和，头戴凤冠，身披红袍，端坐轿式宝座上，面前垂下红绸轿帘，这位女神应该就是金丝娘娘了（图 4-11）。像坐在神轿上，也是为了方便异神巡游。两侧壁壁画仿诗词花鸟条屏，营造出起居空间的氛围，正壁绘制两主两次四身神像，即金丝娘娘和捧笏端坐圈椅上的"金花小姐"（图 4-12），以及"赤砂龙王"与"山海龙王"。

上天童子

敕封绿姑娘娘之位
敕封绿姑娘娘之位敕封辟沙龙王

前三位　　后四位　　敕封二位神住

　　　　　　　　　随庙土神
金花小姐　　　　六位将军

逢山开路　　黄喇嘛有感

　　五位喇嘛

入地郎君

图 4-9　黄家湾神龛神位

常爷的故事

龙王神在什么地方供奉着，就说明他们对那

图 4-10　新坪金丝娘娘神庙。1983 年重建

图 4-11 金丝娘娘塑像。新坪金丝娘娘神庙

图 4-12 金花小姐壁画。新坪金丝娘娘神庙。
1983 年张子敬（"三少爷"）绘

里有特别的贡献，类似于地方神。村民们说，这些龙王神从最早的时代就在当地居住，保佑着当地的平安，因而他们一直信奉这些龙王神。

鹿仁就是常爷所管辖的地方（图 4-13）。常遇春（1330～1369 年）是为明开国立下赫赫战功的常胜将军，身后获得"追封开平王，谥忠武，配享太庙，肖像功臣庙，位皆第二"[1]的殊荣（图 4-14）。其祠祀遍布全国，在洮州被尊为十八龙神之首座。[2]临潭县传说常遇春曾娶藏族女子为妻，因此当地藏族视之为姑父。[3]该地冶力关周边有一处高山湖泊原名冶海，

---

① 《明史》卷一百二十五"列传第十三·常遇春"。
② 参见王淑英、郝苏民《洮州龙神信仰现状的考察报告——以常遇春（常爷）崇拜为中心》，载《西北民族研究》2009 年第 4 期。
③ 参见王淑英、郝苏民《洮州龙神信仰现状的考察报告——以常遇春（常爷）崇拜为中心》，第 154 页注 4；武沐：《洮州湫神奉祀文化的解读》，第 187 页。

图4-13 鹿仁苗满才家堂神案局部：
　　　　主案尚砂龙王（常爷）

图4-14 常遇春像。明·王圻辑：《三才图会》
　　　　（明万历刻本）

后因旁边有常爷庙而得名常爷池，而它同时也是藏族虔诚朝拜的圣湖"阿玛周措"。

新坪信赤爷，在这里我们看到了金花小姐和山海龙王共同主案、赤砂龙王和金丝娘娘共同主案的两幅画像。据杨彩元说赤爷是这一带藏民最大、最老的祖先，这一出自老苯苯之口的说法颇值得关注。依阴坪师家苗虎元所言，除金丝娘娘之外，赤爷还有一个藏族妻子"楚涅"，这位女神是赤砂龙王从山后（舟曲）带来的，有赤爷的地方就有她。这些传说进一步丰富了龙王神作为人位神和家神的内涵，并展示了龙王神信仰在宕昌藏族心目中的地位。

苗伍家保的家神供的是常爷，而龙王神的祭司阿巴如何习得，据他说也与常爷有关：

　　　以前有个圣人，也就是常遇春，他是汉人出生在藏人地方，自己转成了我们的人位（神）。根据他的出生传，原先是朝中一个大将的权力，以后转成神了，但是人不知道，他就又转成人，传下来他当大将时做下事情的过程，传下来的这一套事情就是阿巴，跳的也是他行军打仗的过程。阿巴就是这么学的。①

甘青很多地区的藏族，都被认为是吐蕃军队驻留在当地并慢慢演变形成的族群。这种军事特征在祭神时往往有所体现，例如舟曲的摆阵舞（藏 dmag gzhas）②、热贡六月会上的军舞"莫合则"（藏 dmag rtsed）等。换个角度看，汉族为主的洮州迎神赛会也被认为留有当年明军冲锋攻城的影子。③

师家们在讲述各龙王神辖地的时候，一会儿藏地方、一会儿汉地方，老实说我们经常记着记着就糊涂了，这也正是汉藏政治、军事势力在这一地区反复拉锯的真实反映。苗伍家保告诉我们，阿巴没搭衣前还可以吃鸽子和鼹鼠（[hǎ hà]④），搭衣、成为龙王神弟子之后就不能吃了，因为藏民早年间打仗时，鸽子和鼹鼠都曾经传递过消息。早年间打的这仗，何时、何地、对手是谁，在村民的记忆中已无确切的线索。现有的研究成果多把洮岷地区的龙王神信仰追溯到明初对功臣的封赐，成囤军户对将领的忠诚，江淮汉族移民对故俗的移易⑤，等等；而龙王神如何从以征服者姿态出现的地方保护神转化为家堂之主，藏族在汉藏不断拉锯的历史中如何接受并参与到这种信仰中去，仍有很多问题留待我们去探讨，这不是给赤爷或者常爷配以藏族妻子就能圆满解决的。⑥

需要关注的还有，在洮州和甘肃更广大的范围内，一种流传较广的说法把龙王神和家神严格地区分开来：前者的主体为明初的开疆守边功臣，

① 2007 年 2 月 7 日苗伍家保访谈。
② "玛谐朵迪"，简称"玛"（军队）。朵迪为当地原始舞蹈之一，汉话称为"啰啰舞"，参见马盛德、胡晶莹《寻找远古的记忆——甘肃舟曲的"朵迪"舞》，载《艺术评论》2007 年第 6 期。另可参见闵文义《东迁蕃民与舟曲藏族——舟曲藏族渊源初探》，载《西北民族大学学报》1984 年第 2 期。
③ 参见陈建中、付中兴《临潭县端午节迎神赛会之由来》，载临潭县新城文物管护委员会编《洮州史丛》第 2 期，1994，第 10～16 页。
④ 疑为汉语"瞎瞎"的当地方言发音，形容常年在地下活动的鼹鼠视力退化。康熙《岷州志》第二卷"舆地上·物产·毛族"记载："哈哈 小于黄鼠，目细而深，俗名瞎瞎"（《岷州志校注》，第 78 页）。
⑤ 柯杨：《苏皖古俗在甘肃洮河流域的遗存》，载《江苏社会科学》2000 年第 3 期。
⑥ 在更大的范围内看常爷也是一个很有意思的个案，参见王淑英、郝苏民《洮州龙神信仰现状的考察报告——以常遇春（常爷）崇拜为中心》，第 147～158 页。

而后者的主体却是战败者——"我们这儿家神多得很，（临潭）冶力关这块儿的家神主要是元朝的，有鞑子大郎、鞑子二郎、鞑子三郎、鞑子四郎、鞑子五郎。元朝鞑子番性大得很，他们统治人统治得厉害。"[①]鞑子是旧时对北方少数民族的统称，在元代语境下应有特定指向。在宕昌，我们看到的情况却是龙王神和家神混为一谈。鹿仁提到龙王神（家神）有三爷、四爷和五爷，事迹不详，只知道是赤爷的儿子，而在藏族中非常重要的赤爷也并未对应特定历史人物，这实在是一个疑点——作为家神的赤爷及诸子与临潭的鞑子家神之间有无可能存在某种联系呢？

阿巴，藏族中的师家

龙王神信仰中的神职人员同苯苯和郭巴一样，也不脱离劳动生产。当地汉语称他们为师家，鹿仁庄民用藏话来说叫"阿巴"（[á ba]，或藏 lha pa）；能够行仪的师家也被称为尊师，藏说"克娄"、全称"克娄师哈"。阴坪人的称谓又不同，老年人的发音是"黑巴"（[hē ba]），现在流行叫"和博（[bə2]）"。阴坪师家认为老年人的叫法比较准确，有段神曲里最后一句提及黑巴，至今仍必须按照老规矩来唱。[②]

前面提到的苗伍家保就是鹿仁一带地方上很有名气也很有能力的阿巴。他属狗（1970 年生），已经是村里的老师父了。最隆重的仪式要做两三天，他可以打羊皮鼓连唱带念两天两夜不休，因此这种场合都由他掌台。他告诉我们，学阿巴要有老师父，代代相传，庄里一共几十家子，谁有本事谁学，但有一样限制，那就是只传庄子里的人，姓什么倒无所谓。别的村庄也是一样的规矩。家里有人学过阿巴，那就是阿巴家，就算儿子再不学也还是阿巴家。庄子里大概有十五六户这样的人家，其中现在能当阿巴的有十一二人。苗伍家保本人 15 岁开始学阿巴，学了三年。他的老师父苗王义生是本庄人，当时是三代阿巴，现在已经去世，算起来应该 90 多岁，

---

① 转引自王淑英、郝苏民《洮州龙神信仰现状的考察报告——以常遇春（常爷）崇拜为中心》，第 153 页。

② 2007 年 3 月 1 日苗虎元访谈。

是五代人的祖师了，大家称呼这样的阿巴为祖师，比较起来别人都只是一般人物。小事是苗伍家保等代表来做；大事情还是祖师家主事，就得要他们人家坐下（主持），尽管具体的事情仍由苗伍家保等人来干。

苗伍家保强调阿巴本人没有特别大的法力，比方说他不能堵雨，但是他能请神去堵。祖师家有个大锣，敲起来就能堵雨。其余的法器主要就是扇面形的羊皮鼓。由于苗伍家保个人的本领与组织才能，师家在鹿仁还显得比较活跃。在阴坪，苗虎元告诉我们，师家曾经一度不敢传，政策一开放他就学了。但是，现在阴坪根本没有年轻人学苯苯、师家了。立界也有不少师家，但行的仪少，也很少外出给人行仪。①

阿巴行仪时有特殊的服饰。头上并无帽子，不过却戴着用纸摺的"马头"，看起来像纸折的扇子，藏民、汉民的马头有所区别：藏民的称为"白坛"，是白色的，偶尔可以夹杂黄色，跟白色贴近；汉民的称为"花坛"，颜色是花的，身穿大红色对襟带铃铛的短上衣，下身是绣花多幅罗裙（参看图8-5）。我们在调查期间所看到的师家活动是在正月初八、初九两天城关镇上组织的年庆活动，当时传言全县各处的"十二龙王聚会"，其中阴坪庄出动了羊皮鼓表演。阴坪搭过衣的阿巴有八个，可以配合的有七八个，总共十五六人。初八、初九的羊皮鼓队伍里，搭过衣的、没搭衣的、没学师家的三种人都有，队伍中戴的马头长的就是搭过衣的，短的则尚未搭衣。没学师家的人可以练打鼓参加演出，属于表演性质。但是师家唱的神曲就不容易学了。在阴坪，凡是家传是师家的必须学师家，没有家传的可以自愿学。

很多家堂龙王神神案在画面右下角逢山开路或入地郎君旁会表现一名师家，身着褂、下身围多幅裙、头戴五叶冠（图4-15还特意刻画出头后的白色马头和长辫），手摇羊皮鼓，有的身前还掷着卦（图4-16），可与现实中的形象相参照。

关于师家的来历，除了上文已经提到的苗伍家保的说法，即与常爷有关而外，宕昌比较普遍的说法是从柳四娘传下来的。苗虎元也听汉人师家说，汉藏民都是跟她学的。神曲里有这么一段唱：柳家原本是员外，家里

---

① 2007年3月3日杨吴生换访谈。

图4-15　鹿仁毛家神案（局部：戴白色马头　　图4-16　鹿仁苗建明家堂神案（局部：摇羊
　　　　和"辫子"、摇羊皮鼓的师家）　　　　　　　　　皮鼓、打卦的师家）

四姊妹，柳大娘、二娘、三娘和四娘。四姊妹到外面拾柴，老四四娘在山里得病，请大夫吃药均无疗效，结果就病死了。入棺埋葬之后，却常常为患人间，人们就想或许柳四娘还未死也未可知，打开棺材发现，四娘摇着鼓复活了，鼓曲就这么来的。师家头上戴的马头就是以前女人的头发，包括罗裙也是女人的装扮。[1]过去在龙王神信仰当中，除了师家，还有女巫。七月十一新坪庙会的时候就有两个女巫跳神，她们是"老爷婆娘"，颇嚣张地做出生气的样子，推攘喧闹，甚至拔老爷胡子。师家就打羊皮鼓，家家户户放鞭炮。以前三年搞一次，现在一年一次。现在虽然还有部分老年人在信，但年轻一代一般不信，所以女巫的岁数都在四十岁以上。[2]

---

① 《宕昌民族研究》中记载了类似的传说，见第110～122页。
② 2007年2月26日新坪牛头山杨永明访谈。

师家张罗的仪式

隆重的师家仪式一般在农历十月、十一月或十二月举行，打春之后神事活动渐少。与山神有关的仪式当中，师家要参加九月九谢神的仪式，其余如三月三、闸山等并不参与，这一点与洮岷地区乃至甘肃南部大部分地方差别很大。在宕昌藏族地区，青苗仪式敬奉凤凰山神，由苯苯／郭巴操作。而在甘肃其他地方这属于龙王神信仰的范畴，由青苗会来组织张罗。根据苗伍家保的讲述，记录师家的主要活动如下。

（一）新年祭家堂神

过年前，师家要布置家堂供祭家神，前文已经提及，这里补充一点家堂的陈设，煨桑开案的具体过程就不再赘述了。仍以苗伍家保为例，他家有四位藏族女神楚涅，所以下面供的长钱也就是四根，而且放置供具的小木板上也贴了"马纸"。马纸的材质和叠法跟符符差不多，藏话称为 [xià bé]。家神主位下装满一平斗小麦，里面插十一根签。除了主位签子头上装饰"三头"，即三朵纸花而外，两侧各有两根签子顶上戴"三头"。这代表副神里的大将，没有三头的签子代表小将，而仅粘桃叶状剪纸的短签子，代表的就是兵卒。两侧的大将粘的不是长钱而是三角形的旗幡，一白一黄。遮面两端挂下来黄白二色长钱，代表家神的耳环。斗里面还摆上了卦（参见图2-24）。

（二）五月十二常爷生日

每年拜龙王神有固定的时间。在鹿仁，五月十二是常爷的生日，因为常爷还管着何家堡，所以鹿仁跟何家堡的汉民一起举行仪式。藏汉民祭拜的方式一样，只不过一个村庄用汉语，一个村庄用藏语，但跳神曲的步子两边是一样的。前几年鹿仁庄民前往何家堡参加仪式，后来改成把神像抬到鹿仁来。这个仪式很隆重，需时两天两夜。而且如果某阿巴人家觉得家堂不顺、不平安，会许下大愿，举行仪式，且这样的仪式要以家户为单位来搞。当然，不是阿巴的人家不会许这样的愿，苯苯也不参加这个仪式。不过，这种活动已经五六年没有搞了。

仪式从五月十一晚上开始，在常爷祠里敲羊皮鼓念经，念的内容是祝祷常爷欢喜快乐，就是迎接神灵的意思。晚上要杀羊，羊血染三张马纸，然后烧掉。羊肉煮熟，众人分食，只把羊耳朵（代表头）、内脏和四肢等切一些放在盘子里，连肉汤边念经边夹给神，供在神位面前，代表将整头羊贡献给神。

五月十二一早，把常爷神像抬出来到鹿仁庄小庄的观场上，安置在云杉神树下，面朝南——朝南才是他的神位，别的神未必如此。入夜之后，有十五六位阿巴一起敲羊皮鼓，同时念经和跳舞，意为庆祝常爷欢喜快乐。所跳的舞叫作神曲 ([á ba ní dé ge])，先从东开始逆时针绕到西，然后依次南、北，还有四维，在每个方位上要跳一圈，一共要跳够 12 趟。

五月十三天一亮，再把神像抬回何家堡去，仪式结束。

（三）求雨

碰上干旱年份，师家要上五座山举行求雨的仪式。所需物品有：五面画有虎的红旗，相当于前面开路的仪仗队；一面大锣，即平时存放在鹿仁庄祖师家的大锣；一件铜号，据说其口径有盘子大，号管则有展臂长，平时存放在何家堡的祖师家里；还有就是羊皮鼓。除此而外带上一个尺多半径的大馍做干粮，外加一只小公鸡。这五座山，每座山顶上都有一股水，叫作 [chóu gu]，并不同于山神林的水。走这几座山的顺序是有规定的，先上中间的任伽山，到山顶的泉水旁，把小公鸡杀了，祖师用干葫芦碗舀上点水，念求雨经。之后一同上山求雨的几个人把鸡烧熟之后，分食鸡肉。然后，祖师从山泉里舀水下来，等在半山腰的人接到水之后打起红旗，敲着锣一同下山。等三天，如果雨还未来，再上西边的"热那给"山；再等三天，还不下雨，接着上北山"旮哒噜白"。等三天，如果还不下雨，就上南方的"夏黑图"山；最后上东边的"苏姑波挪"山，这样一定会下雨。1980 年，苗伍家保跟着老师父求过一次雨，那一年走两个山就下雨了。这种求雨仪式以后再也没有举行过。

（四）堵雨

堵雨则只是祖师一人做的仪式，把大锣抬到院子里，祖师边敲锣边念经，时间不长，仪式简单。

（五）"打坏丧"、摔镢头

如果某人家里人容易生病，家畜不兴，或者是有其他灾病，就需要去小庄观场"打坏丧"（音。藏说 [gǎ hū gū du gē]）、摔镢头。届时全村人都来参加，把祖师家的家神像拿出来，面朝南打开，放在案子上。然后请祖师敲羊皮鼓、念经，找一把镢头摔到地上，其含义是把妖邪赶往坟墓里，也就是把不好的东西挖出来赶到坟墓里。之后，宰羊给龙王神还愿，羊耳、内脏等则供给龙王神，羊皮和羊头送给祖师家，羊腿给一般的师家，其余的肉大家分吃。

（六）叫魂

谁家有人生病，需要叫魂（[là bè dé ge]）。先卜算应该到哪个地方举行仪式，不外乎是三个地方，一是常爷所居住的地方，也就是现在的电力宾馆所在的地方；二是何家堡；三是小庄的观场。选定地方之后，要两位以上的阿巴行仪，和家属一起到那里敲羊皮鼓、念经。叫魂也需要宰羊，献祭方法和上面相同。这个仪式耗时一天。

（七）"保障"

通常情况下，无论苯苯还是师家都可以举行叫魂的仪式，但是保障则是只有师家做的仪式。如果谁家的第一个孩子夭亡了，那么就要求家神保佑第二个孩子长到 12 岁，也就是保证孩子成人。孩子出生之后就要念经，然后到 12 岁生日的时候请师家来家里敲羊皮鼓、念经，也要宰羊献给龙王神。仪式的基本过程与前面各仪式相同。

按照苗伍家保本人的分类，师家的有些法事活动并不是集体的活动，多是以家户为单位的小事，包括三种：搭衣、开光与传家堂。

（八）搭衣

搭衣（[kē lù / sē dē gi]）是攒神里最大的事，师家对此十分重视。鹿仁师家苗伍家保、阴坪苗虎元和黄家湾乔清宝分别为我们描述了这个仪式的大致过程。

搭衣时首先请师家选好日子，用两天两夜的时间安排坛场（图 4-17）。先挖一个大坑，栽一根三米长的杆子，杆子下放一张桌子。桌子上左侧放升，里面有献食和弓箭；右侧放斗，里面有献食、香、灯、11 个大旗、14 个纸剪的长钱。往上长杆上捆 12 条长钱，代表十二龙王神。再往上是绑在杆上的十字木板形成的三个平台，上面剪花，这被称为中坛，是三大古佛等寺院神的位置。中坛上面左侧是高粱草，代表文苯苯的山神；左侧的长

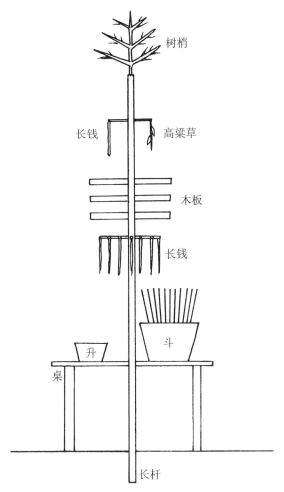

图4-17 鹿仁师家搭衣坛场示意

钱代表武苯苯的凤凰山神。杆顶上是大树尖,也形成三个台,代表天朝神——玉皇大帝、风雨雷电诸神等。鹿仁庄和上下坪、阴坪的坛场各不相同,鹿仁叫"梅([mē])涅",上下坪叫作"玛涅";鹿仁的规模大[1],上下坪的规模小,阴坪干脆没有。如果论起辈分,鹿仁的阿巴是"斋得巴",即爷爷辈,立界算是"阿弄巴",即儿子辈,阴坪只能算"木隆巴"孙子辈了。[2]关于

---

[1] 以桌子大小来看,苗伍家保用 A4 纸比划说一边是四张,则桌子边长将近 1.2 米。

[2] 2007 年 2 月 11 日杨海帆老师惠示。

这一点，在阴坪我们听到侧面的印证：阴坪和鹿仁的藏话发音有所不同，但阴坪人唱神曲时的发音是鹿仁口音，因为人从鹿仁来的缘故。①

搭衣时所用的酒很有讲究：煮酒的必须是 50～70 岁的老人或者阿婆，因为他们干净②、有经验，从下酒麴到搅饭都要由他们来做。抬水则要小女孩，烧柴要男孩子。酒起来装进缸的时候，只能由男人们来封缸，用织不成布的烂麻把酒缸封严。三个月之后重新打开，这时的酒就可以敬神了。屋里燃木香煨桑，一边敬酒，一边跳"拔伊"舞——"伊"即西藏歌伴舞的舞蹈形式"谐"（藏 gzhas）。③这就是鹿仁庄师家搭衣的大致过程。

在阴坪，这一重大仪式里有苯苯坛位，这是法度。要缝"席固"（[xí+e gù]），即 13 个小布包两头束绳串起来。其中第一个是白布袋（图 4-18），里面放上用纸包着的五色粮食、八宝禳物和经文——由于这个小袋不能拆看，所以向我们介绍这个内容的苗虎元本人也没见过其中内容。白布袋上一面还写着一个藏文字（oṃ 唵）和一个"卍"字（这个字在山神牌牌上代表土地）。这里白色代表东方，黑色代表西方，黄色代表中央（他的这件用近似的绿色代替了），红色代表南方，蓝色代表北方。如果他老了，下一代搭衣的时候，只需要把这件东西的第一个布袋拆开，里面再放一个纸袋，苯苯再一度即可，其他的都不用换。所以如果知道这第一个布袋里有几个纸包，就能知道它传了几代人。举行这个仪式的时候"师家的神在下面，人家念经，然后我们跳我们的神"。

十三是个特殊的数字④，席固有十三个布包，家堂神面前的达莫也是十三个。达莫是神名，因为有十三位——用十三根签代表（图 4-19），所

---

① 2007 年 3 月 1 日阴坪苗虎元访谈。
② 认为 50 岁以上的老年妇女干净，估计是因为这些妇女已经绝经，在很多地区人们认为有月经的女人不洁净，禁止参与神事活动。抬水要小女孩估计也是这个原因，小女孩还未来月经。
③ "伊，为藏语音译，在卫藏(除昌都专区外)地区称为'谐'，两者是同一个字的不同发音……伊广泛流传在长江上游（通天河、金沙江），澜沧江两岸的康巴藏区，是一种融舞蹈、音乐、诗歌为一体，较少受宗教影响，是参与性、娱乐性很强的民间歌舞形式"（王晓莉：《青海藏区民间与宗教舞蹈的田野考察——以玉树地区的民间与宗教舞蹈为例》，载《佛教文化》2008 年第 2 期）。
④ 在藏族信奉的苯教中十三是个特殊的数字，如天有十三重，战神有十三位（dgra lha bcu gsum），等等。

图 4-18 十三"席固"中的第一个白布袋。阴坪师家苗虎元藏

图 4-19 过年时阴坪师家苗虎元家堂神案前供的十三"达莫"

以又称为"达莫哲素（藏 bcu gsum，十三）"，上文已提到过春节时苗虎元家供着达莫。师家搭衣的时候，过的"午门"也是十三座：要在神地方搭十三座高四尺五的门，木板画上像，关于这些门的图像苗虎元都有记录。

在川坪沟黄家湾的那一夜，雪越下越大，我们围坐在炕上的火盆旁边，乔清宝给我们讲起了师家搭衣的过程。别看清宝年轻，只有 24 岁，但是他把搭衣的过程讲得非常清楚细致。原来，清宝是黄家湾师家的祖师。按照传统，不到 12 岁是不能搭衣的。他 14 岁搭衣，现在已经是老师父，给二三十人搭过衣了。除黄家湾外，还包括周家峪、水泉坪和阻山（音）的人。最后一次是在 2004 年农历十一月十一在水泉坪给别人搭衣。他对于这个过程非常熟悉。

乔清宝自己搭衣时由他父亲主持，举行了两天两夜的仪式。首先要打卦选好黄道吉日，晚上把全庄的师家请到门前，他向众师家磕三个头，然后众师家坐到炕上，安茶喝酒。父亲头戴五佛冠，把白纸染成花纸做成马头扎上，马头后面还缀有纸做的长辫子，身穿背后有三个铃铛的红色卦衣（这里没有八卦裙，参见图 5-8），手持羊皮鼓，在家堂神位面前唱神曲请神。大概要唱一个小时，先从天上的神灵开始请起，五方五帝为首，下面依次是山神、副神、土神、十二位龙王神，全都要请到。接下来父亲唱请乔门师父（即乔姓家族已去世的老师父）。对请来的神要安顿好，点香、蜡、灯和纸，破愿杀一只羊、一只白公鸡，煮上青稞酒，老师父跪在家堂前，烧染鸡血的纸三张、染羊血的纸五张，打卦交代愿心，意思是告诉神我们给神杀了羊和鸡。拿炕桌放在家堂前，斗里放上荞麦或是麦子，插上纸剪的长钱，点上蜡。五六位老师父手拿羊皮鼓，唱着顺转三圈、逆转三圈，再到门前转六圈。把斗拿到门外去放好，接着唱。唱完后拿出纸剪的山神长钱打卦烧掉，第一天晚上的仪式就完了。

翌日早上，老师父把他家四个神案全拿到场里，挂到架子上，边打边唱，没有步伐要求，唱的也是请神的内容。用竹管、柴或者木棍搭起十三道门（"打慕"，音近阴坪的达莫），门高两米，排成一行。门柱中间劈开放上楬板（相当于门楣），十道门的楬板画上符号（图 4-20），再接着唱跳。在老师父的带领下顺转三圈、逆转三圈，带领他逐次穿过十三道门，再打卦，老师父再用刀一道一道地把门砍毁，拆十道留三道。这留下的三道门抬起随便放在东边的地方，烧纸，再打卦，回家。场内的仪式到此结束。

晚上回家还要请神，打卦，架起锣鼓和羊皮鼓，八位师家在家堂前站成两列，唱着打鼓，跳舞，两两背靠背要鼓，顺转、逆转、脚套脚、手套手，动作让人眼花缭乱，很精彩。最后送神，先从五方送起，然后是山神、土神。搭衣仪式到此结束。

（九）开光

这个词看来借用自汉语。兄弟分家时，分出去的那家要重新画家神像，画可以随便请什么匠人画，但最后都要请师

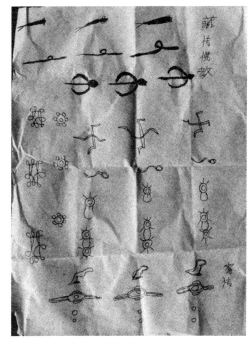

图 4-20　黄家湾师家搭衣仪式上门楣板上要画的符号。乔清宝记录

家祝圣。师家依然要敲羊皮鼓，点上一盏灯，要分家的这户宰羊，羊血染五张纸，先烧两张，等羊肉熟的时候再烧三张。师家要唱上十二段，唱腔分三种。这个仪式一天就能完成。

（十）传家堂

如果某年某家的家畜和家禽不兴旺，那么等冬天腊月宰年猪的时候给传个家堂（[hū hū zhā dè gi]）。

宕昌藏族地区的风俗是一年杀一次猪，杀猪过年，当时吃不了的肉都会抹上花椒和盐，吊在房梁上做成腊肉。过年杀猪，要给家堂神交代。如果立春之后才杀，由于这时已经剪过遮面，杀年猪交代家神的仪式家人自己进行就可以，用不着请老师父了。腊月二十九（2 月 16 日）的时候，我们到毛宝莲家看了杀猪。①男主人削了一根棍，一头削尖劈开一点，另一头削成燕尾形，进家堂拿出三张长方形白纸，沿对角线折叠后夹在棍缝里，

---

① 参见第二章"杀年猪"一节。

准备好木香。把猪嘴捆上，一个人执刀割喉咙放血，大儿子拿着纸染血，染好放回家堂柜子上，男主人揪猪耳朵毛，有人拿铲子铲点柴灰出来覆盖血迹。主人单腿下跪燃纸煨桑，虚叩了三个头，就算完成了。

除了上述师家仪式外，在黄家湾我们还了解到，当地盖房子时先由师家打卦卜算动土的日子，到时舀一碗清水，拿镐头在五个方位挖五个洞，代表五方，然后师家在每个洞里喷上一口水，就可以动土开工了。这可谓安土的师家版本。

如果觉得家里不安宁，但也不是什么大事，布置一下家堂，用斗舀点粮食，里面插上剪纸，一个剪纸代表一个神，跳神的话剪十一个，不跳则剪七个神。在家堂神案前摆一块猪肉，请阿巴来家里敲羊皮鼓念经，走的时候猪肉就顺便带走。许愿的话，羊腿摆家神面前，阿巴走的时候也拿走。

宕昌的各族师家与羌族的羊皮鼓

家堂龙王神是宕昌乃至周边地区汉藏民的共同信仰，汉、藏族的家堂神案在构成方面并无不同，不过具体到敬拜方式上，汉民和藏民还是略有差别的。过年期间，我们遇到一位官鹅村的汉人来鹿仁探亲访友。官鹅村位于官鹅沟口，藏汉杂居，汉族要多一些。这位官鹅村的人向我们介绍了官鹅村汉藏两个民族在信仰上的一些差异。他说，他们以前也信山神，有苯苯，有家传的经书，但是如今不会念经，也不懂了。当然也信龙王神，但是师家的老师父过世了，同样没人继承，所以官鹅村的情况是现在既没有苯苯也没有师家。不过过年时家堂神画像还是要挂的。村里汉藏民的家堂神画得差不多，都是出自同一名画家笔下，只是供养方式上小有差别：汉民不杀鸡，遮面是在集市上买来悬挂的；藏民的遮面一定要请师家剪，而且要杀只鸡敬神。再者，汉民的西牛爷案是跟家堂神案一起张挂的，而藏民除非有特殊重大事件，西牛爷案从不展开。我们特别想了解他家神案主案的谁，他说是一男一女，女的叫九天圣母，男神就说不清楚了。自家的家堂神是谁还不应该张口即来吗？我们听得有点纳闷，然而也不好意思打破砂锅问到底了。后来访谈多了，才知道有些人家知道神案上主案的是谁，随案的就不一定知道了。私底下我们常半开玩笑地说，最了解宕昌藏民宗教信仰神系的，恐怕不是他们自己，也未见得是文武苯苯或者师家，说不定是画神案的那位画师。

服饰方面，汉藏师家戴的马头不同，已见前述。除了官鹅沟的几个村以及新城子藏族乡，宕昌其他地方供奉龙王念经有汉有藏（因为那些地方原来也是藏地方），但是藏说的词当地人不懂，和鹿仁这边的藏语也不同。[①]唱的神曲也有区别，汉民叫作"攒神"，藏说 [luái qíng]，就是请神到一起来的意思。请的神也不同，汉民请的是上元一品、中元二品、下元三品等；藏民要把天、地、五方、凤凰山神野萨请在前面。

正月初八、初九城关镇组织的节日活动中，节目单上的阴坪村羊皮鼓表演其实是师家进行宗教活动的仪式，藏语称"和博"。阴坪师家的祖师苗虎元告诉我们，实际上"和博"是师家神曲里面的一种语气词，每唱完一段神曲，就要有这么一句话，原来叫"黑巴"，后来人们叫转了就称为"和博"，之后人们就把敲羊皮鼓唱神曲的仪式称为"和博"了。羊皮鼓实际上就是一把类似芭蕉扇形状的单面手鼓，鼓面是羊皮的，手柄上还挂有铁环，增加响声。敲的时候，左手拿鼓，右手拿鼓槌。声音并不是很大，听起来和西北地区的腰鼓声音差不多。这鼓几乎就是龙王神信仰的标志，在师家的正屋中居于显眼的位置（图 4-21，参见图 4-5）。如果没有身临其境，很难想象这样毫无华饰的朴素什物在师家手上就能玩出花活，驾轻就熟地掌控人山人海的狂热情绪。羊皮鼓打得好与坏，是衡量师家能力直观而又重要的标尺。县上或镇里组织活动，多罗致阴坪师家参与。鹿仁庄民不服气，夸耀本庄的羊皮鼓打得更好。而黄家湾人对自己的技艺同样颇为自负。

宕昌官方在认定山沟里的藏族为宕昌羌后裔的时候，理由之一是师家或者阿巴们手中耍得翻飞的羊皮鼓跟四川羌族的羊皮鼓是一式的（参见图 4-22、图 4-23）。2008 年秋，我们参与了"5·12"地震后藏族羌族地区的调查，有机会接触到理县、汶川一带羌族端公（现在流行叫作"释比"）

---

① 2007 年 2 月 21 日苗伍家保访谈。

及其仪式（图4-23）。总体印象，羌族端公固然也用羊皮鼓，但二者的形状、舞姿等并不能说明，宕昌师家的羊皮鼓就是四川羌族端公的羊皮鼓。如果细究羌族的神灵世界，和宕昌藏族更是有很大差别。所以很难讲宕昌现存的羊皮鼓和现今四川羌族的羊皮鼓之间存在着内在关联性。

图4-21 师家羊皮鼓。鹿仁苗
伍家保藏

图4-22 纳西族东巴的羊皮鼓。云南丽江东巴文化博物馆藏

图4-23 2008年10月29日理县休溪羌族在端公（"释比"）带领下举行的"转山会"仪式

第五章　佛陀与其他诸路神灵

提到藏族，人们脑海里出现的往往是藏传佛教的种种符号，藏族似乎已与雪域佛地画上了等号。在宕昌的日子里，我们也不可避免地努力寻觅着佛教的点滴痕迹。

龙王神前的菩萨神位

宕昌县正月十六唱戏酬神时，龙王神轿前还在红纸上书写一些客神的神位，插在粮斗里，从中可窥见宕昌地方信仰的神祇之大致种类与范围：

"九天圣母子孙娘娘　神位"；

"供俸（奉）敕封千手千眼菩萨、青狮菩萨、白象菩萨①、本院（？）

---

① 千手千眼菩萨即千手观音，青狮菩萨即文殊，白象菩萨即普贤，三者合称三大士。

护法、哼哈二将、本庙土地之神位";

"供奉三元三品三官大帝、赤脚大仙、本庙土地之神位";

"牛王寺供俸七神……";

"大经堂供俸三大古佛、牛头护神、杂格护神、骡子天王护神之位";

"上寺供俸三官付王、白音菩萨之位";

"钟楼寺供俸观音菩萨、九天圣母之位"。

这些神位一方面体现出汉藏文化的杂陈,另一方面也体现出民间佛教与各路神祇的相互涵纳和包容。

自宋代熙宁年间之后宕昌隶属于岷州,明代的岷州大崇教寺(藏 bsTan pa mtho bavi sde)是西北地区最重要的藏传佛教寺院之一,由岷州高僧、大智法王班丹札释(藏 dPal ldan bkra shis,1377 ~?)创建并在宣德元年(1426 年)获宣宗敕命维修扩建。卓尼的杨土司自明永乐年间受敕封以来,一直是甘青地区势力最显赫的土司之一,同样以建寺崇佛而闻名。入清后舟曲的黄喇嘛也曾以僧纲司的身份管理番族。直接管理宕昌藏族的马土司家族还曾在天启六年(1626 年)出现"嗜佛出家,屡请袭职固辞"的人物。[①]根据周边大环境的历史背景,宕昌出现藏传佛教寺院毫不突兀。康熙《岷州志》第三卷"舆地下·番属·岷番"下列寺院 35 座[②],由其分类以及部分寺院的名称可知,应属藏传佛教系统,其中就包括在今宕昌县境的荔川寺(理川)和格隆寺(阿坞乡各竜村)。老人们说,理川"查理寺"现在还有大神,牌坊上也画有三只眼、踏牛的副神[③],或即文献记载中的荔川寺。昔时大崇教寺东庑堂藏金汁书写的《甘珠尔》大藏经两部,西庑"有以本教的持宗印师嘉戎哇·扎巴坚赞(藏 rGya rong ba Grags pa rgyal mtshan)向皇上呈献的本教《丹珠尔》经为蓝本的墨书本教《丹珠尔》经,包裹同上"[④],从苯教藏经在佛寺中获得的待遇规格来看,即便藏传佛教在政治上最辉煌

---

① 《马氏世谱纪略》(宕昌马土司后裔马宝珍藏),转引自陈启生《宕昌马土司家谱研究》,载《宕昌历史研究》,第 192 页。

② 《岷州志校注》,第 80 ~ 81 页。

③ 2007 年 3 月 2 日杨有顺保访谈。

④ 智观巴·贡却乎丹巴绕吉:《安多政教史》,吴均等译,甘肃民族出版社,1989,第 643 ~ 644 页。

的年代，它与苯教在岷州地区也是并存的。

宕昌藏话里寺（[á guó]）和庙（[lù guó]）分得很清楚。[1]我们要是不留神说混了，村民们会马上纠正。对于他们来说，"庙"和"寺"是完全不同的两个信仰体系。杨海帆老师曾给我们举高庙山和祥云寺的例子，来说明当地道教势力压倒了佛教势力。而在藏民中，苯苯信仰和龙王神信仰也压倒藏传佛教信仰。尽管如此，藏传佛教的踪影仍不难寻觅。在外部力量对宕昌藏族的民族识别产生疑问和压力的时候，藏民们也主动强调起这些历史痕迹。这在鹿仁表现得格外有力，因为，这里还存在着一座佛寺。

鹿仁小寺：历史与传说

在我们的印象中，"典型的"藏族应该是信仰藏传佛教的，但是在宕昌我们既没有看到披着红黄色僧衣的出家人，也没有看到随风飘扬的嘛呢经幡。鹿仁庄的人说，他们以前的寺院在"文革"时毁掉，改成生产队的牛马圈，前不久刚刚进行了整修。那么这座寺院真是藏传佛教的寺院吗？

我们急不可待地想知道答案。住进鹿仁庄的第二天，在小菊的带领下，我们就跑去看寺院。鹿仁寺位于小庄东北边通往下游村寨的道路旁边，这里是庄子里比较高的地方，也在庄子的最东边，公路修通以前还是进村的主要道路。寺院正在修整，尚未完工，门口还横着几根粗大的木梁。院门紧闭，从门缝中可以看到寺院的院子并不大，寺院建筑也比较小，看建筑样式有点类似汉族的庙宇（图5-1）。

据说，寺院里以前塑有八大金刚、四大天王、三大佛，还有菩萨的画像。按照通常的规矩，四大天王塑在山门殿，三大佛供在正殿里，那八大金刚是谁呢？后来倒是听新坪苯苯杨清元提起过，语焉不详。"文革"以前，每年正月初一、正月十五家家要到寺院里面点灯。每年的九月十五是寺院的生日，要请外地的喇嘛来庄子里念上几天经，一般要做两到三天的法事。"文革"时期这类活动都被作为"四旧"破掉了。小菊告诉我，有一位老

---

[1] 2007年2月21日苗伍家保访谈。

人是管理寺院的,她带我到老人家里,结果老人到女儿家小住,不在庄子里。老人的妻子说,过几天老人才能回来。老太太似乎身体不大好,说话有气无力,我们和她简单聊了几句,就离开了。

等过了一年半,我们再来到鹿仁庄的时候,这位老太太已经过世,庄里依然有寺无僧。不过与城关的高庙山类似,寺里也有俗人住守,打理香火。这是一位小时就在寺里的苗姓老人,80 岁,属猪[1],名叫"醋加醋"——寺里面的喇嘛给他起的藏名,也就是说,至少在 20 世纪 20 年代,寺中还是有过喇嘛的。[2]杨有顺保老人证实说,他小时候寺里是有几个喇嘛的,舟曲九原过来个老喇嘛,山后过来的喇嘛也比较多,但是因为鹿仁庄小,

图 5-1 鹿仁寺山门与大殿

① 此据 2007 年 2 月 3 日访谈。属猪应出生于 1923 年(85 岁)或 1935 年(73 岁)。
② 2007 年 2 月 14 日晚访谈苗建明时聊及这里取名的习惯,他补充说,"醋加醋"是后来叫白了,本来取名是"擦加擦"。这个喇嘛当时路过这里,也许相当于游方的性质,不一定曾经住鹿仁寺。"擦加擦"是什么意思建明不知道,一种可能是这个喇嘛的语言和本地有差距,另一种可能是喇嘛取的是具有佛教色彩的法名,对当地村民来说比较陌生。

养不活，喇嘛们逐渐都走了。岁月流逝，僧人脱离生产依靠供养的生计渠道、不以血缘作为维系纽带的传承方式以及孤单的处境，多种因素的作用致使村里还有苯苯，却没了喇嘛。鹿仁寺自从 1983 年恢复以后，20 世纪 80 年代从文县来过一位喇嘛，住过三年，后来走了。前两年又曾请过一个喇嘛，但是他不正派，"胡日鬼"，就被赶走了。[①]所以现在寺中仍只有苗醋加醋住。还有一位住家老人——也就是小菊带我们去找的人——毛顺保对寺事颇为热心。他说，鹿仁寺是国务院批下来的正规宗教活动场所，宕昌其他地方都没有批，没有批的原因是他们都不是藏民了。老人显然因为这一点深感自豪。

现在整个村庄少有人到寺院里来，只有两位老人点酥油灯，燃木香煨桑，拜拜而已。在老辈人的口中，这个寺的历史很悠久，而且跟鹿仁庄的生存发展关系非常密切。杨有顺保说，明朝时候鹿仁庄原来叫作"木仁"庄（沟）。由于藏民经常叛乱，官兵就来剿木仁沟。鹿仁寺原来在鹿仁大庄，后来才搬到小庄这面来的，名叫"梅隆／梅禳"寺。三大古佛不杀生，村民却在寺中杀猪，触动佛怒，因此鹿仁庄瘟疫流行。当时大庄有一百多户，比现在人口多得多。小时候他还见过寺原址上的石头、石柱子。[②]毛顺保也说：

> 我们这里（指鹿仁寺）从古以来先人盖下的……我们这地方原先有九十九户，只剩一户没有上一百。后头杀了一头大大的猪，人都死完了，因为佛不杀生。那是薛仁贵征东、"王映来"征西的时候的事情。一辈一辈先人传下来的。[③]

这个以九十九户——寺里杀猪——瘟疫——人口差不多死光为主线的传说，我们在鹿仁庄民口中多次听闻，有人还说是给山神杀羊才慢慢好转，

① 杨海帆老师曾创作一幅国画作品《罗汉化缘》，他讲鹿仁有寺无僧。后来外边派了一个年轻的僧人来，时不时在村里晃悠，也算是一个亮点、一道风景，"有些意思"。可能就是村民说的这一位。
② 此据 2007 年 3 月 2 日杨有顺保访谈。
③ 2007 年 2 月 3 日毛顺保访谈。

人口才又多起来。①另一种说法对寺迁址的解释稍有不同，原因不是瘟疫而是战事：鹿仁寺原来叫木楞寺，因为原来这里有一个木楞大王，时间非常悠久，寺原来不在这里，在沟的对面，王映来征西时，寺院被毁，喇嘛全都跑了，后来就迁到鹿仁庄。两种说法都把变故放到王映来征西的时候。我们最终也没明白老人们口中与薛仁贵征东相提并论的王映来征西到底是哪一出。有限的历史文献记载不过是王韶（字子纯，1030～1081），北宋熙宁年间凭熙河之役收复宕昌等地；或是王弼（1332～1394），明洪武"十一年（1378 年）副西平侯沐英征西番，降朵甘诸酋及洮州十八族，杀获甚众。论功，封定远侯，食禄二千石"②，都未必与以上传说相符。③搬到小庄来之后，木楞寺可能也不在今址，苗刘荣保补充说是在小庄苗建明家现在的位置，后来才搬到小庄东头去的。20 世纪 60 年代，盖仓库时，还在原寺址撬出过青砖。苗建明家附近曾发现填埋过五种粮食和木炭，说明原来这里有过房基，后来因为某种原因被废弃，类似的发现还有几次。

作为"鹿仁佛教寺院管理委员会"原会长，毛顺保对近年寺中诸事项颇知底里，零零散散告诉我们一些有关寺院运转与修复维护的事情。在1949 年之前寺院是有收入的，如果某户人家没有后代，人们就将他家的地捐给寺院，寺院再租给别人种，一亩地的地租是五升粮食，用来给佛过生日。1949 年前，举行佛诞活动一年要 1 万块钱，乡政府给 3000 块钱，甲保长出 3000 块钱，剩下 4000 块钱寺上出。"文化大革命"的时候，寺院毁了。到 1983 年的时候，落实政策才又重新建起了寺院，20 世纪 90 年代拆掉之后又重修过，2005 年再加修缮。我们第一次来的时候，寺院正在修缮。老

---

① 还有一种看法，认为鹿仁旧寺原来在大庄的大场（晒场），那里很不安宁，大概在清代就搬到现址。在寺里杀猪导致发生瘟疫的事应该发生在小庄寺址。所以，又传说以前其实是小庄人多，由于瘟疫的缘故变成大庄人多了；至于现在重新发展成大庄人少、小庄人多，那是后话了。若依此说，瘟疫发生在清代，迁址小庄之后。一时难以详考。

② 《明史》卷一三二"列传第二十"。

③ 县志中记载的民间传说（未提及搜集地）有洪武（1368～1398 年）初年，王玉璉与官鹅沟木楞大王三花公主的爱情故事，或与此王映来亦相关，见宕昌县县志编纂委员会编《宕昌县志》，甘肃文化出版社，1995，第 566～567 页。我们在宕昌调查的时候，经常听到王玉链（见第七章"立界山上的'活字典'"一节）或者王映来（见第八章"佛在心中"一节）的故事，疑二者可能是同一人，因为当地口音有出入的缘故，我们当时记成不同的名字。

人絮叨着现在的政策：

> 钱是有呢，钱一级一级抓走了，不到我们手里。……我们不管了，交给年轻人，现在就是支书一个人，当（鹿仁寺管会）会长。年轻人事情搞不成。电力局盖房子，给了我们两万块，又贷了一万。还剩下7000块钱，就保存着。年是（去年）花了3000，今年拿走3600块，给我打了个收据。就是这么个搞法，糊里糊涂的。我们就没法管了，不管了。每年九月十五日三大古佛的生日，……一次要请八个喇嘛。今年没有请，因为没有钱，那3600块被村上拿走了。……①

四月初八是释迦牟尼佛诞，把九月十五设为三大古佛生日大概是地方特色。大概看我们听得很专注，老人谈得很有兴致。九月十五的庆祝活动比较隆重，每年这时要从舟曲请八个喇嘛过来。其中一个喇嘛今年78岁，因为寺里的画（应该是2006年重绘以前）是他画的，有了交情，就总请他来。除了这个节，还有就是初一十五各家都要到寺里来上香。平时很少有人到寺院来。

鹿仁小寺：收藏文物与壁画

鹿仁寺现有建筑包括山门、厢房与大殿，形成一个小小的闭合式院落。和甘青地区的很多藏传佛教寺院一样，建筑采用汉地式样，但大殿屋脊正中系着红布的宝瓶和一对卧鹿仍体现着藏地的特点。大殿顺着山势而造，体量虽不大，却有着令人仰视的气魄，只是绕殿没有留出转经道的空间，不符藏传佛教徒右绕礼拜的习惯。它修葺完工没多长时间，不过寺中毕竟保存着当年的文物——两块有头体（藏 dbu can）藏文木雕版。其中之一（图5-2）铭刻藏传佛教咒语多组。以清晰可见的第二行为例：

---

① 2007年2月3日毛顺保访谈。

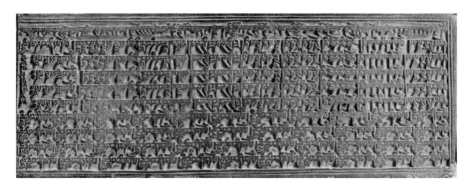

图 5-2　真言木雕版。鹿仁寺藏

na mo ra tna tra yā ya/ oṁ kaṃ ka ni kaṃ ka ni/ ro tsa ni ro tsa ni/ tro ṭa ni tro ṭa ni/ trā sa ni trā sa ni/ pra ti ha na pra ti ha na/ sa rbba ka+rmā pa raṃ pa rā ṇi me sa rbba sa twā nā nytsa swā hā/ oṁ ma ṇi pad me hūṃ/

主体部分为阿閦佛（藏 Mi vkhrugs pa 不动佛）真言①，最后一句为四臂观音六字真言。又如第三行及至第六行全同，主体亦为阿閦佛真言部分，唯最后一句换作金刚萨埵名号咒 oṁ ba+dzra sa twa āḥ。以下直至最后一行第十行不断重复六字真言，每行各十一遍。可见这是一块以阿閦佛真言与四臂观音真言为主的印版，而阿閦佛与四臂观音信仰在藏地十分流行。版面黢黑，局部磨损，可见当年曾经反复印刷。

第二块印版一侧空白，另一侧横列三部分：两个文字页与一个标题页。每部分均作藏式经书的横长条形，页面未留出梵箧装的装订圆孔部分。标题页与文字页头顶头，标明"三时诸佛"（//dus gsum rgyal ba ma bzhugs so//）。文字页一相对清晰，以"三时诸佛智慧与慈悲的显现"（//dus gsum rgyal bavi mkhyen brtse gcig bsdus ba//）一句起首，与标题页相呼应。右侧纵向标记小字页码 rus rgyal gcig，可见此为第一页。文字页二中部漫漶较重，小字页码为 rus rgyal gnyis byor/，正文为礼赞性措辞，录第 2～3 行部分内容并试译如下：

---

① 属事部，参见中国藏语系高级佛学院研究室、中国佛教文化研究所编《藏密真言宝典》"出有坏不动金刚十三尊主尊种子及真言"，宗教文化出版社，2001，第 76 页（个别字眼略有出入）。

/skye bu kun tu yang dag bla ma dang /永生与真上师

/vbral med chos kyi dpal la longs spyod cing /不分离，领受佛法的吉祥。

/sa dang lam kyi yon tan rab rdzogs nas /愿地、道功德圆满，

/rdo rje vchang gi go vphang myur thob shog /速证持金刚果位。

持金刚是藏传佛教噶举派尊奉的本初佛（梵Ādi-buddha），七世噶玛巴的根本上师绛贝桑布（藏Ban sgor vJam dpal bzang po，活动于15世纪）在证得大手印时撰《持金刚短颂》（藏rdo rje vchang thung ma），在噶举派中非常流行。这段文字与其末偈相同，后世也用之作为上师祈请文。①这对于探讨雕版年代及宕昌藏传佛教所奉行的宗派等问题有所帮助。

2005年寺修缮完后，翌年请了三位画师来绘制壁画。他们花了三个月时间，寺管会为此支付了一万元。我们到鹿仁的时候绘画工作刚完成三个月，壁画簇新。大殿前廊左右两侧壁上分别画着汉式的土地（图5-3）和衔蛇金翅鸟立像，令人联想到新坪小庙在这个位置上描绘的土地和逢山开路。这里的金翅鸟应该解读为山神，

图5-3 凤凰山神像。鹿仁寺壁画，2007年绘

① 例如宗喀巴亲造《功德本颂》（yon tan gzhir gyur ma）十三偈，后世即加上这段文字，因此现流通版本为十四偈。

和土地一样是本寺的当方护神。殿内正壁壁画佛三身，老人告诉我们是三大古佛：如来、弥勒和古灯。古灯即燃灯佛，这就是所谓的竖三世组合：过去佛燃灯、现在佛释迦牟尼、未来佛弥勒。根据我们的观察，记录殿内周壁壁画内容如下（图5-4）。

两侧壁壁画以四臂观音与格鲁派祖师宗喀巴师徒三尊为主，其他如大威德金刚等也体现出格鲁派的特点，这与格鲁派广泛推进的历史与现实背景有关。村民指认现在的壁画跟以前的基本相似，毛顺保说："从前寺院就有画，和现在的一样，画不能乱画，要按照老规矩。都有下数（规矩）呢，没有下数不行。"[1]当然，由于他们对藏传佛教未见得熟悉，兼之平日很少上寺院，对于现在的壁画是否能反映原貌，我们也持保留观点。例如，

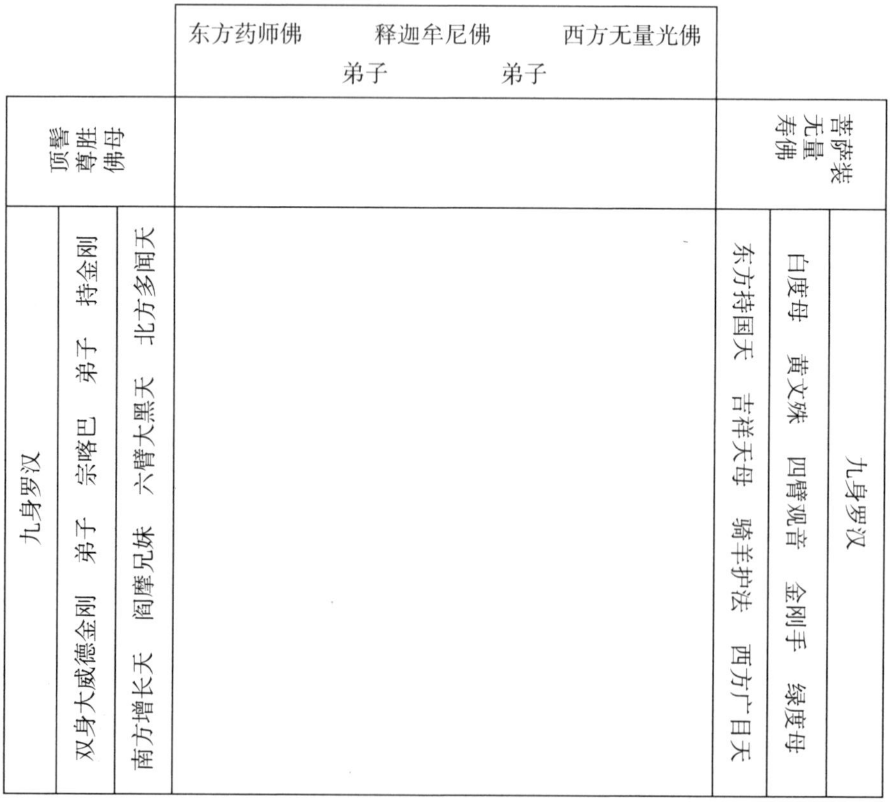

	东方药师佛	释迦牟尼佛	西方无量光佛	菩萨装无量寿佛
顶髻尊胜佛母		弟子 弟子		
	九身罗汉			东方持国天 吉祥天母 骑羊护法 西方广目天
	双身大威德金刚 南方增长天	弟子 宗喀巴 弟子	持金刚 北方多闻天	白度母 黄文殊 四臂观音 金刚手 绿度母
		六臂大黑天 阎摩兄妹		九身罗汉

图 5-4 鹿仁寺大殿壁画内容分布示意

① 2007 年 2 月 3 日毛顺保访谈。

众口一词原来大殿门梁上方画有凤凰山神（金翅鸟）形象，这是可信的，但是现在的壁画已经改成其他图案了，他们并没有注意到。另外，都说寺里供奉的是三大古佛，包括我们在其他藏族村落听到的说法也是一致的，但是无疑现在大殿正壁壁画是横三世佛——释迦牟尼与东方药师佛、西方无量光佛。

在鹿仁寺作画的画师是从岷县请来的，也广受欢迎，从作品上看，他们的线描功夫相当深厚。他们还曾在高庙山画过。我们考察时，看到高庙山正好新修了一座财神庙，里面供关公。其中一位罗姓画师给我们的房东苗建明留下一幅精彩的白描《春秋图》，署款"建明友正之　丙戌年古历六月 / 醉禅斋主明月于鹿仁"，这件描绘关羽读《春秋》的作品或与其设计财神庙壁画有关。苗建明说，罗画师是汉人，并不怎么信神佛，但是汉民的神和藏民的神他都画得很好。这里的民间画师都兼通各种宗教题材，又如当地口碑甚佳的"三少爷"，本名张子敬，他生于 1917 年，70 多岁过世。[1]他精通书画，既留下龙王神的作品（新坪重修小庙），又留下凤凰山神的神案（杨清元，后给他二弟）。

往来经过的玛尼康

从鹿仁小庄东头的鹿仁寺下山出沟的小路上，坐落着一座"牌坊"（藏说 [mā lè]，图 5-5）。20 世纪 80 年代，重修鹿仁寺的时候也对其进行了重修，但是 90 年代再修寺院的时候没有重修这座牌坊，因此仍保持 1981 年重建时的原貌。正梁下的走马板西面中间绘红色身相、跌坐捧宝瓶的菩萨装无量寿佛，其右胁侍为白度母，左胁侍似为绿度母。[2]东面左为文殊，右为金刚手，按照事部三怙主的惯例中间应该是四臂观音，实际图像上四臂神像的持物有所不符。木板的其他位置还零散地贴着长条形的藏式神像、十相自在、经文等木版印刷品。两侧壁画一侧是汉式的土地老人和猛虎，

---

[1] 其事迹见《宕昌县志》，第 593 页。同书还收录其《宕昌忆古杂咏》二首，第 460 页。
[2] 此像面有三目、结跏趺坐，与常见的绿度母造型不同。以无量寿佛为中心的典型三尊配置里，两胁侍应分别是白度母和顶髻尊胜佛母。

图 5-5 鹿仁庄玛尼康

另一侧则是衔蛇金翅鸟形貌的凤凰山神和牦牛，题材配置与鹿仁寺相同。以画技水准和图像志细节来看，作者当非专业画师。

　　类似的"牌坊"，在立界也有一座。根据此"寺"悬挂的简易木匾和村民的讲述，现在立界庄东口的"嘛尼寺"是"一九九四年八月十五日吉"重建于原址的。木匾上还标记书写 //spyi lo 1994 bod shing khyi lo vbrug chu rdzong vod gsum dgon pa smad po sde pavi lha bzo bkra shes don grub gis zla brgyad bavi tshes bco lnga la bzhengs tshar pa yin//（公元 1994 年藏历木狗年，舟曲县三光寺①下部塑师扎西顿珠于八月十五日建成完工）以及六位工程负责人的汉文名字，这些人俗称"神头"，其中就包括曾任村支书的郭巴杨学平。

　　村门正梁下走马板分三栏，内侧亦即西侧绘三佛，当即三大古佛。东

---

① 这是按照字面 vod gsum dgon pa 直译。舟曲八楞乡境内有八楞寺，藏语称为昂松寺·噶丹措丕林（见甘肃省舟曲县地方志编纂委员会编《舟曲县志》，生活·读书·新知三联书店，1996，第 631～632 页），音较接近，或即此寺。

侧则绘事部三怙主——黄文殊、四臂观音和忿怒相金刚手，木板画下沿为兰札体梵文莲花顶真言（如意轮咒）//oṃ padmoṣṇīṣa vimale hūṃ phaṭ //，这也是一条藏地常见的咒语，置于门楣处可使信仰者往来通过时得加持、灭重罪。同侧门楣还用流畅的藏文有头体书写三怙主真言。门北侧壁上部绘画衔瑞禾的独角兽（麒麟）、口中衔蛇的金翅鸟（亦即凤凰山神）和孔雀，下面则表现一身长髯上师、大成就者米拉日巴（藏 Mi la ras pa）和武士；门南侧上部有二臂白伞盖佛母和孔雀，靠下描绘着两身上师，以及藏族视为吉祥的动物牦牛和老虎以及半空中的一只鸟。米拉日巴通常作为噶举派祖师来崇拜。画面组织不甚讲究，不过画师技艺相对较高超，藏梵文榜题与神像持物等亦颇为规范。

虽然俗呼为"寺"，但是它显然不同于佛法僧三宝俱全的寺院（藏 dgon pa），木匾上的藏文 ma ṇi khang 揭示了这种建筑的通用名称——玛尼康。ma ṇi "玛尼"是四臂观音的六字真言的简称，玛尼康字面上看是念诵四臂观音真言的房子，通常指藏族村落中进行简单宗教法事活动的场所，不住僧人，内有六字真言的转经轮。人们在玛尼康内右绕转经轮并推动其旋转，以此祈福。综合鹿仁、立界以及下文即将提及的乔家村的例子来看，这种建筑坐落在进村要道上而非村落之中，结构简单，它的确像牌坊一样旌表着人们的佛教信仰，同时也为从中通行的人们祈福祝祷。老人还说这种玛尼康能够保护庄子①，看来是期望它将妖邪鬼魅阻挡于村外。

杨海帆老师还给我们介绍了乔家村的"牌坊寺"，从这种描述以及寺名发音来看，应该是与鹿仁和立界类似的玛尼康。我们在瓦舍坪那里下车，顺着山沟往乔家村方向走，路比较平缓，慢行约一个小时走到一个山坡下。该寺遗址离地不算很高，五六米的样子，沿着一条缓路上去，看见靠近山崖的一边草丛里滚着很多石头。杨老师说，原来在石头上刻了藏文经。我们找到了一些石块（图 5-6），存字不多，大多数字形较大，内容为真言，其中一块明显是两端侧面都有文字。也有一块上面铭刻着有头体藏文，比较工整，字不是很大，大多可以辨读出来，不排除是经文的可能性。这里的文字石刻都比较粗糙，基本上就是凿出来的点连缀起来的笔画，字体不

---

① 2007 年 3 月 2 日杨有顺保访谈。

大讲究。我们见到的藏文石刻已经是"劫后余生"的残存，有的是被"兰州的人"弄走，有的是"城关的人拉去做房基了"。因此，原来的石刻有多大的量，如何堆放，文字包括哪些类型，已经无法确知。

按照杨老师的介绍，其实这里才是木楞寺的原址，同治回乱烧毁后，才搬到鹿仁去的。根据我们对遗址周边的观察，这里只是个缓坡，不见平地，构建玛尼堆或者玛尼康尚可，很难容纳传说中有点规模的木楞寺。正好有位老人背柴下山路过这里，70多岁了，是瓦舍坪人，问他这里的名称，他发的音有点类似"马鞍"寺。虽然沟里也可以行走，还是陆续有乔家村的人选择上山回村，问起他们，说从这里进村容易，沟里走就绕得太远了，"望山跑死马"。在山头、路旁设置玛尼堆是藏人非常常见的做法，并不能证明这里存在过寺院。不管是叫嘛尼寺还是叫马鞍寺，参照鹿仁和立界的情况，我们猜测这里仅仅是个玛尼康而已，设置在进村路上起到镇妖辟魔的作用。

想追溯的"寺"尚无着落，但口口相传，它的确可能在另一个地方存在着。杨有顺保如是说：

图 5-6 乔家村嘛尼寺藏文石刻

> 从前瓦舍坪那里有一座大寺，明就有了，三百多年了（原话如此），传说有三百喇嘛呢。喇嘛在河坝里找石头刻字，作为纪念。大寺的三大古佛三年换一次，后来就搬到宕昌的大佛寺了。[①]

---

① 2007年3月2日杨有顺保访谈。大佛寺可能指城关高庙山下的钦化禅院，始建于唐末，清嘉庆寺毁于战火，见《宕昌县志（续编）1985～2005》，第555页。

孤零零的石佛爷

相形之下，我们在宕昌做田野考察的几个藏民村落中，新坪几乎看不到藏传佛教的痕迹。对这一点，新坪人自己也有总结：

> 以前（指五十来岁的人）在本村内通婚的多，跟上沟（按：官鹅沟）的少，因为这边信（龙王）神，上沟信寺院。[1]

新坪的苯苯则试图打圆场，认为这里有个历史演变的问题，而且认为佛教和山神信仰相互都有所融通：

> 新坪这里人也信喇嘛，但没有寺。据老人说，庄子的山上面半山腰过去有个寺，后来也没有了。这里没有喇嘛神。……苯苯案里也有唐僧和孙悟空。寺里都有山神呢，老年人说着。[2]

实际上，宕昌地方存在藏传佛教文化遗存的范围远远大于今日藏族聚居的官鹅沟和大河坝沟。距离城关镇不到 10 公里，在贾河乡（原属簸箕乡）就有一处藏式四臂观音像石刻（图 5-7），这一片山崖也因为该石刻而被俗称为"石佛爷崖根"。[3]崖面上凿出非常浅的石龛，龛顶为圆形券顶，龛形不够规整。龛全高（下沿算到六字真言首字 om 一字的底端）约 100 厘米、宽约 59 厘米，龛底距现在的地面高约 290 厘米。四臂观音像具椭圆形头光，高肉髻，戴宝冠，宝冠两侧缯带飞扬，帔帛自两肩垂下，结跏趺坐，仰覆莲座的上沿装饰连珠图案，双腿与莲台宽度基本相同。持物、装身具包括面容均难见细节，推测原表面用彩绘来表现。莲座下是藏文六

---

[1] 2007 年 2 月 26 日新坪牛头山杨永明访谈。
[2] 2007 年 2 月 26 日杨清元访谈。
[3] 关于石佛爷的民间传说已难觅藏传佛教文化的特色，见《宕昌县志（续编）1985 ~ 2005》，第 722 页。

字真言，字体非常规整流畅。由于牧羊的孩子路过时向石像投掷泥巴为乐，我们前往考察时造像局部为泥块所覆盖，不像图5-7上看得那般清晰了。

蒙宕昌县文化馆惠允，我们参观了馆藏品，并见到数件藏传佛教文物。包括度母小铜像两身，均有锈蚀，原藏簸箕乡（现贾河乡）西固寺。触地印释迦牟尼金铜像一身，铸造精美，保存完好，这是宕昌县沙湾镇的收集文物。在将台乡征集到的两件擦擦，其中一件是四臂观音及二胁侍持明与持摩尼宝，另一件上部为顶髻尊胜佛母及二胁侍，下部为事部三怙主。此

图 5-7 四臂观音像。石刻——谢继胜摄

外还有一件金铜法器连金刚钺刀的普巴杵，原藏贾河乡。从上述遗迹、遗物不难看出，宕昌县境曾广泛存在过藏传佛教信仰。

川坪沟的"腊嘛"

在川坪沟黄家湾我们认识的乔清宝不仅是师家，而且还自称是信"黄教"的"喇嘛"。一直在追踪藏传佛教痕迹的我们，很早就听说过黄家湾和水泉坪地方有"喇嘛"，这时很自然地将之与藏传佛教格鲁派（藏 dge lugs pa，俗称黄教）的上师（藏 bla ma）联系起来，既兴奋，又有点半信半疑。

我们注意到，黄家湾的家堂神案比大河坝沟和官鹅沟的所有庄子都布置得隆重，好像一个小戏台（图5-8）。清宝家的神位外面有一个木质的外框，外框上刻有卷云纹，刷上了彩色的漆，绘有太极八卦符号，这真的很奇怪。

图 5-8　黄家湾乔清宝家师家和腊嘛共同的神案

外框上固定有花布幔子，里面才是遮面和神案，而且神案有四个之多，过完年都卷起来了。但是在神案两边还贴有对联，当然都是汉字对联。因为不能掀起幔子，所以无法看到对联上写着什么，内容不外是求福求财保平安等。神案前面还郑重其事地供有一个香炉和两瓶塑料假花。特别奇怪的是在幔子外面还挂了两个横幅，一个上面写着"黄喇嘛有感"几个汉字，落款是"二〇〇三年五月"。另外一个是藏族的风马，这和鹿仁庄家家户户门口的一样，上面的藏文是印上去的。后来乔清宝告诉我们，鹿仁庄的寺院修成以后，请了甘南的喇嘛来做仪式，那时候他专门到鹿仁庄要了这么一个风马回来。他说这是藏民的东西，保佑平安。

家堂神案不是龙王神吗，怎么又跟藏传佛教的"喇嘛"扯上关系了？而且在神案上还挂上藏传佛教的风马，这确实很有意思。另外，"黄喇嘛"又是谁呢？为什么他会身居如此重要的位置？看来这都需要进一步了解。原来，黄家湾人家里的神案之所以布置得那么隆重，实际上不单是师家的神案，而是师家和"喇嘛"共同的神案。庄子里有五家"喇嘛"，同时他们也学师家，家里也供奉龙王神。乔清宝自述是从黄家那里学的"喇嘛"，并从"喇嘛"经文学的藏文。这种经也是窄长形式，接近1米宽。黄家现在还有"喇嘛"经文，内容包括抬死人、禳祸等。要是屋里不干净了，黄家湾的人会去水泉坪请"喇嘛"来安顿。"喇嘛"用两米长的红布斜裹在胁下，手里摇着金刚铃，嘴里念藏文经，杀鸡，写牌牌敬神，如此家里就安宁了。不过，"有很长时间请师家而不是'喇嘛'禳房子了"。[1]

听到这里，我们脑子里的问号越来越多。在汉语里常用喇嘛来泛指藏传佛教僧人，但在藏地，"喇嘛"是对高僧大德的敬称，安多地方称僧人用"阿卡"（藏 a kha）。至于称自己是"喇嘛"……这合适么？至于"喇嘛"前面加上汉姓也许说得过去，曾有汉族在藏传佛教寺院皈依出家，在汉姓后面加上藏文法号。曾听说宁玛派僧人可以在家、娶妻，那是红教，黄教格鲁派持戒甚为严格，但是在川滇交界之处的某些格鲁派僧人也常常住家和结交性伴侣……总之，这里的"喇嘛"似乎有点奇怪。

从乔清宝的两套装束上看，师家和"喇嘛"就有所区别：师家服装是

---

[1] 2007 年 3 月 7 日乔清宝访谈。

缝铃铛的无袖花布褂子（图5-9）。"喇嘛"家穿长条形多色布缝缀成的披风（图5-10），"穿得跟唐僧一样"。①头上五叶冠看似差不多，实际上师家冠中间三叶似表现儒道释三圣，两端为日月。"喇嘛"的五叶为五身合掌趺坐莲花上的人物，红色点出白毫，类似五佛。

"喇嘛"家的法器（图5-11）包括钟形铃②、金刚杵（"多只"）、令牌（"吕持"）和麻鞭。死人棺材本应由"喇嘛"来抬，"喇嘛"在后面甩麻鞭，用于隔绝人间与冥世，即使其没学，也要为死人抬棺木。黄家湾这里原来是火葬，人过世后装棺材里架火烧，然后捡骨灰放匣子里埋葬。

图 5-9 黄家湾师家装束

图 5-10 黄家湾腊嘛装束

① 通常所谓的唐僧形象主要指田相锦斓袈裟与毗卢帽。毗卢帽是汉传佛教僧帽，前后均有冠叶，帽顶并有装饰，与五叶冠其实不同。
② 音"乾儿"。作为法器和乐器的铃在西藏分两种，藏文 dril bu 与 gshang。

现在请个本地"喇嘛"禳家、抬棺材，再装进棺材埋到土里。[1]

　　听到这里，我们大概明白"喇嘛"跟礼佛念经观修都没什么关系，装束也似是而非，主要活动就是禳家送葬。不但这"喇嘛"不是那喇嘛，而且对以前别人说的办丧事时从黑峪寺请来的喇嘛，现在我们都连带怀疑起来——毕竟乔清宝是从黄家学的，而黄家人就是从黑峪沟来的，也许黑峪寺的黄僧纲或者黄土司与"黄喇嘛"有什么关系呢。为方便区分，我们把川坪沟的这种人家称为"腊嘛"。有个水泉坪的年轻人也是腊嘛，很热心，我们决定去他那里看看。第二天踏雪翻山，经过两三个小山村以后，我们终于走到了水泉坪，见到昨天自称信奉黄教的那个年轻人，杨小明。

　　杨小明家里神位挂有汉字对联。外侧红纸对联为"我敬神一点诚心 神佑我万事亨通"；内侧绿纸对联为"香烟上天天赐福 灯花落地地生财"，横批"灵神有感"。当天不是开案的日子（年三十至大年初三，正月十四

图5-11 乔清宝腊嘛法器：金刚铃、令牌与金刚杵

---

① 2007年3月8日黄家湾乔平义保（属鼠，1924年生）访谈。

至十五），但热心的杨小明（属兔，1975年生）说不是日子也可以开案给我们看。家堂中供了多个神案，他和另外一人烧香烧纸，嘴里念了一段，然后打卦，展开了其中一轴（图5-12），是请南阳乡的画师绘制的，根据

图5-12 水泉坪杨小明家堂神案

边缘落款可知是2005年新画的。主案的是"家堂香火行司有感黑池盖国正神正马"和常腊嘛，常腊嘛头顶另有三身腊嘛，据说左起依次为金、乔与黑腊嘛，又称金爷、乔爷和黑爷（参见图5-12b）。余诸神及位置与前述师家神案大致相同，画面下部还表现着乔、杨、黄腊嘛（参见图5-12c），旁榜题"合案喇嘛等神"，看来文字中的"喇嘛"亦应解作腊嘛。画上的腊嘛形象互有不同，但均蓄髭须，显非出家僧人。冠饰有三种，在现实生活里当有所本，其中主案常腊嘛（参见图5-12a，对比图4-13、图4-14）与画面下部的杨腊嘛头裹红布并戴五叶冠，与黄家湾的腊嘛头饰（参见

图5-12 a 局部：主案之一常腊嘛

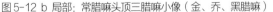

图5-12 b 局部：常腊嘛头顶三腊嘛小像（金、乔、黑腊嘛）

图5-12 c 局部：乔、杨、黄腊嘛

图 5-10）一致。宕昌家堂神案兼奉腊嘛几为定例，尤其是在画面下部，或可追溯到某些真实的历史人物。杨小明家神案上出现的腊嘛中，乔、杨、黄为宕昌及周边地区藏族大姓，我们未能目睹乔清宝家神案，不过看见家堂扯起"黄喇嘛有感"红布横幅，黄家湾神龛也有"黄喇嘛有感"及另外"五位喇嘛"的神位（参见图 4-9），让人容易将黄腊嘛与黄家联系起来。金、常、黑姓则罕有听闻，尤其是黑姓，即便在汉族中也极为少见。但是龙王神中常爷与黑爷就很重要，腊嘛又都是龙王神带下的，则这些腊嘛是否从信仰龙王神的某些师家演变而来，值得考虑。

看完，杨小明积极表示跳来给我们看，说还等一个人。终于，杨玉军（属马，1978 年生）翻了两道山梁赶回来，水泉坪的腊嘛们表演了两小段行仪的内容。一段是跳"巴迪给伊"，拜五方，用于禳房子或抬坟的场合。杨玉军和杨小明跳，另外六人辅助：两人打鼓，两人打镲，两人吹牛角号。另外一段是为死者念经，称为"腊嘛伊给迪给"，杨玉军和杨小明握杵摇铃、闭眼念经，听起来似乎只有几句话，念上几遍，就敲打一阵子，然后再念几遍（图 5-13）。

不难看出，杨玉军和杨小明是水泉坪腊嘛们组织活动的核心人物。这是两叔伯兄弟，跟爷爷学的腊嘛。他们说腊嘛已经传了五百年了，主要职

图 5-13 水泉坪的腊嘛们行仪表演

能是禳房子、安土、看日子、抬坟等，特别强调行仪是做好事，不收费用。我们在黄家湾和水泉坪都看到了腊嘛行仪的痕迹。有的房子外面竖一根木杆子，杆子的顶上捆一个手拿弓箭的草人（汉话又称"草神"），这是禳房子用的，称为"绀"（图5-14）。屋院门楣或者墙壁上常常贴有长条形黄纸，这是禳房子的"萨署伊"，它能保护家庭一切顺利，大概也就是黄家湾人所说的安顿土的"牌牌"。萨署伊（图5-15，对比图5-16、图5-17）上墨迹潦草，肯定不是汉字，但也不像藏文，据说是神教的——他们手拿笔，等待神降临在他们身上，就好像神握住他们的手写下字一般，至于字迹是什么意思，他们自己并不知道。腊嘛的经书也是这样，由神"教"他们写出来，就是他们握笔"自动"书写而成。杨小明为我们示范写了两行字，还说可以请神写来给我们看，但是后来还是没有做。

回到鹿仁后，听建明说那不是喇嘛，发音就不一样。①腊嘛跟师家差

图5-14 黄家湾禳房子用的"绀"

图5-15 "萨署伊"。从黄家湾前往水泉坪路上的某庄

---

① 苗建明特别强调了"腊"的发音。藏语里的 lha（神）对大多数汉族人来说很难发音，腊嘛或与此字有关。

不多，行的仪也差不多，包括禳房子、叫魂、抬死人等。行仪的时候有点像降神附体。就在两三年前，鹿仁也还有腊嘛，但是现在没有人再请他们，也没有人再学。

尽管大家都说腊嘛是龙王神带来的，但是从扶乩似的画符之法、令牌（参见图 5-11 中部）等法器和行仪集中在抬死人这几点来看，他们更像藏族阴阳。[①]萨署伊和鹿仁庄看到的符不同，虽说也是黄色的纸，大小也相似，符上的字却完全不同。汉族的"鬼画桃符"就是拼字而已，单字还是能认出来的。水泉坪腊嘛家有个令牌上铭刻有"勅令王灵祖师"字样，据苗虎元说汉人阴阳敬的是王灵官祖师。这使得我们更有理由去揣测藏族腊嘛与汉族阴阳之间的关系。

四川来的阴阳先生

宕昌本地龙王神信仰最隆重的场所是泰爷的庙宇，也就是高庙山。这里被划定为道教场所，看起来除了曾经外请过一名道士外并无正规的道教斋醮活动。尽管如此，一些类似道教的民间信仰活动在宕昌仍比较活跃。例如在城关，很多宅子门楣上都贴着符。

有意思的是，这种典型的汉族信仰符号也出现在宕昌各藏族村庄里。过年前来到郭巴苗赵向义的家中时，我们很意外地看到大门和窗户上贴着符，上面写的都是表示请神、驱鬼、保平安的汉字（图 5-16）。而且，院门、正房大门、窗户、堂屋壁面和柱子、厨房门、灶台上贴的符各不相同，各司其位，显然很有讲究。他解释说这是因为家里面不安静，经过他的推算，冒犯的神既不属于苯苯的山神管，也不属于阿巴的龙王神管，而是汉人管的神，所以请了下坪村的一个汉族人帮助做的。但是汉族来做也要先给山神交代，点灯、烧香、敬茶、敬酒，交代完了，才能做这仪式。阴坪苗虎元家大门和院内的醒目位置也能看到符。大门上方还挂着绳子，绳子上面对称系着六块符状木板，主人说这是保护家里喂的牛、羊、猪等免遭瘟病的，

---

① 2007 年 3 月 8 日水泉坪见闻与访谈。

是请南阳镇的汉民阴阳先生来做的（图 5-17）。

我们注意到，贴符的藏族不止一家，算起来，在苯苯、师家或是普通藏族人家都有贴符的例子。也不只是求新年大吉，平时家里不安静（家人生病或者牲畜染上瘟疫）都可以求符。

书写符箓的人被当地人称为"阴阳"，我们走访了一位这样的阴阳先生。向伍进有居住在官鹅沟的汉族庄子下坪[1]，属马（1954 年生），祖上是四川梓潼人，六代人都做阴阳先生。他家是太爷时为逃避抓壮丁和跑贼而从四川迁来的，迁到官鹅沟这里从业也已经有四代。下坪有 34 户，其中 7 户来自四川，其余大部分来自宕昌附近的南阳（临江堡以东），西固（甘江头以下、沙湾以上原属西固）等地，都是杂姓。一进堂屋门，悬挂着的家堂神案引人瞩目。有三幅神案，都展开着（包括藏民家都不展开的西牛爷像），神案前红布一层一层摞得很高。这些应该都是他为人禳灾祛病之后人们的谢礼，侧面炫耀着他在本地的声望。向他询问开案的讲究，说是从年三十挂起来，直到十五才收。遮面也是买来的。中间与左侧的大小两幅画像是本地样子，地方神供的是赤爷赤砂龙王，头顶三大古佛坐像的是西牛代海，西牛爷都是龙王神带下的，这两样是到这地方上才供的。而右侧的大画是披头祖师像，原先是从四川带来，后来"文革"期间焚掉，只供"天地君亲师"神位。根据现在所供神案上的款题可知是"公元一九八〇年十月初十日　庚申年"又重新请人画的（图 5-18）。披头祖师

图 5-16　鹿仁苗赵向义家院门上的符——"令山吾是上方张玉皇童天兵把门大吉"

图 5-17　阴坪苗虎元家院门上木符

1　上、下坪原本有两户藏民，时间长了成了汉民，藏话也不会说了。

即著名道教神灵玄武大帝。

在四川，玄武除作为降魔天神供奉坛场或居家张贴外，玄武
也是端公班的始祖。不少端公班，称玄武为坛祖。堂屋正中，供
奉玄武神图。端公在收徒、拜师时，要在玄武神像前宣誓立约。
师成后，徒儿要在玄武神像前，接受师父检验，最后授以法命，
成为掌坛师，独立开坛。正因为玄武大帝有降妖逐魔之神威，端
公奉之，可借助玄武神力，为人家驱邪纳吉。①

图 5-18 下坪向伍进有家堂神案（西牛爷、"持萨龙王"即赤爷、披头祖师）。1980 年绘

① 于一：《巴蜀傩戏》，大众文艺出版社，1996，第 339～340 页。

　　向伍进有介绍说，他做的这行不在三教内。本地叫他们阴阳先生也不对：阴阳指的是风水先生，职责是给红白事选日子，指定房子的方向，等等。在四川他们被称为"端公"，谁家有病有灾，如家里不干净或者需要叫魂，便请他们来禳除，禳除之后酬以香蜡之类。沟里沟外的汉民家他都做过，而藏民以前不信端公，也不接触。大概从三年前开始，也有藏族生病，如果没有药（意思是药治不好）就会来叫他。鹿仁、阴坪、白水川（何家堡乡）、大堡子（何家堡乡）、新城子、谢家坝（甘江头乡）、立界等地的汉藏民都曾来请他。但是汉民从来不用藏民的神，因为汉民不属于这些神的管辖范围。

　　如果谁家有事，可以带上油蜡香火到他家里烧上，他请神来打卦问是何病，"没病就算了，有病的话也要药没有了，才搞这些迷信"，然后定好日子去人家里禳除。人家也要点燃油蜡香火，等于给神安上座位，他把神全部请到。从最大的玉皇大帝往下请，随身带着记录本念上咒语，最后画好符、盖上印，告诉人家贴在什么地方。到藏民家里行仪时，他也安顿人家供奉的山神和龙王神等。做法事时有专门的穿戴：头上戴五佛冠，身穿法衣，下束八卦裙，肩膀搭上牌巾，手上摇的是四川带来的师刀。牌巾是在一个层层卷起的主牌上悬挂很多刺绣彩色布带（图5-19）。师刀（图5-20，参见图5-21）并不像一把刀，其短柄上焊接一个圆环，环上串着四片金属圈和大约二十多个小金属环。当天我们在堂屋看见神案前的桌子上供着夫妻皇帝灯，前面放着斗，斗里插上香、红蜡（不点燃）、新做的卦、四川带来的老卦、师刀和代表五方五帝的纸旗，三角形旗顶上有马头，马头纸花上还蘸有鸡血。斗外边放有点过的蜡和冥钱。斗的右侧放着一沓马纸，照他的说法，马纸是用一种很薄的灰色"钱纸"沿对角线折叠出来的。虽然他的法衣没有摆出来，我们只看见了师刀、牌巾、印、卦、令牌等法器，但是这套东西给人的感觉颇成体系，而且他能写能念，这些外在的东西也可能是藏族后来能够接受端公的一个原因。向伍进有无疑是个有心人，他记录下多家家堂画像的神位①，这些资料不但能帮助我们更全面地去了

---

① 参见廖旸、艾菊红《甘肃宕昌藏族宗教信仰调查报告》附录"宕昌家堂神案的图像构成"，载色音主编《中国社会科学院人类学年刊》2012年卷，中国社会科学出版社，2012。

图 5-19 牌巾。向伍进有藏

图 5-20 师刀。向伍进有藏

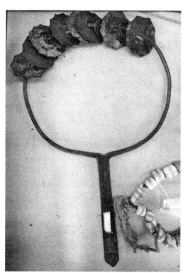

图 5-21 东巴文物。云南丽江东巴文
化博物馆藏

解宕昌的信仰状况，而且这对于端公向家逐渐融入当地社会、得到周边汉藏人家的认可来说，应该起到了积极的作用。

向伍进有介绍，端公是可以外传的，但是他的独子（25岁，未婚）不学，外人也没人来学，年轻人对这些迷信都不感兴趣。至于藏民是否可以学的假设问题，他断然说不行，因为神管不了。

最后主要以新坪为例，说说本地藏族生活中的汉民阴阳。据说阴阳穿的衣服跟平常人差不多，则他们与法衣法冠齐整的向伍进有应该还有一定区别。他们的活动似乎集中在丧事上；苯苯和师家都不能超度亡魂，而僧人又不易找到，这就给阴阳留下了活动空间。新坪这里改土葬的时间距今还不到十年，藏民以前采用火葬，焚身三天后用小匣子把骨灰装起来，所以用不着请阴阳，也不请苯苯或喇嘛，而是请老师父。旧社会马土司时请老师父做七天七夜法事，不过那要七八十岁的老人去世才大办，算喜丧。[①]现在做红白事跟汉民一样，也要挑拣日子。老人去世后放在柜子上，苯苯人家叫上阴阳来写符，苯苯看日子出殡；信龙王神的人家则由老师父看日子入棺，阴阳看日子出殡。出殡等仪式，这五六年以来，经济条件好的人家叫喇嘛来吹[②]，经济条件差的则到附近庄子里请阴阳。[③]1978年新坪杨永明的母亲去世的时候，去舟曲请了八个喇嘛，宰了十几头猪羊。儿子宰猪，女儿宰羊，拿烟酒，很花了不少钱，而且在当地开创了丧事请上阴阳的先例。"按道理说请喇嘛就是喇嘛，请阴阳就是阴阳，但是现在好家（经济条件好的人家）（二者）都请。"[④]

我们的房东苗建明本人就会掐算甲子，而且相当熟练。他告诉我们藏民算日子看风水——这些正好是阴阳的活路——要藏民自己来才准，汉民看不准。这倒不是阴阳的业务不精，理由应该跟向伍进有主张"汉民从来不用藏民的神"一样，是因为藏民不信汉民的神，或者说汉民的神管辖不到藏民。而从现实来看，在新坪、阴坪等交通相对便利、接触外界相对较

---

① 2007年2月26日新坪牛头山杨永明访谈。
② 家境好坏还体现在仪式的长短方面：一般人家做两三天，家境好的人家要做七天七夜道场，还要请吹响。
③ 2007年2月26日杨清元访谈。
④ 2007年2月26日新坪牛头山杨永明访谈。

频繁的村落，越来越多的藏民在办丧事时选择阴阳。这首先与从火葬改为土葬，从而导致葬俗逐渐向汉族靠拢有关，其次也是因为"现在老师父水平不行，改请阴阳"。[①]

何谓端公？《大清律·禁止师巫邪术》规定："凡师巫假降邪神、书符、咒水、扶鸾、祷圣，自号'端公''太保''师婆'……"由此可见，师公的所为，就是降神、书符、咒水、扶鸾、祷圣等，主要是卜算、治病、驱邪等。

巴蜀一代早在东汉，就出现了天师道（五斗米道），其创立者张陵行医传道，祷祝驱鬼，用的主要就有符水等来治病。两年后，我们在川北汶川、理县的高半山羌寨里，再次听人提到"师公"。现在，这些师公被认为是羌族特有的"释比"文化的代表。可是村民们告诉我们，"释比"才是汉话，当地民族语言就管他们叫"师公"。后来了解了"释比"这个词出炉的过程，我们才理解村民的话。看来，虽然端公在现在的汉族地区已经快销声匿迹，但在当年，即使是云上的羌寨，还有偏远的藏村，都受到端公的影响。

三位方神

最早触发我们去思考宕昌藏民这些错综复杂的信仰之间关系的，还是他们正房内神灵的空间安排。除了正对大门的家堂神案，很多人家在它右侧靠近房顶的墙角供着藏民神（参见图4-5位置1），还在右壁供着山神。村民们说这个山神是藏民的神，已经有两万多年[②]的历史了。山神比正面的家堂神大，更有能量。但是这个位于侧壁的大神不能与人交流，家堂神却是可以与人交流的。这再次让我们感到诧异：为什么藏民的神大，却位于侧面？为什么汉民的神小，反而位于房屋中的正中央似乎是最重要的位置呢？为什么藏民的神不能和藏民交流，汉民的神却可以？

无论如何，这里的藏民信仰的既有汉民的神，也有藏民的神，应该是

---

① 2007年2月26日新坪牛头山杨永明访谈。

② 当地村民如是说。

汉藏两种文化的交融造成的。

前面已逐一叙述，当地藏民存在如下信仰或仪式体系：山神信仰、龙王神信仰、藏传佛教、阴阳（端公）和腊嘛。前面三种是主流，在社会生活中的影响和作用最大。按照他们自己的区分方法，神祇的体系被描述为"三位方神"。

（1）凤凰山神。凤凰山神是天朝神；由于能降妖，因此又被称为武神。

（2）释迦牟尼。寺中供奉的是三大古佛，以释迦牟尼为代表。

（3）龙王神。包括张爷、常爷、赤爷等在内的十二龙王总是身处人间，因此是人位神；家堂里由龙王神主事，故是家神（"考萨达固"，"考萨"谓家，"达固"谓神）。其中也有些神在庙里享受香火，故称庙神。龙王神、家神、人位神和庙神，这些不同名号既有所重合，又各有侧重。

由此可见，山神、佛与龙王神是宕昌藏民敬奉崇拜的主要对象，而在日常生产生活中，山神和龙王神信仰活动尤具影响。综合起来看，宕昌藏民的宗教信仰不具备高深的理论架构和出家的修行体制，民间、实用色彩浓厚。它与周边汉民信仰互有影响，很充分地体现了藏彝走廊的文化特色。

"三位方神"不仅仅是对神灵性质的归类，同时微妙地隐含了对神灵的重要性、与生活相关的密切程度的判断。在鹿仁庄，神分上中下三坛，汉人的神最小，是下坛神；中坛神是新城子乡的十二龙王神；凤凰山神则是上坛神。[1]这种三坛、三品之类的神系划分方式在全国民间宗教信仰中普遍存在，通常是金字塔式等级秩序的一种折射。鹿仁庄的三坛划分潜藏着对本民族文化的认同与坚持，越是主张本民族是藏非羌的中坚，对苯苯的态度就越是尊重。如果说得更直白一些，那就是藏民神在上坛，汉藏等民族共祀的神在中坛，汉民神在下坛。这一点，即便师家也无异议：就意义重大的搭衣仪式而言，苯苯／郭巴搭衣不用请龙王神，而师家则需请山神见证。师家攒神的时候，先请天朝神或者叫作上方神，接着请山神和寺院也就是当方神，然后才请到十二龙王亦即人神。对此师家苗伍家保的阐释就是：寺院（当指释迦牟尼等佛教神灵）大过苯苯（当指山神），苯苯

---

[1] 2007年2月8日苗赵向义访谈。另参见上文师家搭衣仪式上坛场的布置。
　　宕昌地区汉族师家攒神时神曲里所请的三元三品诸神名目与藏族显有不同，见杨海帆《宕昌民族研究》，第159～160、171～173页。

大过十二龙王神；"苯苯的法力大，神也大"。^①其实从藏民家庭中不同信仰体系的神灵所安放的位置也能看出来这些神灵位置的高下。在藏民心目中，房屋中位置最尊贵的并不是安置龙王神的家堂神案所在的位置，而是位于左侧的看似位置偏僻的山神的位置。对于宕昌藏民来说，一般背山的那面墙是尊位，这我们在论述宕昌藏民民居的时候已经论述过。所以家庭中神灵的安放位置也反映了人们心目中神灵的高下尊卑。

在黄家湾，我们问及山神和龙王神信仰的早晚问题，答曰可能是山神（苯苯）早；当地师家、苯苯都说佛最尊，其次是凤凰山神，龙王神小。^②另一种看法是山神比佛还大——佛没能降服蛇精，而凤凰山神最终降服了蛇精，因此山神的法力很大，所以他的像画在了佛的上面。苗赵向义还解释说，山神是野神，与开天辟地有关，是创造人的神，所以山神比龙王神大。无论如何，三位方神里人位神的辈分最小、也就是说神通最小。虽然众口一词是"山神／苯苯大"，但龙王神也并非毫无优势。

> 新坪信苯苯的少，信老师父的多。神在前，虽然山神大，但是神管的面大，群众也信的多。我们这里就乱弹琴，什么都信。实际上，按道理信山神是正确的。^③

信仰本很难用"正确"来衡量，然而在当前形势下，信仰山神或苯教对于民族认同有着特别重大的意义。

在鹿仁庄，苯苯家中一般没有家堂龙王神，苗赵向义说苯苯家的家堂神就是凤凰山神，位置在堂屋右墙下的柜子上，也就是武苯苯放置铜圆盒和副神像等"噶珠"的地方，这个位置比龙王神所处的正面墙壁要尊贵。另一位郭巴毛时平家则同时供着龙王和山神："龙王神也是我们地方上的神，我们把龙王神也安顿下。两个都安顿……每个人家就是副神也有，凤凰山神也有。信龙王神的人家，副神就是代表。我们信副神的（人家）龙

---

① 阴坪师家苗虎元也说苯苯大。师家做小事不用请苯苯，个人做就可以。
② 2007年3月8日黄家湾乔平义保访谈。
③ 2007年2月26日新坪牛头山杨永明访谈。

王神也有，上下都是一事儿的，都是神，我们就把他们都安顿下来。"①
关于龙王神何时来到他家里，他说不清，但说苯苯的副神时间早。这里没
有苯苯的藏民家里堂屋右壁上会插一根竹签，它就代表山神。

庄子里面分出来苯苯家、阿巴家还有二者之外的普通人家，村民也如
是总结几种信仰之间的关系："寺是众人敬，庙是阿巴敬，山神是苯苯敬。"②
山神其实也不单是苯苯敬，应该说也是普遍的信仰。

> 我们这个地方要供奉三个神，一个是释迦牟尼，一个是山神，
> 一个是龙王神。释迦牟尼家里面就不供奉，就是在寺院里烧香还愿。
> 家堂龙王神，是每一家子都有。但是我们（师家）呢，没有资格
> 安顿苯苯的这个（山神），也不敢安顿，但是也对他离不了。逢
> 年过节，这儿（给龙王神）点灯，在那儿还要（给山神）点灯。③

另外，也存在一户人家分出苯苯和阿巴两脉的例子："传说以前一家
有两个儿子，大儿子传了苯苯家，二儿子把阿巴传下来，这已经有五六代
人了。"④山神和龙王神之间不仅没有抵触和紧张冲突；相反，二者还可
以相互补充或合作。在青苗仪式、谢山神、禳庄子的时候以山神为主，龙
神也享祭。

> 家中有事，或者亢旱不雨要求雨，或者要堵雨，祖师做的事
> 基本一样。只有九月九，苯苯一只羊，阿巴一只羊，好像两家一
> 起歇假了。如果家里既不是苯苯也不是阿巴，遇事请谁都行，请
> 谁可以由阿巴或者苯苯推算出来，到底是去求龙王还是求山神。
> 例如，苯苯算出来今天没有我苯苯的神，那事主就去请阿巴。⑤

---

① 2007 年 2 月 19 日毛时平访谈。
② 2007 年 2 月 21 日苗伍家保访谈。
③ 2007 年 2 月 6 日苗建明访谈。
④ 2007 年 2 月 7 日苗伍家保访谈。
⑤ 2007 年 2 月 7 日苗伍家保访谈。

又如新坪当地信着龙王神，但师家也信山神。家里有事的话，要打卦问是谁作怪，再决定请苯苯还是师家。也有请师家不管用，仍回头请苯苯的。①

特别的，在汉藏的这个边缘地带，在人与山神信仰里的副神之间，汉藏人群共同信仰的龙王神还扮演着中介的角色。

> 苯苯的这个副神的来源年限长，这个龙王神，就是走到这个地方，是汉……有些事情我们给副神说，它不知道，龙王神给副神一解释。人说话，副神不知道，给龙王神一说，他给副神一交代，就知道了，意思就是（龙王神）像他（副神）的秘书一样。我们念的时候，副神也有，龙王神也有，张爷、泰爷、常爷。我们到观场也给他们（龙王神）杀个鸡，给它一交代。他们（副神和龙王神）就是一回事，就像藏族了，汉族……就像识字的人给不识字的人解释。就是反映情况的。山神就是野神，家神是和人一块住的，我们说话，野神他就不知道，龙王神一解释，他就知道了。②

在政府方面抛出的是羌是藏这个选择题之外，很多宕昌藏民也看到"泯然于汉"的潜在威胁，这在族群认同问题上带来了更深层次的危机。所谓"汉族"是历史上从血缘和文化上包容多民族而形成的一个共同体，现实中却被绝对化，成为站在包括藏族在内的少数民族对立面上的庞然大物。人们看到的是婚嫁范围的扩大、教育和科学的普及成为不可避免的必然趋势，随之而来的就是信仰渐趋衰落，民族文化亦渐渐失去特色。最有代表性的就是"苯苯都失了"。不到两年间，最后两个会写苯苯经的老苯苯/郭巴去世，能看懂，甚至仅仅是照念苯苯经的人也越来越少。代代口传导致苯苯会做的法事越来越少，本来是标志学成出师的盛大搭衣仪式，在一些地方不得不流为到岁数就举行的过场。骤然间推行开来的退耕还林直接导致仪式活

---

① 2007年2月26日杨清元访谈。鹿仁苗建明、阴坪苗虎元等也做过类似的表述。
② 2007年2月19日毛时平访谈。

动的大面积萎缩。由于藏文仅掌握在苯苯手里，苯苯的青黄不接致使藏文字也快失了。

类似的情况也发生在其他信仰当中。我们希望从鹿仁寺壁画和各家各户家堂神案中把握信仰发展的线索以及汉藏文化的互动，但是村民自身不能创作，而且往往很难解释，甚至也并不关注这些作品，它们是由外请的汉族画师来包办的。这些容易被理所当然地视为民族文化的外在符号，其发言权却不尽掌握在自己手里。久而久之，缺乏外在固化形式的宗教文化内涵将不可避免地面临丧失、遗忘的危险，就像鹿仁寺大殿门梁上曾经绘过，却在重绘时骤然消失的金翅鸟 / 凤凰山神一样。

在宗教 / "迷信"活动普遍呈现衰落态势的情况下，汉人端公和阴阳却逆势而上，明显在藏民中日益扩大着自己的影响。这从侧面体现出类似"苯苯都失了"的不信任。

> 关于禳灾去病，（藏民）请寺里的喇嘛或苯苯来禳庄子，这是最根本的。但是阴坪苯苯失传，喇嘛又隔得太远，有事只能请汉民阴阳来禳。阴坪请汉族阴阳已经大约有二十来年光景了。[1]

这种藏汉之间宗教势力的消长，明显表现出"差序式消退"的模式。[2]也表现出在汉藏交界地带，不仅仅是宗教，其社会文化的方方面面都会体现出这种"差序式消退"，使民族文化在这种消长之中发生变迁。

---

[1] 2007 年 3 月 1 日苗虎元访谈。

[2] 该名词为中国社会科学院民族学与人类学研究所翁乃群研究员向我们提出，在此特别致谢。

第六章 历史记忆

　　"历史"往往是人们对于过去事情的记忆，比如祖先是谁，来自哪里，都经历了哪些事情，等等。这样的"历史"，常常会有两种类型的"记忆"，一类就是见诸文献历史中的记忆。这类历史往往被人们看作是"真实"的历史记忆，作为信史保存下来，最终成为"真正"的历史渊源。特别是记载于正史中的文献资料，往往被人们当作真实的历史而被后人使用。另一类就是人们口耳相传的"历史"，这往往被人们当作民间传说来处理，一般不会将其作为"信史"使用，但是当人们在进行研究的时候，也会使用这些口传"历史"，并对这些口传"历史"加以分析，从中窥到人们的历史印记。在人类学发展历史上，早期的理论范式很多都认为无文字的社会是没有历史的，他们不大关注无文字社会的历史，主要针对地方社会的社会文化进行共时性的研究。但是人类学的田野研究使人类学学者发现，在无文字社会当中，人们有着丰富的口述历史，其中透露着丰富的社会文化信息，以及当地族群的发展脉络。因而，人类学者特别关注无文字社会的口述历史，成为人类学研究的一项重要手段。20世纪20年代，在历史学界，"新史学"开始兴起，所代表的是与传统史学不同的新潮流和范式，主张历史学研究应包含人类过去的全部活动，主张对历史进行多层次、多方面的综合考察。在历史研究的新动向之下，口述史（Oral History）的研究也蓬勃开展。不再将眼光仅仅局限在上层社会或者精英人物身上，而是主张"自下而上"地进行研究，关注数量众多的普通民众。希望从他们的口述历史中找到历史重大事件中普通人的状况，他们在这些历史事件当中是怎样的？而且这些"普通人对重大事件的记忆与他们地位高的人认为应该记住的并不一致。"①这促使人们关注口述历史，从口述历史中发现在文献记载中所不能发现的普通民众的历史，以及地方社会的历史发展脉络。"口述史""承诺提供一种能为普通人理解的对地方和社区的认识，同时揭示社会史的更一般性特征。"②从社会记忆的角度来讲，"口述史"的研究其目的不在于只是对往事的简单再现，而是深入大众历史意识的重建，把关注焦点从"真实的过去"转移到"记忆的过去"，探讨人们意识深处对于自我和他者以及相互之间互动的深层关系与结构。

那么宕昌藏民的历史是怎样的？他们来自哪里？他们的祖先是谁？他们都经历了怎样的事情？我们分别来看看作为信史的史书上的记忆，以及我们不作为信史的宕昌藏民自己口耳相传的记忆，从中可以一探宕昌藏民意识深处的自我意识以及与他者的关系。

他们从哪里来：文献记载中的宕昌藏民

康熙年间修撰的《岷州志》记载：

> 宕昌：古羌戎地。后魏时魏宕昌羌地。后周天和初，平羌，置宕州。陈天嘉初设宕州总管府。隋开皇初废府置宕昌郡，领县三，曰怀道、良恭、和戎，复以成州之潭水属焉。唐天宝初改为怀道郡，后陷吐蕃。宋熙宁中收复，筑宕昌堡，属岷州，今为宕昌里。③

---

① 〔英〕埃里克·霍布斯鲍姆（Eric Hobsbawm）：《史学家——历史神话的终结者》，马俊亚、郭英剑译，上海人民出版社，2002，第 238 ~ 239 页。
② 〔英〕约翰·托什（John Tosh）：《口述史》，吴英译，北京大学出版社，2011，第 9 页。
③ 《岷州志校注》，第 372 ~ 373 页。

这寥寥数语，勾画出了宕昌的历史发展轨迹。

陇南山区一带是古氐、羌人居住的地带。秦时陇南一带即有地方行政建置。汉代这一带的建置就比较完善了，设有武都郡、陇西郡等，因为当地居民多为古羌人与氐人，所以在陇西郡特设有羌道和氐道，属陇西郡管辖。在秦汉时期，羌人和中原的汉人之间在甘肃东部和河湟地区发生了激烈的竞争，也就是屡见于史书中的"羌乱"。最终汉王朝凭借其强大的实力，将汉人区域推进到甘肃、青海的西北部边缘。同时汉王朝又采取移民屯田的办法，向这一代地区大量移民。《汉书·武帝纪》载："元狩四年（公元前119年），关东贫民徙陇西、北地、西河、上军、会稽者凡七十二万五千口""元狩五年，徙天下奸猾吏民于边"。除了屯田移民以外，还有不少内地汉人为躲避战乱以及逃荒移入这里，造成了汉人进入非汉羌人地区的第一次高潮，因此也造成了羌汉之间的大融合。①

魏晋南北朝时期，是中国历史上又一次发生分裂的时期，同时也是各个不同族群大迁徙、大混战、大融合的时期，宕昌这一名称也开始出现在史书中。然而宕昌真正出名则是源于族名，羌人的一种——"宕昌羌"。"宕昌，羌种也，各有酋豪，领部众汧、陇间。"②"宕昌羌者，其先盖三苗之胤，周时与庸、蜀、微、卢等八国从武王灭商，汉有先零、烧当等，世为边患。其地东接中华，西通西域，南北数千里。"③"有梁勤者，世为酋帅，得羌豪心，乃自称王焉。勤孙弥忽，世祖（北魏太武帝拓跋焘，423～452年在位）初，遣子弥黄奉表求内附，世祖嘉之，遣使拜弥忽为宕昌王，赐弥黄爵甘松侯。"④也就是说，到梁勤的孙子梁弥忽时正式与内地王朝建立起政治联系，其地"在河南之东南，益州之西北，陇西之西"⑤，面积约"东西千里……南北八百里，地多山阜，人二万余落"。⑥即宕昌羌国管辖的范围就在包括今宕昌在内的陇南山区一带。

与宕昌国建立政权大约同时期，氐人首领杨氏在陇南建立了仇池政权，

---

① 秦永章：《甘宁青地区多民族格局形成史研究》，民族出版社，2005，第22页。
② 《南齐书·羌传》。
③ 《魏书·宕昌羌传》。
④ 《魏书·宕昌羌传》。
⑤ 《梁书·宕昌传》。
⑥ 《魏书·宕昌羌传》。

控制着甘肃陇南地区。在仇池国之后又出现了几个氐羌人建立的地方政权，如武都、武兴和阴平，这五个主要在陇南地区的地方政权被称为"陇南五国"。在北部的河湟一带活动的主要族群有东胡各系的匈奴、鲜卑诸部，他们也分别建立了自己的政权，比如以鲜卑和羌为主体的吐谷浑政权，控制着青海和甘南的广大地区。宕昌政权就位于吐谷浑和其他氐羌政权之间。这个时期，甘肃青海一带，各族群势力竞争非常激烈，相互之间争战不断。对宕昌国威胁最大的就是西部的吐谷浑势力，多次侵扰宕昌国，曾两次颠覆其政权。因为宕昌国力较弱，所以很少向相邻政权发动军事进攻，也难以抵御其他政权的进攻。因此，宕昌政权常常向北朝和南朝的各个政权进贡，以寻求庇护。在这样一个动荡的时期，宕昌国并没有建立起一个稳固和安宁的国家。北周保定四年（公元 564 年），大将军田弘进军宕昌，获二十五王，拔七十六栅，至此宕昌国灭。①从公元 380 年前后自立为王的梁勤至此，史书上记载的宕昌国历时不足两百年。当时甘青一带各族群势力的彼此纷争，以及与南北朝的大国之间的频繁交往和战争，使这些政权统辖之下的汉、匈奴、鲜卑、氐、羌等许多族群，不断迁徙往来，交错杂居，相互碰撞、摩擦，并不断交融。

隋唐之交，吐蕃王国在西藏高原崛起，并不断向东部扩展，袭扰唐朝西部边境，于是甘青一带就成为唐与吐蕃角逐的战场。"安史之乱"后，唐的势力大大削弱，吐蕃于代宗宝应二年（763 年）一度攻破长安。在吐蕃强大的军事力量压迫下，唐和吐蕃于德宗建中四年（783 年）签订了《唐蕃清水盟约》。盟约规定："唐地泾州右尽弹筝峡，陇州左极清水，凤州西尽同谷，剑南尽西山、大渡水，吐蕃守镇兰、渭、原、会，西临洮，东成州，抵剑南西磨些诸蛮、大渡水之西南。"②也就是说陇南文（今甘肃文县）、武（今甘肃武都）、成（今甘肃成县）、迭（今甘肃迭部）、宕（今甘肃宕昌）、岷（今甘肃岷县）各州都为吐蕃所控制。尽管到了咸通年间，唐朝政府收复了河西陇右直到庭州，但实际上，一直到 1073 年宋代大将王韶收复陇南前，吐蕃的势力依然对陇南有着较强的控制。藏文史

---

① 《周书·田弘传》。
② 《旧唐书·吐蕃传下》。

料《多麦宗教源流》记载：松赞干布时代，藏汉交战频繁。有次松赞干布派出二十万大军，到达白水流域（即今白龙江流域，约指甘肃舟曲、文县、四川的南坪、平武等地）和黑水流域（即今四川黑河、腊曲河一带），后来藏王不准他们返回西藏，便世代定居在那里。①《安多政教史》也记载了法王赤松德赞向洮河流域派兵的事件，并说"多麦②南北各地人民，大部均为吐蕃法王派来驻防唐蕃边界的部队之后裔，所以他们的语言中保留了许多古代藏语"。③根据这些史料记载，《甘南藏族部落概述》一书认为："今四川阿坝境内的部分藏族和甘南舟曲一带的部分藏族均属奉命来这一带驻守的'马兵'部之苗裔。另外分布在舟曲境内的相当一部分藏族即'噶玛洛'属部之后裔。"④也就说无论是藏文史料还是汉文史料都记载了隋唐之后，吐蕃人大量迁入今甘肃、四川北部一带，与氐、羌、吐谷浑等族群共同交错杂居。

在吐蕃占领时期，吐蕃对其统治下的各族群实行了统一融合和强制同化政策，大量羌人，包括吐谷浑人融入吐蕃人当中，吐蕃的部落制度深深扎根于此，并成为维系其族体存在的重要纽带，安多藏区（今青海、甘肃南部及四川西北部）即由此形成。⑤所以有学者认为，现在居住在宕昌的藏族很大一部分就是被吐蕃同化的古氐羌之后裔。⑥修撰于清代的《武阶备志》载，"其在阶文等州者，皆与氐羌杂处，自分部族，中朝人总以西番名之，不复别其汉种唐种也。五代时衰弱不能为患，至熙宁七年（1074 年）武都夷内附者谓熟户，今为土户者是，与齐民无异。"⑦

这时，在史料中已不见了宕昌羌的踪影，开始出现了党项羌。唐末，党项羌势力逐渐增大，到公元 1038 年，建立了西夏王朝。当党项人在西北地区崛起的同时，在河湟地区也出现一些较大的吐蕃部落联盟，最终于 11 世纪初以青唐（藏 Gyi thang，今青海西宁）为中心，形成了以吐蕃赞

① 转引自《甘南藏族部落概述》，第 5～6 页。

② "多麦"（藏 mDo smad）即"安多"（藏 A mdo），到元代又译作"脱思麻"或"朵思麻"。

③ 《安多政教史》，第 22 页。

④ 《甘南藏族部落概述》，第 6 页。

⑤ 秦永章：《甘宁青地区多民族格局形成史研究》，第 34 页。

⑥ 格勒：《藏族早期历史与文化》，第 291 页。

⑦ 清·吴鹏翱：《武阶备志》，转引自《陇南地方史概论》，第 39 页。

普后裔唃厮啰（藏 rGyal sras，997～1065年）为首的吐蕃政权，亦称"青唐羌"。宋代时期，唃厮啰政权采取亲宋政策，抗击西夏，双方展开了多次大的战争，涌现出木征（又作摩正，赐名赵思忠）这样叱咤风云的人物。史料记载，木征转战于河湟岷洮地区。宋神宗熙宁年间（1068～1077年），王韶受命经略熙河、招抚吐蕃诸部，攻取了洮水流域的熙（今甘肃临洮）、河（今甘肃临夏）、跌（今甘肃迭部）、宕（今甘肃宕昌），北宋势力达到洮水以西地区，唃厮啰政权宣告解体。[①]在后文引述的宕昌藏民的口述历史中，常常听到他们提起木令（楞）大王，但史书上的木征与藏民口中的木令征是否是同一人，我们没有找到确凿的证据。光绪年间修撰的《岷州续志》则认为这是两个人[②]，而且认为距离宕昌三十里路的木家七竜曾经就是木令征的旧居。[③]在这一段时期，吐蕃、氐、羌、党项、汉、吐谷浑等不同族群彼此摩擦、对峙、拉锯，在这里积淀了古代许多东西方和北方族群的成分与文化因素。

1236年，蒙古军队分兵攻取宕昌（今甘肃宕昌）、阶州（今甘肃武都）、文州（今甘肃文县）等州郡，招降吐蕃部落首领勘陀孟迦等十族，并委以担任地方官。[④]元朝灭了西夏以后，西夏遗民逐渐内迁，有相当多的西夏移民因随军服役、任官、屯垦等，先后迁入内地，广布各地。当西夏遗民大量内迁之时，蒙古统治者又把大量汉人、回鹘人、西域人迁入这一地区，这样就造成了遗留在西夏故地上的遗民与其他人群交错杂居的局面。

元代消亡以后，代之而起的是明王朝。明代对少数民族地区的统治主要是在少数民族地区设置军事卫所，以及实行土司制度、"土、流参治"、优待宗教领袖等一系列措施，在甘青地区也不例外。当时宕昌被划归为岷州卫管辖，岷州卫共有番民89族（图6-1）[⑤]，都归当时名噪一时的卓尼杨土司管辖。具体到宕昌番人，则归马土司管辖。当时马土司管辖的范围为今属舟曲的白龙江南岸山区的八楞、斜坡、三角坪、武坪，以及今属宕

① 《宋史·神宗本纪》。
② 《岷州志校注》，第407页。
③ 《岷州志校注》，第378页。
④ 《宋史·理宗本纪》。
⑤ 《岷州志校注》，第87页。

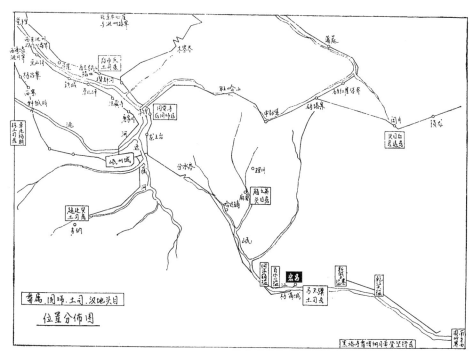

图 6-1　岷州番属、国师、土司、汉地头目位置分布
注：康熙《岷州志》第一卷 "图考"，《岷州志校注》，第 59 页前，应经今人临写。加黑底处即宕昌城关位置。

昌的官鹅和大河坝一带，属于唐哇尔（藏 thang bar）部落。[1] 所以当地人说，"在大事情上杨土司做主，小事情马大人做主"。[2] 我们知道明代是中国历史上移民规模最大的时期，明王朝为了巩固中央政府在少数民族地区的统治，消除割据势力，达到统一全国和巩固边疆的目的，对各民族实行汉化政策，将大量汉族移民迁徙到少数民族地区，促进民族同化。对于岷州卫的番人，明王朝也同样采取这样的措施，大量汉族移民的到来，改变了当地的民族格局，最终汉族人口占据了多数。当汉族进入之后，原来居住在这里的番人与汉族的接触逐渐多起来，渐渐被称为 "熟番"，也就是汉化程度较深的番人。

　　正当岷州卫番汉杂居、番人逐渐融入汉人的时候，蒙古人进入了青海的西海地区，这对当地的民族分布格局造成了很大的冲击，引起了番民的

1　《甘南藏族部落概述》，第 9 ~ 10 页。
2　《地理编·藏民族采访实录》，第 4 页。

迁徙和民族融合。当时"蕃人失其地，多远徙。其留者不能自存，反为所役属。"①青海番民迁徙的主要方向是：一部分向四川山西沿边地区；一部分向河西走廊中部迁移；一部分深入西藏腹地；一部分被裹挟到河套、蒙古地区。从明代文献看，青海湖周边的西番首先流亡到湟水流域的西宁、湟、廓等州。这里曾是西北吐蕃的政治、经济、文化中心，有充足的物质条件接纳这些逃难的同胞。但蒙古人不断东进剽掠，于是这些番民就不断东迁，一直逃到熙（临洮）、河（夏河）、洮、岷四州。明嘉靖八年（1529年），亦不喇攻掠洮岷，西海番民与当地番民不得已又向临洮、巩昌（甘肃陇西县）、渭源迁移，不少"番民"就留居于当地。②这次以吐蕃为主的番民大迁徙，是明清时代西北地区有深远影响的一次民族大迁徙、大融合，它不仅改变了明代西北民族分布的格局，而且为清代民族融合奠定了基础。这种迁徙在大的范围影响了民族格局和民族分布，而岷州卫治下的宕昌也肯定接受了一部分这些流徙逃难到此的番民。

实际上，即使在岷州卫治下及其周围地区，有明一代也并没有停止过战乱。岷州卫记载了多次战乱，包括这些大的战乱和一些番民的叛乱等。

明仁宗洪熙元年（1425年）八月，岷州岳藏堡（今宕昌新城子乡岳藏堡村）等族番民起义，宕昌土司马进良平之。③

明英宗正统九年（1444年），立界族番民起义。

明宪宗天顺七年（1463年），"岷州番寇纵横，村堡为虚。顷令指挥后泰与其弟通反覆开示，生番忍藏、占藏等三十余族酋长百六十余人，熟番栗林等二十四族酋长九十一人，转相告语，悔过来归，且还被掠人畜，愿供徭赋。"④

明世宗嘉靖二十八年（1549年）七月，岷州南路陆忍、常哈等番民时出扰害。宕昌土司马应龙抚调番首失木有等四十余名，各赏银牌一面，喻以王法利害，各思畏惧，均愿归降，受其统辖。⑤

---

① 《明史·西域二》。
② 《明史·西域二》。
③ 康熙续修《马氏世谱纪略》，转引自陈启生编著《陇南地方史概论》，第232页。
④ 《明史·西域二》。
⑤ 康熙续修《马氏世谱纪略》，转引自陈启生编著《陇南地方史概论》，第232页。

明世宗嘉靖四十一年（1562 年）十二月，宕昌忍藏族番民起义，宕昌马土司马世福镇之。①

明神宗万历四年（1576 年）六月，作布沟番民为害，马世福所属征剿，在娘娘山与番民交战，斩番数人。又有忍藏番民起义，马率部征剿获胜。②明神宗万历十三年（1585 年），岷州拉达族番民起义，马世福追至岗沟平镇之。③

明神宗万历二十二年（1594 年），青海寇纠合番族扰掠洮、岷，固原总兵肖如熏与洮岷总兵孙仁率兵拒战，擒斩三百四十余，抚叛番五千人，获驼马甲仗无算。④

明神宗万历二十四年（1596 年）四月，忍藏等九族番民为患，杀伤官军史向等。洮岷道令当后舱土司马存仁为先锋，通土司赵世清、庞指挥等挟制张手背进剿，平定之。⑤

是年十月，杀贼桥（今沙湾）庙见哑哈番民起义。

明神宗万历二十五年（1597 年），宕昌六忍、立节二族番民变乱，马存仁镇之。⑥

明神宗万历三十一年（1603 年），岷州六忍、立节等番梗化，岷洮道副总兵袁宏德率军征之，收降番二千余，以为内护。⑦根据《甘南藏族部落概述》的考证，这次番民叛乱平定之后，曾把部分番民强制迁往今舟曲山后阳山庄一带，同时又把阳山庄一带的番民迁到宕昌。⑧

明思宗崇祯十五年（1642 年）春，黑峪黄高僧变，马国栋追至占藏里镇之。后黄高僧又联合任藏等族番民于颠角寨、师婆寨等初活动，阶州参将调西固（今舟曲）、岷州守备会同马国栋征剿，黄高僧死于脚力铺。⑨

根据这些不完全的统计，仅在宕昌及其附近，有记载的番民叛乱就达

① 康熙续修《马氏世谱纪略》，转引自陈启生编著《陇南地方史概论》，第 233 页。
② 康熙续修《马氏世谱纪略》，转引自陈启生编著《陇南地方史概论》，第 236 页。
③ 康熙续修《马氏世谱纪略》，转引自陈启生编著《陇南地方史概论》，第 237 页。
④ 《明史·西域二》。
⑤ 康熙续修《马氏世谱纪略》，转引自陈启生编著《陇南地方史概论》，第 240 页。
⑥ 康熙续修《马氏世谱纪略》，转引自陈启生编著《陇南地方史概论》，第 241 页。
⑦ 《岷州志校注》，第 410 页。
⑧ 《甘南藏族部落概述》，第 4 页。
⑨ 康熙续修《马氏世谱纪略》，转引自陈启生编著《陇南地方史概论》，第 253 页。

13 起，而且很多地名和现在宕昌藏民居住的地区基本一致。比如"六忍"可勘同"鹿仁"，"立节"同"立界"，"忍藏"同"任藏"……当然我们很难讲，明史中记载的这些地方的番民就是现在各个村寨居民的祖先，但至少可以确定，当时这些不同的番族居住的地方距现在名称相似或者一致的地方不远，或者就在这些地方。

清代在岷洮地区的统治依然延续明代的方法，《清史稿·土司志》记载："清顺治二年（1645 年）岷州宕昌土司马国栋，麻竜里土司赵应臣归附，朝廷均授原职，卫世袭土官百户。"根据《岷州志》的记载，明末清初马土司管辖的番人有一十六族：即"既隆族、野地喇哈族、马鞍山族、瓦舍坪族、官鹅族（又称乔家族）、阴坪族、肖二牟哈族、土崖头族、挫藏族、禄任族、力则族、水泉坪族、铁力哈族、火坪族、游房沟族、竹园族。"①关于宕昌马土司，乾隆二十六年（1761 年），清高宗诏命所修的《皇清职贡图》（图 6-2）一书中也有记载。

> 岷州土百户马繡，乃后汉马援之裔。元至正时有马纪者，为指挥使，防守哈达川，遂家焉。明洪武初，以纪子珍剿抚番族，授为百户，世辖其众。本朝因之。康熙年间，土司马国栋、马骥屡立战功，繡即骥子也。所辖瓦舍坪等四十五族番族，皆马氏先后所剿抚归顺者。②

康熙年后，马土司的势力范围又有扩大，一是因为康熙四十八年八愣一带的番民起事抗清，被征剿之后，部分划归马土司；二是乾隆初年，马土司与卓尼杨土司联姻之后，杨土司将其所辖的八愣和三角坪一带作为嫁妆陪送给马土司。这样马土司的辖区就由一十六族变为近六十族。并把所辖各族划为上下两旗，上旗基本上就由今宕昌的官鹅沟、新城子藏族乡和大河坝沟的番人组成。③

在实行土司统治的同时，清朝政府也不断从内地迁来大量汉族屯垦，

---

① 《岷州志校注》，第 85 页。
② 康熙续修《马氏世谱纪略》，转引自陈启生编著《陇南地方史概论》，第 276 页。
③ 《甘南藏族部落概述》，第 12 页。

图6-2 "岷州土百户马繡所辖瓦舍坪等族番民""番妇"
注：清·傅恒等撰《皇清职贡图》卷九，乾隆内府刻本。

造成番人与汉、回等民族交错杂居的格局，到清末有相当一部分番人融入汉族之中，变成了亦番亦汉的"嘉西番"（即汉化了的番人）。比如，光绪《阶州直隶州续志》载，清雍正七年（1729年），西固（今舟曲）番人慕化，编里为民，设抚彝同知，隶巩昌府。如此，在洮、岷地区的河谷地带形成了一些番人聚居点，与汉族等其他民族形成杂居局面，从事着半农半牧或完全从事农业生产。

清代的宕昌和明代一样，并不平静，同样战乱不断。比较大的战乱有，清光绪六年（1880年）三月，阶州瓜子沟番民古旦巴聚西固番民四千余人反清，攻哈河坝、武坪、杀贼桥等地。前巩秦阶道龙锡庆、阶州邮寄陈再益提兵掩袭杀贼桥番队，番民溃走，陕甘总督左宗棠遣道员刘傲、总兵沈玉遂、李志刚分路进剿，古巴旦等20余人被杀。这件事情在清史稿中有比较详细的记载。除了番民的战乱以外，还有白莲教等的起义，也引起当地社会的动荡不安。

明清两代，在岷洮地区不断出现各种大小战乱，一定也影响到宕昌地区的族群分布情况。在当地藏民的口述中，我们不断听到关于番民叛乱的记忆。他们说，自己的祖先是因为躲避战乱才迁到目前的居住地。

简单梳理了民国之前宕昌地区的历史情况，我们看到，在这样一个大的历史背景下，曾为羌戎之地的宕昌地区，恰好处于东部强大的汉文化与西部的藏文化交界地带，自古以来，这里兵戎不断，始终裹挟在各个族群不断发生摩擦、拉锯和交融的过程中。人是一茬一茬地换，羌、氐、吐蕃、汉、吐谷浑、匈奴、蒙古、鲜卑、回鹘……你走我来，他来我去，他走你又来……这些不同族群反反复复，往来交融，一千多年，不同族群交替流动，相互融合，不断重构。很多在历史上占据一席之地的族群，如今已踪迹难觅，他们已经融合于现在的各个族群之中，不仅仅是血缘的混合，还有文化的融合。因而，宕昌一带族群与文化的复杂现象也就不难理解。

我从哪里来：宕昌藏民的口述历史

"我从哪里来？"是人类永恒的问题之一。人们总在寻找，我到底来自哪里，哪里是我们的故乡？于是，无论是文学作品还是音乐、绘画，乡愁似乎是永恒的主题。在捷克作曲家德沃夏克悠长深远的《思乡曲》中，故乡似乎在眼前缓缓展现她宽厚慈爱的容颜……余光中说："醉酒的滋味，是乡愁的滋味……沸血的烧痛，是乡愁的烧痛……"席慕蓉说："故乡的歌 是一支清远的笛……故乡的面貌 却是一种模糊的怅望……"人们无论走到哪里，无论走得多远多久，故乡总萦绕在脑海中。

人们往往通过一代一代的口耳相传，在记忆中延续着自己来自哪里的传说，也就延续着自己祖先的历史。这种历史记忆所包含的是一个群体强化内部的凝聚力与连续意识，也就是所谓的集体记忆（Collective memory）或者说社会记忆（Social memory）。这种集体记忆虽然脱离不了客观给定的社会历史框架，固着于不可更改或者不可置疑的回忆形象和储存的知识，可是每一种当今又都把自己置于一种对这些形象和知识进行掌握、分析、保持和改造的关系当中。[①]也就是说，记忆通常是有选择性、

---

① 〔德〕扬·阿斯曼：《集体记忆与文化认同》（ Jan Assmann， "kollektives Gedächtnis und Kultlurelle Identität"， in Jan Assmann und Tonio Hölscher [Hg.]， *Kultur und Gedächtnis*， Frankfurt am Main， 1988，S.9 ）。转引自哈拉尔德·韦尔策（ Harald Welzer ）编《社会记忆：历史、回忆、传承》，季斌等译，北京大学出版社，2007，第 5 页。

倾向性的。比如，历史上哪些事件和人物是重要的，往往所根据的是人们现实社会中对自我和他者的认知，根据这种认知，人们选择性地记忆过去，重组和改造历史。在这样的集体记忆当中，形成一个族群口头流传的实践、常规的历史文献、图片以及集体纪念仪式，包括居住的地理和社会空间。[①] 这种记忆所传递的是一个族群自我认同的内容，维持其族群边界，并保证这个族群得以延续。

宕昌藏民他们的历史记忆就不能不成为我们关注的内容，从中我们可以探讨他们意识中自我认同的内在要素。我们在宕昌藏民中间听到很多他们来自哪里的传说和他们祖先的故事。

小菊爷爷说：

> 我们是迭部黑以（音）寺的人，黑以寺一个大寺院，古代时侯……我们很不清楚那是什么时候，古代时候的……[②]

后来还有好几位鹿仁庄的人都提到了"黑以寺"。当我们翻开《岷州志》查找这个传说中的"黑以寺"时，发现有一座"黑峪寺"（藏 gSer po gshong dgon）。前面我们已经提到，在乡民的口音中"yu"常常被发为"yi"，很可能乡民口中的"黑以寺"就是"黑峪寺"。这座寺院位于现在甘南藏族自治州的舟曲县憨板（藏 Bod rtsa）乡察布岗（或作沙布岗）村，正式的称谓是 Yag hwa dgon bsam gtan bshad sgrub gling，意为"静虑讲修洲"。舟曲长期信奉苯教，康熙十九年（1680 年）黑峪寺的建立标志着藏传佛教在舟曲站稳脚跟。康熙《岷州志》提到：

> 番僧纲司黄登烛坚错（藏 Don grub rgya mthso），系西固（今舟曲）口外生番。于康熙二十七年（1688 年）投诚，奉委前职，

---

① 〔德〕彼得·伯克（Peter Burke）：《作为社会记忆的历史》（Peter Burke，"Geschichte als Soziales Gedachtnis"，in Aleida Assmann und Dietrich Harth [H.]，*Mnemosyne. Formen und Funktionen kultureller Erinnerung*，Frankfurt am Main，1991，S. 392ff.）。转引自哈拉尔德·韦尔策（Harald Welzer）编《社会记忆：历史、回忆、传承》，第 6 页。
② 2005 年 7 月 15 日苗祥有访谈。

居黑峪寺番地，在城南三百一十里，管中马番人二十四族。①

由此可粗知黑峪寺在周边政教权力结构中应具备宗教核心地位。不仅如此，番僧纲司也具有政治权力，是西藏政教合一体制的一种表现形式。黄番僧纲司世袭一代后，于雍正七年（1729 年）废。②1949 年前，黑峪寺建筑破旧，僧人无几，后来就渐渐消亡了，至今没有恢复。如果说乡民的这种记忆确切的话，鹿仁的人可能来自舟曲的憨板乡附近，而且时间极有可能是在康熙十九年以后，否则在他们的记忆中不会有"黑峪寺"。无独有偶，在大河坝沟，人们也说他们来自山后的憨斑坡，亦即舟曲的憨板乡。

鹿仁庄有一位乔姓奶奶乔五月花，在我们所访问过的村民当中，她是唯一能够从自己上溯四代的老人，她说乔家是鹿仁庄最早的住户：

> 乔家是从舟曲逋斯地方过来的……啥时候过来的不知道，有几十辈人了，信下的神是藏神。……我们叫我们人 [běi]，叫汉人 [jia]。山神也是从逋斯地方带下来的。③

位于官鹅沟口的乔家村，藏语称谓就是"逋斯"（参见表 6-1）。人们讲舟曲有一个庄子也叫"逋斯"。或许他们就是从舟曲的"逋斯"迁到官鹅沟的，同时也把原来的地名也带了过来。④人们迁徙的时候经常把原来的地名带到迁徙地去，这是非常常见的现象。或许乔家村的藏民从舟曲迁到官鹅沟以后，又有一部分人又从乔家村迁到了鹿仁庄，这当然只是一种猜测。不过，鹿仁庄另外一户乔家确实讲过，他们实际上是乔家村的人，从爷爷那一辈起上门来到了鹿仁庄。有趣的是这位乔姓奶奶的母亲是另一

---

① 《岷州志校注》，第 87 页。
② 参见蒲文成主编《甘青藏传佛教寺院》，青海人民出版社，1990，第 549 ~ 550 页；《舟曲县志》，第 603 ~ 604 页；沈海祥：《黄土司与黑峪寺》，载政协甘南舟曲县委员会文史资料研究委员会编《舟曲县文史资料》第 1 辑，1987，第 147 ~ 160 页；《甘南藏族部落概述》，第 15 ~ 21 页。
另外，《光绪岷州志稿》第一卷"山水"提及黑峪寺即唐之庄严寺。待考。
③ 2007 年 2 月 11 日鹿仁庄乔五月花访谈。
④ 第三章"凤凰山神的种种称谓"一节提到过，鹿仁乔家信奉的山神叫"逋斯野萨"，应该是从族源地逋斯带过来的山神的意思。

户乔姓的姑姑。那么看起来，乔家来到鹿仁的时间也并不很长。不过无论到鹿仁的时间多长，在他们的记忆中，故乡是在山后。

鹿仁庄的文苯苯苗刘荣保说，鹿仁庄的苗姓最初是从舟曲的九原来到这里的。①直到今天在舟曲依然有九原这个地名，并且和宕昌临近。鹿仁的另一位老人苗张顺有告诉我们：

> 最先来鹿仁的是乔家，是从舟曲的遍斯地方来的。然后苗家从舟曲的九原，藏说洛扎来到这里，毛家则是从哈达铺来的。外边打仗，藏民为了躲避战乱，就一个庄子一个庄子地退过来，最后来到鹿仁定居。最先来的乔家就一户，他们住下后，苗家来了三户，毛家来了几户说不上来。……三五百年的事情，说不清楚了。②

苗张顺有 20 世纪 50 年代当过兵。他特别提到，当年和他一起当兵的有一位青海藏族，具体是青海什么地方的人他记不清楚了，他们两个人的语言大致相通。

另一位在县里工作的鹿仁庄人告诉我们：

> 我们这儿的人，很早以前从咔哒部（音，即哈达铺）过来。咔哒部在汉代，我们这个宕昌周围全部都是藏民。那个时候是很早以前……到现在我们这个（官鹅沟）叫西番沟嘛。藏民居住的地方，就叫西番。宕昌还建了一个国，有个宕昌国。那个时候我们这个藏民庄稼都很不会种，就是打猎。搞那个很粗糙的加工，现在是铁锹，过去是木锹，用木头做的。还有就是做那个镐头……我们这个地方的人是从青海过来的，不是这个本地人……③

在他的记忆中，我们可以看到掺杂了乡民口中的传说和文字记载的"史

---

① 2007 年 2 月 18 日鹿仁庄苗刘荣保访谈。
② 2007 年 2 月 12 日鹿仁庄苗张顺有访谈。
③ 2005 年 7 月 15 日鹿仁庄苗正文访谈。

料"，祖先开始变得高大起来，或许宕昌的藏民真的就是那宕昌古国的后裔。不过他又提到他们来自青海，如果真的如此，那么和前面史料中记载的明代青海番族的大迁徙倒是一致的。前面苗张顺有老人说他们的语言和青海某地的藏族语言可以相通，似乎也可以拉上一些关系。不过这种说法，我们只听到他一个人这样讲，没有从其他人那里得到证实。

当地人都说官鹅沟立界庄那位 85 岁的杨有顺保老人见多识广，经常向我们讲起他的传奇。他说：

> ……鹿仁可能是山后（舟曲）来的，年代多了，也记不下了。明朝时代我们这一代就是藏民多得很，早先我们这宕昌县还出过番王，这会儿旧城还有，番王筑下的旧城。……你听过没有，西凉夏国……早先宝鸡以上全是藏民，三百六十藤甲兵……嗨，那说这下就太深沉了。岷县一带，有寺院的地方全都是藏民地方。理川有个"[cha li]寺"，上面有大神，牌坊上也画有三只眼、踏牛的副神。这就全部失了，没有了。

> 明朝时代，我们这个宕昌这一带就没有汉民。藏民呢，早先我说起呢，是瞎得很①，经常反对皇帝呢。樊梨花征西，杨家十二寡妇征西，把藏民都征过了。

> 明朝鹿仁庄原来叫"木仁"庄，是个大庄……原先藏民反，反，就征过了……

> 阴坪的人可能先来到鹿仁，鹿仁的人逐渐打进来，就把阴坪人赶到现在地方去了。②

老人还告诉我们，从前在离沟口不远的瓦舍坪那里有一座大寺，明代就有了，已经有三百多年了，传说寺里有三百喇嘛。喇嘛在河坝里找石头刻字，作为纪念。大寺的三大古佛三年换一次，后来就搬到宕昌的大佛寺了。在老人的记忆中，宕昌一带在明代以前，都是藏民的地带，而且藏民"爱反"，

---

① 当地方言"瞎（[hà]）得很"是不好的意思。
② 2007 年 3 月 2 日官鹅沟立界庄杨有顺保访谈。

被中央王朝屡屡征服。

宕昌县志办的工作人员也曾经对宕昌藏民的来源做过调查，他们对新坪庄 84 岁的老苯苯做过采访，老人说：

> ……山后憨斑坡（当即憨板）来的，牛头山、乔家村的藏民都是憨斑坡来的，牛头山是憨斑坡"勒尕"[①]来的（"勒尕"的意思是高山顶），牛头山藏族人沿用了古地名称。临江堡乡黄家藏族人的先祖是舟曲好梯坪[②]来的。大、小苏麻和坡里人（在车拉乡）都是山后来的，早得很。立界藏民的先祖是山后九原来的。我们与洮州是一个杨家，马土司与杨土司打交道，据传祖上从山后打猎过来。打山、放绳子，慢慢过来的，这一带原先都是大林。[③]

新坪的一些老人也告诉我们，新坪的人是从山后憨板坡来的。[④]

川坪沟周家峪村黄家湾社一位 84 岁的老人告诉我们，传说黄家湾的人是从西固的"三角武坪"来的。西固是舟曲原来的名称，我们查了舟曲地图，没发现这两个地方，倒是有三角（[guó]）坪（藏 Gong can，当地方言发音则可拟作 sGo ya）和武坪（藏 U pe），而且距离宕昌也不远。在这位老人的记忆中，黄家湾的人也是来自舟曲。[⑤]实际上，舟曲的三角坪、武坪等地原本也属于宕昌马土司管辖的唐哇尔（藏 thang bar）部落，直到民国二十二年（1933 年）才由甘肃省政府划入西固（舟曲）。[⑥]

2005 年，县志办的工作人员到新城子乡的拉界村水泉坪社进行访问，该村一位 73 岁老人说：

> 拉界村的三个社都是藏民，祖上传说来自"岔来坝"，原是

---

① 疑即憨班拉尕（藏 Bod rtsa la kha），见《甘南藏族部落概述》，第 20 页。
② 藏 bDe sde，当地发音可记作 Bu bde，见《甘南藏族部落概述》，第 13 页。
③ 凡以下文中提到的宕昌县志办的采访内容均摘自《地理编·藏民族采访实录》。
④ 2007 年 2 月 27 日大河坝沟新坪庄两位老人访谈。
⑤ 2007 年 3 月 8 日川坪沟黄家湾乔平义保访谈。
⑥ 参见《甘南藏族部落概述》，第 10～15 页。

阶州管辖。这一带鹿仁族以下、土埃头①族以上是上八旗，三角五坪是下八旗②，全是马土司管，过去全姓杨，后来才有了杂姓。甘江头、土埃头的乔姓藏民是乔家村来的，水泉坪人原来住在大庄梁上，后来就搬了过来。临江铺乡黄家人是从刘家湾搬过来的。铁古黄家也是刘家湾搬过来的，其他都是洮州杨家的百姓，全划归马大人管……

水泉坪至今藏话仍称"擦来"（见表6-1），当即沿用了其居民的故地地名"岔来"，村民讲述舟曲也有个地方叫这个名字。这再次证明了从藏语地名可以追溯到人群迁徙的路线。

2005年，宕昌县志办对临江乡的周家峪村进行了访问。该村一位62岁的村民说："除大庄是汉民外，其他全是藏族，姓杨，据说祖上是从任藏沟来的。"其他人的回答也是从任藏沟来，但具体的时间说不清楚。

2005年11月，宕昌县志办工作人员对路岗头村铁路社藏民进行调查，得知那里的人是从岳藏铺来的，他们也传说自己是洮州杨家的百姓。

2005年，宕昌县志办对车拉乡扎玉河村进行了调查。他们说：

> 我们先人来自西番沟的乔家族，当时先人打猎到了这个地方，看到这个地方好，就在土中插了一个火头（烧火剩的木柴），如果火头活了，就过来住。第二年，过来一看，活头长成了树，就搬过来住了，对巴子（对面）是番子家的山神，油房坡有凤凰山神，按时有一定的规程，主要请苯苯念经。
>
> ……
>
> 我们人就是土户家，也就是半番子，汉人叫我们是土户家，说的就是番子不是番子，汉人不是汉人的这一些人。

2005年宕昌县志办对岳藏铺村进行了调查，该村是汉、藏杂居的庄子，

---

① 通常写作土崖头，藏Sa dkar sgang。
② 依《甘南藏族部落概述》记载，上旗主要是今宕昌县境内官鹅沟、新城子藏族乡和大河坝一带的藏族聚居区，下旗基本上在今舟曲境内。参看该书第12页。

藏民全姓杨，据说是洮州杨家，是从洮州过来的，有"洮州杨家，半个天下"的说法。

南河乡上漳湾村的人说，他们的先祖是从山后大拉里来的，也就是现在迭部县的大拉沟一带。最早住在半山上的庄廓湾，约在清代中期，铁布家来抢财物，放火烧掉了原来的房屋、寺院，就搬到现在的上漳湾村居住至今。

从这些乡民的口述中，尽管有很多传说的成分，里面也有附会的内容，但是他们记忆中的故乡都指向了同一个地方——山后，也就是现在属于甘南藏族自治州的舟曲县或者迭部县。而且当我们打开地图（图6-3），寻找这些乡民口中的故乡时，发现这些地方和他们现在的居住地相距并不遥远，即使在交通并不便利的过去，他们从原来的故乡来到现在的居住地，也不需要花很长的时间。从乡民们的记忆中我们也看到，他们最早所上溯的时代是明代，没有更为古老的过去。也没有人附会说自己是来自某个汉人的聚居区，相反一致认为自己来自"山后"。也就说，在他们的记忆中他们来自番人的聚居区，他们的先人是为了躲避战乱才从原来的居住地迁了过来。对照前面官方修订的历史资料，明清时代岷州卫一代番民战乱不断，所以在村民的记忆中也就有了番民爱反的记忆；甚至把朝代并不相同的薛仁贵、十二寡妇等传说中的人物也融合进他们的记忆中，来印证番民反叛、被中央王朝征服的"史实"。根据人们的记忆，再结合史料，我们或许可以推断，这些居住在深山大沟中的藏民，其实定居在这里的时间不会太长，很可能就在明清之际。来了之后，和以前居住在这里的番民融合。比如官鹅沟的鹿仁庄和阴坪庄的关系，人们记得阴坪庄的人早于鹿仁庄的人来到官鹅沟。当鹿仁的人来到以后，把阴坪庄的人从沟内往沟外赶，于是阴坪庄的人往沟外迁。从这一点，可以揣测，鹿仁庄的人或许是直接从山后来的，这样当他们来了以后，从沟内驱使阴坪的人往沟外的方向走。因此，在人们的记忆中，保存了阴坪的人要定期来鹿仁收租子的说法。

从史料的记载中，我们得知，甘青一带在唐代是唐与吐蕃对峙的前沿。在吐蕃强盛的时候，宕昌一带的居民当是吐蕃统治下的各族人民，在一百多年的吐蕃统治下，各族人民逐渐吐蕃化。宋代以后汉族王朝占领这一地区，汉人逐渐迁入，这里的番民开始汉化，特别是明代的移民屯垦，更使

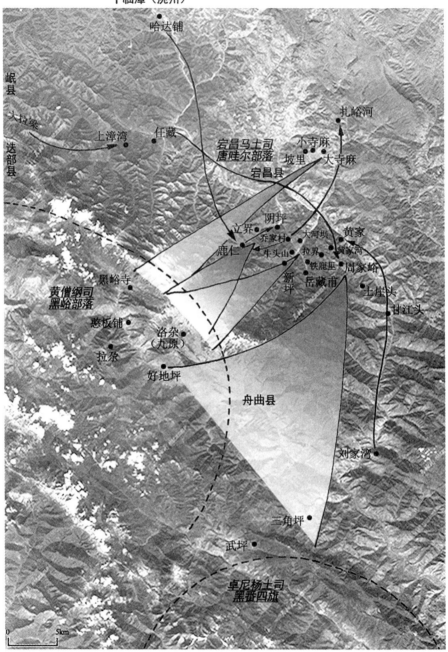

图 6-3 宕昌藏族迁徙示意图。底图数据采自天地图，http://www.tianditu.cn/
注：根据乡民口述和文献资料绘制，图中仅标示迁徙的大体趋向，并非准确的迁徙路线。

番民大量汉化，从而出现了半番子的土民。然而在历史的发展中，往往会出现事情的反复。正当宕昌的番人在汉族统治者的影响下逐渐汉化的时候，蒙古军袭扰青海，造成青海一带的番人大迁徙，这次迁徙不可能不影响到宕昌地区，一定有一些番人迁徙并定居在宕昌及其周围的舟曲、迭部等地带。所以我们看到在当地藏民的记忆中，还有他们来自青海的传说，也有村民说他们的语言和青海某些地方的藏语可通。

根据乡民的口述，并结合史料，我们或许可以做一个大胆的推测。由于明清时期，岷州一带番人不断发生战乱，造成番人持续性的小规模迁徙，目前居住在宕昌的藏民大多是那个时候从附近的舟曲、迭部等地迁徙而来，或许其中就裹挟着一些从青海迁来的番人，并逐渐和原来居住在这里的番人融合。

表 6-1　宕昌部分地名藏语发音

地名	当地藏语发音	藏文拼写 *	地名	当地藏语发音	藏文拼写
乔家村	[bū sī]		宕（[tàn]）昌	[jiē shà]	
水泉坪	[cā lái]	Chu mgo thang	立界（"力则"）	[lí jiā] / [zhā zhā nò]	Leb rtsed
岳藏甫 / 铺	[chú sǎo]		鹿仁（"禄仁"）	[lú hē]（新坪发音如 ai be）	kLu ri nang
大河坝	[chuǒ gǎ] / [chǔ gǎ]	Chu ma thang	下坪	[mù hū]	
（官鹅中心小学处）	[chuò zhuó da lì ge]		黄家	[sī bū]	gSer po
瓦舍坪	[chuò zhuó nuo]	Bar sribs thang	新坪	[yé be]	
川坪沟	[cí dū]		花儿滩	[yī hū]	
立界河坝	[duō nī jò]		任藏	[yí zuǒ] ①	
官鹅	[gé à]	rKed ngo	周家峪	[yí zuǒ]	
阴坪（《岷州志》作"阴平"）	[guo be] / [gei be]	Srib thang	新城子	[zhāi zī nə]	Grong gsar nang

* 地名的藏文拼写系依据《甘南藏族部落概述》，与当地发音并不一定能对应。

———

① 汉名"任"发音类似 [yí]，藏名首字发音在 [zí] 和 [yí] 之间。周家峪藏名首字发音类似。

第七章　羌藏之争

当我们第一次到宕昌，在县志办公室见到了杨海帆主任，听到他谈起宕昌的藏族和汉族都应当是古宕昌羌人的后裔时，我们的感觉是，当地的知识分子可能在查阅史料的时候，看到古时的宕昌曾经有比较"辉煌"的历史，所以愿意把自己作为古宕昌羌人的后裔，这是完全可以理解的。另外，目前我国实行少数民族优惠政策，无论是升学还是在地方政治中，通常会对少数民族实施倾斜，因此导致有些汉族出于"功利"策略通过各种机会和途径将自己的族籍改为少数民族。杨老师的这种"泛羌族认同"或许也是出于同样的考虑，当时对于他这种激烈的民族身份认同倾向，我们并没有太大的感触，以为只是他个人的行为。

然而，随着调查的逐步深入，我们才慢慢意识到事情并不那么简单。这种民族身份的认同更多地还牵涉到了当地政府对这个问题的态度，以及政府的政策引导作用。在我们进入官鹅沟的时候，就看到公路两侧的标语都在宣传沟里居住的是羌族，或许这是当地政府为了推动旅游业而有意为之的。正如我们前述，宕昌藏族与通常人们印象中"典型的"藏族区别很大。如果要以"藏族风情"来吸引游客的话，显然无法体现出民族风情在旅游业中的优势。或许正是因为这一点，当地政府才想到从历史的角度来寻找旅游开发的卖点。那么，占籍中记载的宕昌羌的文明无疑能够作为旅游开发的历史文化资源，可以作为热点来推介。这么一来，把宕昌的藏族作为羌族来宣传也就顺理成章了。

众所周知，世界上各地的族群无不是漫漫历史错综复杂的变化产物。通过前文梳理宕昌地带的历史，我们了解到历史上这里就是族群成分复杂多样的地带。他们的文化也毫无例外呈现出复杂多样的形貌。如今这里为了开发旅游业出现了羌与藏的争执，这正是当地族群变迁活生生的过程。在这个过程中，地方政府、地方精英、当地普通百姓他们的思想和行为如何，便是最值得我们关注的。

他们是谁

当地政府的观点与行为

振兴当地的经济、谋求地方的发展，这是任何一个地方政府的主要职责。宕昌藏民居住的地区皆为深沟大山，交通不便，却风光秀丽、景色宜人。退耕还林之后，当地百姓的生计问题自然就是当地政府要着力解决的首要问题。这些美丽的景色是开发旅游业的良好资源，无疑，美丽的自然景观再加上独特的人文景观，这是招徕游客的绝佳手段。在宕昌悠久的历史过程中，这里曾经是名见史册的宕昌羌人的故国，如此深厚的历史底蕴和独特的民族风情，自然就成了旅游开发的卖点。各种宣传材料不遗余力地打出了"游官鹅美景，览羌寨风情"的口号。宕昌县志办公室主编出版的《宕昌民族研究》一书的前言"为什么写这本书"中，有一段话非常坦白，态度鲜明地说明了当地政府的策略。

近几年，随着宕昌旅游业的蓬勃兴起，从中牵涉到一些民族问题，那就是现在生活在宕昌的藏族，他们是否就是历史上的羌族？在国家森林公园旅游区内，为了发展当地少数民族经济，需要打造具有民族特点的文化氛围，形成一种民族气息比较浓厚的文化事业的旅游亮点，将自然的和人文的有机地结合起来，使纯自然的文化遗产注入一种人文文化的灵动感，这样的旅游业才是比较完整的旅游业。然而，就在打造民族文化旅游的过程中，引起了人们的争论，在羌与藏之间不希望出现一个让人头痛的分水岭。这个问题，在藏区群众中表现尤为突出。

作为一个决策者，不论是羌，还是藏，他们的出发点只有一个：那就是千方百计期望少数民族地区的同胞们，通过森林公园旅游热来拉动他们的经济收入，提高人们的生活水平为基点、为出发点、为最终的追求，应该得到宽谅和理解。

当地政府在这样的理念支配下，着力宣传宕昌藏民是羌人的后裔。宕昌古为羌人所居之地，有着悠久的甚至还可以说是辉煌的历史，毕竟古羌人曾经建立过单独的王国，这些在旅游开发中都是吸睛也吸金的资源，当然不容忽视。把自然景观、民族风情与历史结合起来，不言而喻，对于旅游开发来说可以起到巨大的提升作用。所以宕昌县政府也就利用各种宣传媒体，宣传宕昌"辉煌的历史"——古宕昌羌人的故国，以及将宕昌的藏族作为古羌人的后裔来看待，以此来招揽游客。不仅打造宕昌古老辉煌的过去，也引发人们的好奇心，去寻觅和探究神秘悠远的古羌国遗民。

此外，原来宕昌县有官鹅乡和新城子乡两个藏族乡。但是2005年初，官鹅藏族乡被撤销并入城关镇，这样宕昌县目前就只有新城子一个藏族乡了。我们一直多方努力寻找关于撤乡并镇的那份文件，想从中了解到撤乡并镇的原因是什么。当地政府不可能不清楚民族乡给当地所带来的好处，仅仅从经济上来说，每年政府给新城子藏族乡的补贴就高达20万元，这笔经费对于一个乡来说是不菲的收入。然而撤销了官鹅藏族乡之后，原本官鹅也有的这20万元可就没了。所以决定撤销民族乡的原因何在，是一个值得探讨的问题。尽管事情过去没多长时间，我们也做了多方努力，最终还是没有找到这份文件，也就是说，我们无法得知官方的口径。但是从一些官员的言谈中，我们得到了一些零散的信息：可能是因为当时官鹅沟的人口数量较少，所以并入了城关镇，但是和城关镇合并以后，藏族人口在整个城关镇所占比例较小，又不足以成立一个藏族乡，等等。这些信息也并未明晰地揭示撤销藏族乡的理由，但可以肯定的是，这一决定必然要对族群的认同、文化的变迁产生重要影响。

地方知识分子的观点与行为

然而我是谁？我从哪里来？这些问题对于地方知识分子则具有完全不同的意义。宕昌是一个古老的名称，作为族名就是宕昌羌，作为地名，它一直沿用至今。过去这里居住的并非汉人，而是羌人的一种，这支羌人居然还建立了见诸史册的国家——这对于地理位置相对偏远的宕昌来说，其意义已远远超出了历史事实本身。对于任何个人与群体来说，有可以引为自豪的祖先，都是一件倍添光彩的事情，所以就出现了孟姓皆为孟子之后、孙姓都为孙武传人的各种"历史"记忆。宕昌羌人建立过一个曾经存在两百多年的国家，这一历史事实使当地人自然为之骄傲。我们也不难理解，如今的宕昌人当然会想象自己可能就是那宕昌羌人的后裔。从史料记载中可以看到，宕昌羌活动的范围以及宕昌国所管辖的地域的确覆盖了现今的宕昌，而宕昌各种墓葬出土的物质文化遗存亦与史籍上记载的相关羌人的资料非常接近，甚或一致。于是就有了现今的宕昌人乃宕昌羌人的后裔，所以当被定为羌族的看法。

现今的宕昌藏民，他们的文化特征和"典型的"藏族有着较大的差异，但其文化特征却体现出某些羌人文化的蛛丝马迹。从这些或许相似的文化上的蛛丝马迹，地方知识分子考虑，这些藏民或许就是现今宕昌人为古宕昌羌人的最好证据，他们或许可以成为古宕昌羌人遗存到现在的代表。于是地方知识分子——尽管他们自己目前的民族成分是汉族——很激烈地将自己和当地的藏民认同为羌，也不遗余力地宣传他们的观点："我本身应该是坚定的羌人，羌人的后裔"。[①]他们撰写文章表明："宕昌县新城子藏族乡的大河坝各行政村、官鹅乡，名其曰：藏，其实是羌的活标本。这里的群众根本不承认是藏，而只认可羌。"[②]在他们看来，藏与羌泾渭分明，

---

① 这段内容是宕昌县志办公室的杨海帆在接受我们采访时的谈话。
② 杨海帆：《炎帝·宕昌羌》，载《阿坝师范高等专科学校学报》2003 年第 3 期。

"它们是两个独具自己特点的民族。"①居住在宕昌境内各条沟中的藏民是"在划定民族成分的时候把它划成了藏人，它不是藏人，它是羌。民国时候就把他们划分成了藏族"。②在我们调查时，宕昌县文化局局长的一段话也很有意思。

> 宕昌是一个藏羌汉文化交融的地方。宕昌县城关镇以北是上半县，属于藏族文化的地带；城关镇以南属于下半县，是羌族文化的地带。宕昌的汉族其实都应该是羌族，有很多语言上的特点都是羌文化的特征。比如下半县的人把"乱七八糟"称为"古里麻多"。你说这里是藏文化，它带有羌文化的特点；你说它是羌文化，它带有藏文化的特点；还有汉文化的特点也在其中。宕昌建国历史长，但是建县历史短，1954 年建县，但是建国时间是西晋时代。这里曾经建国，到唐代还曾建军等，但是后来一直附属于周边其他地区，例如岷县、礼县……

> 目前在宕昌县城发现一处古土城墙遗址，这有可能就是宕昌国都的城墙遗址，但是没有任何考古证据可以证明这就是古宕昌国都的城墙遗址，至于说，这是不是宕昌国的城墙遗址，还不好说。……③

---

① 杨海帆：《独具自己民族特点的民族——西羌》，载政协宕昌县文史资料学习委员会编《宕昌文史资料》（第六辑），2005。

② 2005 年 7 月 13 日宕昌县志办公室主任杨海帆访谈。

③ 2007 年 2 月 5 日宕昌县时任文化局长沈和义访谈。
关于宕昌国都的位置，历来就有争辩，清代丁谦在其《梁书夷貊传地理考证》中记述，宕昌故城当在阶州西固所城地。周松根据宕昌羌人活动范围以及从北周到隋唐时期宕州郡治的变迁，再根据《水经注疏》记载，羌水（白龙江）"东南流迳宕昌城东，西北去天池五百余里。羌水又东南，迳宕昌婆川城东而东南注"，认为宕昌国都应在现峰迭古城与舟曲之间才符合历史记载。参见周松《宕昌羌源流管窥》，载《西北民族大学学报》2004 年第 1 期。董文义根据清顾祖禹《读史方舆纪要》卷六十《宕州城》条记："宕州城，卫南百二十里，古西羌地。晋末西羌别种保聚于此，曰宕昌国。"《中国历史地图集》认为古宕昌国都就在今宕昌县城附近，亦即今宕昌县居民所说的破城子。参见董文义《宕昌国辨》，载《西北民族学院学报》1986 年第 3 期。陈启生也认为古宕昌国都在今宕昌县城附近，参见陈启生《宕昌考略》，载《兰州大学学报》1984 年第 3 期。

作为文化局局长，他既是当地知识分子的代表，也是当地政府的代言人之一，他的话有着双重含义。

至于宕昌县志办公室的主任杨海帆则从史料中寻求着目前的宕昌藏族应该就是宕昌羌后裔的证据。他说：

> 从（隋）宕州及宕昌郡的设置，直到唐、宋、元、明、清，查阅大量文献之后，均没有宕昌居民大量外迁的任何记载……另外，外地的汉族和唐时期的吐蕃人口向宕昌地区的迁入，这是进来了，而不是出了。所以我敢肯定，今天宕昌地区的居民成分，其族源的主体，无疑是宕昌国时期的宕昌羌人。其中包括了今天（宕昌地区）大部分的汉族人口和藏族人口。①

也还有人认为，宕昌的藏民是古宕昌羌人后裔，后来与其他民族融合而形成今天的宕昌藏族。②

这些地方知识分子的观点与态度必然会对当地藏民和当地政府造成影响。他们往往是一个地区的文化代言人，他们引经据典、著书立说，将自己的观点变成文字，这样不仅流传的范围更广，而且形成文字的观点往往比口述的记忆更容易为人们所接受和认可。

当地居民与外界的观点

我们翻开正史，查阅历史上对古代曾经居住在现今宕昌地带的居民的记载。在唐以前，被称为"羌"；唐以后羌逐渐开始淡出史册，渐渐出现了"番"。特别是明代以后，"番"就逐渐取代了"羌"。无论是羌还是番在学界多认为是中原汉族对于西部非汉族群一种笼统的族称，不是具体指某一个族群的族称。无论是"羌"还是"番"，以前在宕昌地望居住着非汉族群是没有疑问的，但是究竟是何种族群，史书上只给我们留下了含糊的统称，而没有确切的称呼。所以居住在官鹅沟等这些深谷中的非汉族

---

① 2007 年 3 月 12 日宕昌县志办公室主任杨海帆访谈。
② 王普：《浅谈宕昌藏族》，载宕昌县政协文史资料委员会编《宕昌文史资料》（第三辑），1996。

群也就被人们称为"番""番子",他们居住的沟也就被称为"西番沟"。即使现在,宕昌还有一些老人把当地的藏民称为"番"。

那么现在人们如何称呼这些沟内的人们呢? 2007 年春节,宕昌县城关镇组织了庆祝春节的活动,镇里各村都表演了文艺节目,鹿仁庄的节目是"民族服饰展演"。村里的小伙子和小姑娘全部穿上民族服装在宕昌县城的大街上游行了两天。我们在街上听到对他们的不同称呼,有人说"看,藏族来了",这些人多半是在街上摆摊的,或者年纪稍长一些的人。但是很多小孩子和学生样的人说他们是羌族,这些年轻一代无疑是接受了县里面的宣传,才将他们称为羌族。

一天,我们去看位于宕昌县城的大庙①,返回途中在一条名为城背后的街道上,我们跟一群老人聊了起来。他们说宕昌的藏族原来应该是羌,并告诉我们这里原来是古宕昌国的地界,顺手一指说,后面就是宕昌国都的遗址。并非常热心地告诉我们,县里有一本书是专门介绍官鹅沟鹿仁庄的历史和民族的。那么这本书就应当是县志办所撰写的《简读鹿仁庄的历史与文化》了。如此看来,当地知识分子撰写的关于宕昌历史文化的书籍起到了很大的影响作用,很多人已经把这样的介绍当作真实的历史来看待,并认可了那还在臆测阶段的宕昌古国都的说法,也真的开始把宕昌的藏民当作羌人后裔甚至就是羌族来看待了。

我们在大河坝沟新坪庄调查的时候,偶遇一位森林公安,他说:

> 去年从县里文化部门听说,这里的藏原来都是羌。去年搞文化……不是官鹅旅游区嘛。(藏民)他祖传下来说是藏,你说是他是回民或是汉民,他当然不高兴。②

我们遇到的很多宕昌汉族也都在疑惑,按照我国现行民族政策,宕昌的这些藏民被划定为藏族,但现在县里又多方论证他们是羌人后裔,那他们究竟是藏还是羌,他们果真是那曾经的古羌人的后裔吗?

① 即在第四章所论述的位于宕昌县城高庙山上的泰山庙。
② 2007 年 2 月 26 日新坪庄"明珠农家乐"森林公安的访谈。

外地来宕昌旅游的游客会把官鹅沟内的藏族看成羌族，因为这里的藏民其外在文化特点和人们印象中那些"典型的"藏族有着较大的差异。作为普通游客，并不知道本地居住的是什么民族的人，听到或者看到地方政府的宣传，理所当然地会认为宕昌的沟内住的是羌人后裔，甚至就是羌人或者羌族。当我们结束了在鹿仁庄的第一次探访，准备离开的时候，遇到一位游客，出于好奇，他到鹿仁庄去了一趟。当得知我们是做民族研究的时候，他问："这里的人到底是藏族还是羌族？他们与西藏的藏族很不一样，头发梳的样子，还有服装都不一样。"我们在网上搜索到有些游客撰写的宕昌旅游手记或者文章，其中就出现了两种说法，一说这些沟内居住的是藏民[1]，一说这里居住的是羌人。[2]

至于学界，正因为宕昌藏族独特的语言、服饰等，也有人认为他们就是"古代羌人之后"。[3]或者认为他们是藏化了的古宕昌羌人。[4]顾颉刚先生也说过，"甘肃本氐羌所居，惟迄今则氐羌已同化于汉人，其未同化汉者，亦同化于藏，而称之曰番。"[5]

我是谁

"我是谁？"这又是一个人类苦苦追寻的终极问题。古往今来，多少古圣先贤穷经顿首，上下求索，在不停地询问这样一个问题。人们希望了解自己，希望能够解释自己。人们会以为，这只是圣人先哲们因为饱读诗书之后才会发出的疑问，普通的民众或许不会如此苦苦地追问这样一个似乎很虚幻的问题。诚然，对于普通的民众来说，这样一个问题也许真的过于虚幻，也许与人们日常所关注的问题相去甚远，但这却是深藏在每个人心底的问题，在某个特定时刻会强烈地爆发出来。

---

① 何晓虹：《绿色藏寨》，载《丝绸之路》2004 年 11 期。
② 柏舟：《羌寨纪行》，载《森林与人类》1995 年第 4 期。
③ 李范文：《西夏研究论集》；洲塔、韩雪梅：《藏族早期民间信仰的形成及佛苯融通和适应》。
④ 格勒：《藏族早期历史与文化》，商务印书馆，2006。
⑤ 顾颉刚：《从古籍中探索我国的西部民族——羌族》，载《社会科学战线》1980 年第 1 期。

通常而言，人们对于自我的认识是在有外界对照的情况下产生的，对于普通的宕昌藏民而言，他们在与周围的其他族群交往时，认识到自己与沟外的人不一样。他们自称为 [běi]，称沟外的汉民为 [jia] 或者 [ya]，回民称为 [guo ge la]，这三种是宕昌藏民最常接触的人群，他们有着清晰的不同称谓。当宕昌当地政府和地方知识分子通过对宕昌历史的发掘和梳理，认为他们是羌人后裔之时，他们对这个以前从未听说过的族群不可能产生认同，于是对此有着强烈的反应。

鹿仁的师家苗伍家保

苗伍家保相貌堂堂，国字脸，笔直的鼻梁，眼睛尽管不大，但是却很有神。第一眼看上去，就知道是一位性情耿直的汉子。他和建明是比较近的亲戚，两人关系不错。尽管他的年龄不大，但却是鹿仁庄家堂龙王神信仰的祖师。我们第一次见到他的时候，因为互相不熟悉，他显得有点拘谨，但还是很详细地向我们介绍了家堂龙王神的信仰体系。在言谈中，苗伍家保常常提到自己已经过世的老师父，说师父知道得更多。师父过世以后，就把鹿仁庄师家的衣钵传给了他。那天的访问集中在龙王神上，并没有过多地谈论其他问题。晚上回去整理录音资料我们才发现，苗伍家保在表达他们是藏族而不是羌族的时候用词非常激烈，他说不管是杀头，还是裂骨，他们都是藏，不是羌。可能因为口音的关系，当时我们并没有听明白他讲的话，也就没能及时跟进。听了这段录音我们大吃一惊，看来宕昌藏民的藏族认同意识应该是很强的，和县政府以及县里知识分子的态度形成鲜明而尖锐的对比，这也促使我们在以后的调查中更为留意不同年龄，不同群体的藏民的观点和态度。不过这话也委实过于激烈了一些。为什么呢？这在我们心中画上了一个大大的问号。

说来也有意思，随着年关临近，有一天①，县志办的杨海帆老师和几个同事带了一些水果、点心到建明家来看我们。这一天艳阳高照，天气也格外暖和，我们就和杨老师等人在建明家院子里一边晒太阳，一边聊着庄子里的见闻。苗伍家保无意之中也到建明家来，和杨老师恰好遇到一起。

---

① 2007 年 2 月 11 日，以下苗伍家保和杨海帆老师的对话均为当天的内容。

大概是喝了一点酒，加之苗伍家保本来就有很多话要和杨老师说，于是他们在建明家的院子里展开了针尖对麦芒式的对话。

苗伍家保在杨老师面前特别强调他们是藏族，而且列举他们作为藏族的一些文化因素。他特别强调藏族的"瓦薮"，他说：

> 瓦薮的意思是拿一片瓦，干木香揉好放在上面，只能用家堂里的炉塘灰点燃木香，然后抓一点面放在火上……我们藏民人的那个面啊，面是肯定有讲究的，木香上面那一撮子面，那是肯定有讲究的，那走到西藏都知道这些事情……这里用的面叫作"楚"，意思是给神用的面，是专门的词，不同于平常的面。用"匝巴"（藏 rtsam pa 糌粑），外地叫"凿巴"，也就是炒面，用青稞面也行，再不行用白面。藏民人也有方言、言语不通，瓦薮是一样的，只要有瓦薮，那就真正是藏民人。

他解释说在"瓦薮"上面放点面是藏民的普遍习惯，所有的藏民都有这样的习惯（图 7-1）。从他的描述和我们的日常观察来看，瓦薮有些类似"典型的"藏族的煨桑仪式。[1]他认为有了瓦薮，"就是真藏民。其他族，比如说你羌族，就没有那个东西，他就没有那个规矩。"

我们特别注意到，他说其他民族没有"瓦薮"的时候，特意把羌族作为例子提出来，看来他是有用意的。他是针对杨老师认为他们应当是古宕昌羌人后裔的观点，当面向杨老师提出异议。后来，杨老师和苗伍家保两人又对宕昌苯苯经文中的藏族文字提出不同的看法。

苗伍家保认为那就是他们宕昌藏民的文字，可以证明他们是藏族而非羌人或者羌族。他说：

"我们这里藏族的文字在，苯苯手里有呢，但是以下的人没学下。"

---

[1] 藏语中通常称为 bsang gtong ba, bsang phud pa 或 bsang mchod，为焚香祭祀的仪式，所焚之物（藏 bsang rdzas）通常是柏枝、糌粑、酥油等。
煨桑仪式在宕昌藏话中为什么读若"瓦薮"，这个问题困扰了我们很长一段时间。"瓦"是汉话瓦片的意思吗？我们在宕昌看到的苯苯供奉礼颂神灵的经书常以 dbu la gsol 作为标题的结尾，其字面意思是"头顶上"，表示"敬上"，连读音似与"瓦薮"相近，未知可是。

图 7-1　年三十鹿仁阿巴苗伍家保揭神案前"瓦薮"

"苯苯他的那个文字不是大众化，群众不知道。"

杨老师的言外之意是，苯苯经书上的文字只是供宗教活动使用的文字，而不是普通民众可以使用和拥有的一种文字，所以他认为这种文字不能作为他们是藏族的标志之一。后来我们就宕昌藏民的身份认同问题进一步采访杨老师的时候，他再次清晰地表达了这种观点。

"这是一个阶段"，苗伍家保争辩道，"六〇年那个老师父……他苯苯的这个老师父过世得太早了，没传着下来。……这一段时间……我们的藏文失去得太早了。"在苗伍家保看来，一切都在于苯苯的老师父去世得太早，文字也就此失传，这是很遗憾的事情。然而这并不妨碍他们就是藏族，后来他干脆直接向杨老师表白："我们再过去几辈人，或者几十年，或者几百年，藏语不懂，我们永远还是藏民人，也不是羌族，也不是汉族。"

酒越喝越多，话也就越说越直白。如果说一开始，苗伍家保还只是在间接地寻找各种文化特征上的证据来证明他们是藏不是羌的话，那么后来，可以说他在直接质问杨老师。于是他在杨老师面前又重复了和我们谈过的、他的老师父的那段故事。当听到"杀头也好，裂骨也好，我们总之是个藏族，不是羌族"的时候，杨老师笑了。苗伍家保的这段讲述和上次几乎一字不差，再次让我们心里感到异常诧异。

从杨老师和苗伍家保的这次不期而遇，我们也才真正意识到关于宕昌藏民的族群归属问题在宕昌当地实际上存在着强烈的纷争。看来，宕昌当地政府和当地知识分子的看法，引起了宕昌藏民的强烈不满，于是才有了苗伍家保和杨老师这次见面的直接冲突。

后来，当杨老师一行离开之后，建明批评苗伍家保不该那么冲撞杨老师。大概是因为已经有了七八分醉意，苗伍家保诡秘地一笑，说："我就是要问问他。我们是藏，不是羌，也不是羌藏。"

春节过后，苗伍家保请我们到他家吃饭。他又谈起了他的老师父讲的那段话，依然是同样的内容，他说：

> 话是十遍八遍说的，脑筋里记得是一个字。六几年，有个记者采访我们老师父，就说我们是羌吗藏？就说过……最后七几年，可来了一个人，采访我们是藏吗羌。我们是藏，不是羌。八几年可来了……那是七几年和八几年那是一个人，来采访我们老师父。我们老师父给我说下这一句话，我牢牢记在心上……那个人说……最后说，你们羌吗藏？杀头，我们也是藏。裂骨，我们还是藏。不管啥人说呢，我就说这些话呢。老师父因为给我说过，我们是藏，不能是羌。因为是我们藏民人啊，有这么一句话——忠心耿耿。不能把藏民的根脉丢了，对不对？我们藏民人说 [běi]，这就是藏民人。羌族叫啥着呢，我们藏话说啥着呢，谁知道，我也说不上。[①]

我们没有办法证实究竟是何人采访了苗伍家保的老师父，是记者还是做研究的人，因为在乡民眼中，包括我们在内的外来者差不多都是记者。但是我们知道，苗伍家保代表了相当一部分宕昌藏民的意见。特别是像苗伍家保这样对于师父情深义重的人，师父的话已经牢牢在他心中生根。是啊，正因为在他的心中牢牢地记着老师父对他讲过的话，所以才有这样激烈的言语表达。

---

① 2007 年 2 月 21 日鹿仁庄苗伍家保访谈。

立界山上的"活字典"

第一次到鹿仁庄的时候，我们就了解到立界山上住着一位八十多岁的老人，识文断字，见多识广。年轻的时候曾经走南闯北，到过兰州等大城市，会讲很多故事，被称为当地的"活字典"。当时就想到立界山看看他，但是因为时间紧张，最终没能成行。等第二次到宕昌，我们专门去拜访了这位老人。他就是建明的四爷，建明妈妈的四爸（也就是四叔），被招赘到了立界。

我们在立界的落脚点自然就是冬梅的娘家，冬梅的父亲就成了我们的向导，他带我们到了四爷家。四爷和一个儿子住在一起，只有一栋房屋，没有院子。走近房子的时候，冬梅的父亲就在喊四爷了，隔着窗户有人声如洪钟地高声应道："来，来，快来。"等我们进屋一看，屋里聚集了一大群人，大概已经有人提前传信给四爷了，说有人要来看他，大家伙都赶到这儿来了。四爷的儿子不大善于言谈，只是"嘿嘿"地笑着，搓着两只手，把我们带到四爷的炕前，四爷正忙着从炕上下来迎我们。终于我们在四爷的炕上坐下来，才有机会打量这位有着传奇色彩的老人。

四爷颔下留着一绺白色的长髯，宽宽的脸庞，面色红润，眼睛不大。虽然已经 85 岁高龄，但身体很硬朗，声音尤其洪亮。单听声音，绝对想不到他已经这把年纪了。

我们围坐在炕上的火盆边，和四爷聊天，炕下围着一群大人和孩子。这样的情景让人想起小时候围在火炉边听外公讲故事的情景。四爷说：

> 要说起这个根攀呀，有个说我们这是羌族，可说是羌藏族，两种。我说起是这个羌族，说的恐怕深沉些了。我们藏文的文字上……承认这个羌族是……我也是八十五了，不能承认这个羌族，承认这个藏族是行。西番，西番，早先汉族叫的是西番沟，番子一个。番子这真正是有藏文的文字连着呢。连喇嘛的文字，我们这个苯苯的文字呀，完全是藏文的……跟你们说，你们是了解，我们这些羌族的名字都没听过。
>
> 我们说我们藏民承认是藏族啊，拿鹿仁来说，早先说是山后的迭部一个。这就最好了，这话还有处说了。有了根攀了，

说鹿仁是山后来的，山后的舟曲。这会儿舟曲中央承认是藏民，也不能承认别的族，比较这个情况，我们是藏民是识货的。羌族我们听都没听说过。这里只有汉民（[jia]）、藏民（[běi]）和回回。①

四爷一边说，一边就着火盆点他那根旱烟袋，深深地吸上一口，又接着说：

> 早先我们的藏民，西藏、喇嘛的藏文，再下来我们这苯苯的藏文和西藏的藏文这通着呢。在现在呢文字也快失了，没有了嘛。羌族的文字是啥嘛？

老人讲他们原来是"番王"的臣民，尽管"番"并不是一个让他很舒服的称呼，但是他还坚持官鹅沟里的人过去曾经是"番人"，他们当然也是"番人"，官鹅沟和大河坝沟以及川坪沟也都被称为"西番沟"。而且鹿仁庄的人是来自山后的舟曲，舟曲的人是现在国家认可的藏族，那么他们也理所当然是藏族。

四爷果真知道得很多，跟我们讲起了西凉夏国的传说，讲起了樊梨花、杨家十二寡妇……还有当地流传的王玉琏的故事，他说王玉琏跟三公主的故事有三百年了。王玉琏征西，征下宕昌地方。三公主是宕昌番王的女子，擒下王玉琏，招了亲，后来王玉琏又灭了三公主……在这位老人的记忆中，融进了更多的历史传说内容。王玉琏何许人也，史料中没有记载，至于三公主就更无从查考了。樊梨花和杨家将的故事可以说是家喻户晓，然而我们都清楚戏文中的樊梨花和杨家将经过了多少艺术加工，演绎出来那武艺超群又容貌绝美的西凉英雄，以及那英武而悲壮的杨家十二寡妇……

最有意思的是，四爷还给我们唱了九九八十一歌。他说这是汉族的歌，讲的是历史。所有的内容都以农历九九节气为起头，从一九开始一直唱到九九，讲述从周朝直到宋代的杨家将七郎八虎闯幽州为止，所以称为九九八十一歌。

---

① 2007年3月2日官鹅沟立界庄杨有顺保访谈，本节内容的访谈资料均来自此次访谈。

　　听着四爷高声大气地讲着这些或是真实，或是经过多少代人加工过的故事，我们的心里突然想到，历史究竟是什么？历史的"真实"又是什么？经过人们代代口耳相传的历史，实际上又经过了多少人的加工和创造。听着听着，天色渐渐暗了下来，隔着四爷炕上那一方木格窗户，向外望去，山脊上的残雪反射出暮色中最后的亮光，不知道为什么，脑子里浮现出来"窗含西岭千秋雪"的诗句（图7-2）。

　　我们离开立界，返回鹿仁后，在整理这段访谈资料时交换了一下看法，有这样的同感：四爷告诉我们的，实际上已经在很多人那里得到了印证，四爷并没有给我们提供更多的关于宕昌藏族的历史传说资料。那么，人们为什么会称四爷是"活字典"呢？后来，我们慢慢理解，四爷确实掌握了很多传说故事，比如王玉琏招亲、十二寡妇征西、西凉夏国的故事等这些和"番"相联系的传说，并不断地把这些传说绘声绘色地讲给自己的晚辈

图7-2　四爷家窗外

们听。于是在人们的心目中，四爷见多识广，人们也就相信四爷掌握了很多关于宕昌藏族的"历史"。

忧心忡忡的杨文才

在去新坪之前，我们已经听杨海帆老师提起过，新坪庄有位在新城子乡工作的杨文才，对于县上认为宕昌藏民是羌人后裔，甚或就是羌族的说法反应最为激烈，这件事情一度闹到了国家民委。多少是为了平息这起风波，杨老师才奉命写了鹿仁庄的那本小册子，也才有了甘肃省电视台的那部专题片《而今何处闻羌笛》。终于，我们见到了杨文才。

杨文才家原来也是苯苯人家，尽管他本人和他的亲戚都没有学过苯苯，但在他的心目中这是宕昌藏族最重要的文化特征，所以他坚持每年都要挂苯苯神案。我们见到他的那一天恰好是正月十五，他本来已经到乡上上班了，但是为了能在这天晚上把苯苯神案收起来，他还是从单位专程赶回家。我们和他聊了起来，他对于县上为搞旅游开发而做的宣传持完全对立的观点。他说：

> 政府、县志上说我们是羌族，说以前有个羌国啥的。我们就是羌族了？那我们藏语咋说？羌语是啥子嘛？还说全县都敲的这个羊皮鼓……先人一代一代传下来说我们是藏族嘛。[1]

但是他也谈到，宕昌藏民人数很少，居住在汉人包围之中，文化特征在逐渐消失，如果不采取措施，那么很快宕昌藏民就会完全被汉化。

> 苯苯没人信了，这是一个。再一个语言的话，我们先人啊，从我爸在，九十几岁了，他们说的话，有些我们就说不上了。我们说的话呢，娃娃们就说不上。为啥呢，娃娃从小受的汉语言教育。有些藏语的话，汉语就代替了，所以慢慢就消失了。要解决这个问题的话，我说必须把这个苯教继承下来，把凤凰山神传下

---

[1] 2007 年 3 月 4 日大河坝沟新坪庄杨文才访谈，这节的访谈内容均来自此次访谈。

来。把三月三啊、给凤凰山神愿啦，还有这个苯苯念经都传下来。但是现在呢，根本就没人提了。这几年，我就说了，我们这个教派本身就没人管了。说明个啥原因呢，我们民族的教派、民族观念、民族意识慢慢就消失了。……这话我说了五六年了，官鹅啊、拉界啊这些地方的小学，最起码要设藏文课，我们这个藏语能保持下来。要加强我们宕昌藏族的民族自尊、自爱嘛。第三个问题是藏汉结婚相当多，这也汉化影响很严重。我们这里有些人的民族意识差得很。有些儿子工作着呢，儿媳妇是汉族，孙子就讲汉话了嘛。有些在本庄里就讲汉话。有些人就无所谓，娃娃只要聪明，上学上得好，不讲藏话也没啥。

谈起这些话题，杨文才感到很沉重，他希望他们民族能够保持自身的特点，将本民族的文化代代传递下去，然而现实让他感到无奈，只有祈求神灵的保佑。正月十五晚上，杨文才把家里的苯苯神案卷了起来，他同意我们把他卷神案的过程拍下来。神案前的油灯闪着微弱的光，在暗夜里摇摇曳曳，尽管这种光线下拍出来的画面不能用，但我们还是愿意把这段内容拍下来。杨文才把神案卷了之后，烧纸祷告，祷告时汉语和藏语夹杂使用。我们根据里面的汉语词，可以听得出来，他是在祈祷让我们的调查能够给他们族群一个清晰的本来面目；并祈祷山神保佑，他们的文化不要消失，能够祖祖辈辈传下去。火光很快就熄灭了，卷案的过程也就完成了，时间当然很短，除了烧纸祈祷，再没有其他的特殊仪式。鹿仁的苗刘荣保开神案的时候，似乎也没有特别的仪式，但是因为他是苯苯，所以还是戴上了苯苯的帽子，还唱了一段什么内容。然而毕竟凤凰山神的信仰已经在走向衰退，再加上生计方式的改变，这种衰退就更为加速，杨文才们的担忧不是没有道理。然而谁又能阻挡呢？文化总是在不停地变化着，族群身份也并非千年如一……

年轻一代的观点

年轻一代对于族群身份的态度关系到将来族群认同的变化与发展，我们特别关注他们的观点。在鹿仁庄，我们见到一位在官鹅沟朱瓦坪小学教书的女教师，她刚刚从甘南州的民族师专毕业，是鹿仁庄少有的几位大学生之一。她强烈地认为自己是藏族，不是羌族，并且对于撤销官鹅藏族乡的决定非常不满，她认为，这样会使他们的藏族特征渐渐消失，从而也就逐渐失去了藏族身份。她还说，县政府把立界庄的人迁到山下的朱瓦坪，把花儿滩的人迁到鹿仁，实际上是让汉族和藏族混合住在一起，也会加速他们的汉化。①

我们到立界参加婚礼的时候，遇到了在宕昌县羌藏艺术团工作的杨满生和杨满才。杨满生说他懂安多藏话和普通藏话，他说：

> "我认为我是藏族。因为一个民族啊，他最基本的特征就是服饰、语言，这是最根本的嘛。我们的语言，我可以肯定是藏语。我们说的声母是一样的，就是方言比较重，有时候听不懂。我们藏语和安多藏语比较接近。再一个，我觉得，我们的服饰的话，我们这里的藏服和甘南的舟曲比较相似，衣服是完全一样的，还有那个头发……"

但是和他在一起工作的杨满才看法则有不同。"我认为不一样。"他说，"譬如从电视、报纸、书籍上面看……语言和甘南的比较一样，就是服装上面和羌族基本相似。尤其是男的，上50岁、60岁这些，特别是头上的那个帕子……还有我们这个……女人们穿的这个服装，和他们藏民就有区别。"

虽然杨满才认为他们的服装和羌族一样，但他还是认为自己是藏族。不过我们能明显地看出来，无论是他还是杨满生，也都为自己的族群身份感到困惑。他们也理解县里为了开发旅游业，从历史的角度来探讨他们的族群来源的做法。杨满生说：

> "开发我们宕昌的羌藏文化旅游，不是说我们这里的藏族就是羌族，而是为了发掘我们的古羌文化。"②

---

① 2007年2月14日鹿仁庄毛响花莲访谈。
② 以上三段访谈内容来自2007年3月2日官鹅沟立界庄杨小宝和杨满生的访谈。

同在羌藏艺术团做演员的鹿仁庄小伙子阿毛的一番话很有意思。我们2005 年在鹿仁庄就看到了阿毛，那时候他在官鹅绿色宾馆做服务员，穿了一件绿色的坎肩，似乎是作为民族服装的标志。可能是职业的原因，阿毛留着长头发，一头天生金黄色的头发，给人的感觉很时尚，他的行为举止和气质已经与庄子里的年轻人明显地拉开了距离。他说：

> "藏族分很多区域，包括安多、嘉绒、康巴藏族等等，这里的是"木家藏族"。……在宕昌县羌藏民族艺术团唱歌、跳舞，既包括藏族舞蹈，也表演羌族舞蹈。因为宕昌以前是个羌国，所以舞蹈团带个"羌"字，但现在县上只有官鹅和大河坝是藏族。……表演也表现了羌族的风情。"①

他也同样认为他们是藏族，只不过是"木家藏族"。关于"木家藏族"的说法，我们不知道来自哪里。我们猜度，大概是源自人们认为在宕昌境内的木家七竜是唃厮啰的首领木令征的旧居，因此认为自己和木令征有某种关系吧。

除夕晚上②，我们到鹿仁庄文苯苗刘荣保家看开神案的时候，遇到了几位年轻人在他家喝酒。其中一位曾经在外地当过兵，普通话不错，他也认为作为旅游开发，把他们作为羌族来看待是可以理解的。他说：

> "你说，西藏那边，还是九寨沟那都是藏族，对吧？那都比较多。但是我们羌族的旅游区少，以我们（作为）羌族发展的话就……"

但他还是认为自己是藏族，"本来我以为我们祖先都说是藏族嘛，我以为我也是藏族，不可能改成羌族，对吧？"

他还向我们推荐宕昌县志办公室发行的那本《简读鹿仁羌藏文化》，

---

① 2007 年 2 月 20 日鹿仁庄苗阿毛访谈。
② 2007 年 2 月 17 日，本节以下的访谈来自与鹿仁庄苗刘荣保和几位鹿仁村民。

他认为这本书写得很真实。但是他的这一看法引起了在场其他几位乡民的反对。

"不真实！"一位乡民当即和他争了起来。

苗刘荣保说："你们现代人看来真实，那我看，我最反对那一本书了，那些书就扰乱了我们民族的秩序了。"

苗刘荣保的话让这位退伍军人有些疑惑，"不真实啊？"他问。

"不真实。"和他争执的乡民很肯定地答复他。这位乡民的岁数比退伍军人要大一些，他很强调自己的藏族身份，还向我们讲述了他在甘南舟曲县得到那里藏族热情的招待，他说他们的语言和甘南的藏语基本上可以互通。所以他认为他们一定是藏族，而不是羌族。尽管他们都认为自己是藏族，但是退伍军人下面的一段话，让在场的人听了以后都不再作声。

"有些汉族嘛，比如说和藏族混合住着呢嘛，汉族一多，就汉化掉了。比如说，以前官鹅庄子确确实实全部都是藏族，汉族一多，慢慢就汉化掉了。……"

破竹篾的老人

正月里，我们来到大河坝沟新坪庄，偶然走进了一户人家，一位老人正在破竹篾，另一位来串门的老人和他聊天。我们和两位老人聊了起来。[1]

破竹篾的老人说：

"藏民叫的[běi]，汉民叫的[jia]。前头就是个藏族，历来就是个藏族。"

另一位老人则说：

"这个家神，龙王神是我们洮州的神，管的是地方大了，我们大部分全国性地把它敬的。它也不分藏族，它也不分汉族，都信着呢。就是这个回民就没有人敬它。"

老人观察得很准确，确实在甘青地区，敬奉家堂龙王神的既有藏族也有汉族。回民因为信仰伊斯兰教，崇奉独一的真主，当然不可能有这类被他们认为是偶像崇拜的家堂龙王神。

---

① 2007 年 2 月 26 日大河坝沟新坪村访谈。

"有些人不知道就胡说着呢，这个打鼓的就说是羌族。"老人边说边用手比划着打羊皮鼓的动作，我们注意到，老人手里拿着的旱烟袋，居然还吊着一个火镰，火镰的边缘因为摩擦的时间久了，已经有些破损，但是闪着金属的光泽，看起来，老人是用这个点旱烟的。不过我们还看到，老人的手里还拿着一个液体打火机。"不是羌族也打着（羊皮鼓）呢嘛。武都也有呢，兰州也有呢，岷县也有呢，国内到处都有呢，那都是羌族吗？那不能都是羌族嘛，对着呢吧？"老人的话很质朴，也很有分量。因为很多文化特征是多个族群共有的，所以尽管文化特征对于判断一个族群的身份非常重要，但很多时候，单单从文化特征上，不能说明族群的真正身份。

不知道什么时候，一位染着黄头发的年轻小伙子也加入了我们的谈话。他是拿旱烟的老人的孙子。

"现在在家吗，还是出去打工？"我问。

"现在打工着呢。"

"去哪里打工？"

"新疆也去呢，兰州也去呢。"

"不想在家待？"

"在这儿也没干的嘛。"破竹篾的老人插话道。

"家里没意思。"小伙子说。

"以后你打算一直在外面打工呢，还是还要回来？"

"外面好的话，就一直在外面。"

"外面好就不回来了？"

"嗯。"他淡淡地说，"回是回来，几年回一次就行了。"一阵长久的沉默，只有破竹篾的"嚓嚓"声。

"我们这里苯苯已经失了，吹喇叭的，念经的，那老年人都过世了，确实是没人教下了，他的那个文字不知道了。"拿旱烟的老人接着这个话题说，"哎呀，那是我看是……再不齐四五十年，我们就全部变成汉族了。再我们藏族和汉族结婚了嘛。"

破竹篾的老人依然在嚓嚓地破着竹篾，接过话茬说："确确实实还就是变成汉民了。为什么？是接触的汉民多了，再连结婚，领着来，递的往下一递，接的往上一接，这汉民也就确确实实……"

"这连衣裳就全部改变了，自己把自己改变了……"拿旱烟的老人接着说。

两位老人平静地和我们聊着，尽管有些惋惜，然而生活就是如此。风儿吹过来，对面的神树林随风摇动，发出沙沙声，和着破竹篾的声音，"嚓嚓""嚓嚓"……

我们是 [běi]

所有的宕昌藏族都强调说：我们是 [běi]。这个词可以追溯到藏族的自称，只是因为方言的差异，在发音上有些差别。无论是年轻人还是上年纪的人，都很清楚这样的自称。他们都说，以前他们从来没有听说过羌，只听说过 [běi]、[jia]（或发音如 [yǎ]）和 [guo ge la]。这三个词分别对应于藏文中的 bod（藏族）、rgya（或作 rgya nag，汉族）和 mgo dkar（白头者，指穆斯林多戴白帽），即汉话中的藏、汉和回回。其实，就连不大关注这一事件的妇女也都很清楚他们的自称。当我们在黄家湾村就他们是羌还是藏的问题进行访问的时候，有两位乡民为此争执了起来。当双方僵持不下时，陪我们去黄家湾的小菊妈妈插嘴说："我们是 [běi]。"小菊妈妈不识字，也不关心人们之间的争执，但是她却很清楚：自己是 [běi]。

从我们走访的情况来看，大部分宕昌藏民都认为自己是藏族，而非羌族，但是不同的人对于藏族认同的强烈程度不大一样。一般来说，宗教人士比如师家、苯苯和老年人，他们的藏族认同意识比较强。如苗伍家保、苗刘荣保还有杨文才和立界山上的四爷等。

但也并非所有的人都如此坚定地认为自己是藏族。当人们看到了宕昌县发行的各种书籍，以及受到其他各种宣传的影响，很多人开始对他们的族群身份产生了疑惑。难道他们果真是那曾经在这里建立了宕昌羌国的宕昌羌人后裔？老一代人是不是因为对"历史"不了解，而说他们来自山后的舟曲或者迭部？不单单是年轻一代多有这样的疑问，有些中年人和老年人也同样感到困惑。新坪庄明珠农家乐的主人说：

我们的祖先搞不懂，从打猎、跳神来看像羌族，现在老人说的是藏话还是羌话我们辨不来……实际上说下来是羌。婆娘们弹口弦……是不是羌族像招女婿一样成了藏族？小时候以前旧学校下面老年人挖出来过长长的牛角一样的东西，以前80多岁的老汉说是羌族的。马土司手里也说是藏族。现在大鱼吃小鱼，生活在汉族地区……①

这段话虽然是杨明珠的猜测，但却反映出来一个很重要的历史现象。即在宕昌这样族群相互交融碰撞极为复杂的地带，不可忽视的一个现象就是，不同族群之间的相互通婚使原本复杂的族群现象更为错综复杂。婚姻的缔结不仅造成血缘上的融合，而且文化上也一定相互借鉴和混融。通过前面对历史文献的梳理，我们看到唐与吐蕃争战之时，吐蕃曾派大量军队攻占甘肃一带，并命军队留在此地。军队中男丁一定占绝对多数，留居此地以后，他们必然与当地的妇女通婚，形成"蕃父羌母"的婚姻形式，造成血缘上的混合。真的和杨明珠所说的类似，只是吐蕃人被招了女婿，加上吐蕃在这一带所推行的吐蕃化政策，羌人逐渐吐蕃化。随着朝代的更替，汉人逐渐西迁、汉人与当地的族群通婚也同样造成血缘和文化上的融合混融，造成这带地区族群现象复杂，文化呈现混合交融的多样化样貌。

建明家的大门外面有一幅宣传标语，上面写着："农家乐欢迎你！"落款是羌寨风情。他常陪我们外出采访，当我们就他们是羌还是藏的问题进行采访的时候，他多不插言。当我们就这个问题问他的时候，他说：

"我们是［běi］，他们说是藏还是羌，他们说嘛，反正我们就是这么的。"②

他的回答很含糊。

实际上，我们也看到，宕昌藏民自己的族群身份认同也不完全相同，其中的原因当然复杂多样。有些人的族群情感深厚，强烈认同为藏；而有些人则对于县里的宣传感到疑惑，开始对自己的族群身份产生疑问；还有

---

① 2007 年 2 月 26 日大河坝沟牛头庄杨明珠访谈。
② 2007 年 3 月 10 日鹿仁庄苗建明访谈。

些人则因为利益的原因或者其他种种原因，产生动摇和犹疑。但从整体来说，绝大部分宕昌藏民将自己认同为藏而不是羌。

从以上的论述，我们看到当地政府、当地知识分子以及当地藏民本身，对于宕昌藏民的族群身份各有不同的看法。促使他们形成各自观点的背后有着各种各样的原因，其中既有历史上当地各种族群互动交融而来的因素，也有族群情感的因素，还有因着政治经济利益的原因而采取的工具性策略。这里面我们可以清楚地看到族群构建的动态过程。巴特（Fredrik Barth）认为，族群认同（Ethnic Identity）是"己群"和"他群"互动中相互归类的事宜。① 这其中牵涉到相关人群复杂的利益关系。作为地方权力支配者的地方政府，他们为了地方社会的经济发展，希望发掘宕昌当地的历史文化，以此推动旅游业的发展。因此，为着当地的经济利益，他们愿意将宕昌当地的藏民作为古宕昌羌人的后裔来看待，并利用其掌握的政治权力，比如出版图书和影像作品等，来塑造一个宕昌羌人后裔的族群观念，这可以说是一种策略性的政策。地方知识分子一方面利用他们所掌握的知识话语权力，寻索宕昌当地的历史文化遗存，找寻文化和族群血缘；另一方面，他们也是在地方政府策略性政策的指导下，将目前宕昌的藏民作为古宕昌羌人的后裔来看待，从而有一种"泛羌族"的认同情结。地方政府和地方知识分子，他们掌握着更大的政治和文化话语权力，他们所撰写和出版的文章、图书以及影像资料都会作为"历史文献"，被人们当作"客观体"接受，必然对宕昌藏民的族群身份认同产生重要的影响。比如宕昌的非藏人群大多认可宕昌的藏民是古羌人的后裔，甚至干脆以羌来称呼他们，游客也从这样的宣传中接受了宕昌藏民为羌人后裔甚至就是羌族的观点。这些形成文字的资料甚至也影响了宕昌藏民自己，在重新审视自己的祖先和族群身份。作为宕昌藏民自己，在他们的记忆中他们是来自山后"番人"的聚居区，他们是曾经的"番人"后裔，有一代代延续的历史文化，有着明确的族群称谓 [běi]，因而有强烈的族群根基性情感。特别是对自己族群文化有强烈认同的宗教人士、老人和对族群文化有强烈责任感的藏民，他们有着

---

① Barth，Fredirk(ed.)，*Ethnic Groups and Reundaries:The Social Organization of Culture Difference*,Waueland Press,Inc.,1998，pp.5-7.

强烈的藏族认同情感。但是，对于那些年轻人，以及对于自己族群的历史记忆不是那么清晰的宕昌藏民来说，尽管他们从长辈那里继承了 [běi] 的族称，但是他们看到地方知识分子通过梳理文献资料，并通过各种直接或间接的相关证据、展开的论证分析时，他们有些犹疑，先辈对于祖先的记忆是否准确。另外，他们在发展旅游业的过程中，也看到了作为"羌"比"藏"更具有经济竞争力。因而，他们尽管也认同自己的藏族身份，但却显得有些犹疑和不确定。比如建明的回答就是一个典型的例子。他明确自己是藏族，但是因为他自己开着农家乐，他也不排斥以"羌文化风情"来招徕游客。然而，在当下全球化的过程中，宕昌的藏民不可避免地被卷入其中。宕昌藏民自己也深切认识到自己的文化处在逐渐衰落的状态，为自己族群的前景而感到深深地担忧。

番化、汉化与羌化

其实，目前对于宕昌藏民的族群归属问题的争论，并非只是在现今的社会历史状况下以及现代国家民族概念下才出现的现象。实际上，在漫漫历史长河中，族群认同向来与政治利益和经济利益有着密不可分的关系。从前面我们对于史料的梳理中已经看到，宕昌历史上就是各种族群交汇互融的复杂地带。从宕昌羌人到现在的宕昌藏族，其间一千多年的时间里，族群变化极其复杂，当汉文化势力强大的时候，居住在这里的各个族群逐渐汉化；当藏文化势力强大的时候，各个不同的族群逐渐藏化；其中又裹挟着氐、党项羌、吐谷浑、鲜卑、匈奴、回鹘、西域人等族群。这些复杂的族群成分在历史的风雨中，往往形成你中有我、我中有你的复杂状况。因此，历史上活动于这一地带的族群与现代民族之间，很难有一一对应的关系。以下我们来简单梳理历史上和现今宕昌地区族群变化的动态过程。

历史上羌人的番化和汉化

当汉晋时期，从甘肃南部到四川这一带的羌人地带形成以后，这里就是中原汉人与西部非汉族群之间相互冲突、摩擦交融的地带，由于大量汉人迁入这一地区，氐人和羌人也逐渐有汉化的趋势。隋唐吐蕃东扩以后，这一地带被完全控制在吐蕃政权之下。吐蕃推行了吐蕃化的政策，使这一地带的不同族群相继吐蕃化，即使河陇地区的汉人也在吐蕃强制同化下吐蕃化，"去年中国养子孙，今著毡裘学胡语"①"汉儿学得胡儿语，却向城头骂汉人"②等诗句反映当时各族群吐蕃化的情景。到明代的时候，在史书中多称这里的非汉族群为"番"，羌字就很少出现了。《明史·西域二》云："西番即西羌，种族最多，自山西历四川、云南徼外皆是。其散处河、湟、洮、岷间者，为中国患尤剧。"这一带的各族群在吐蕃长达一二百年的统治下，相继吐蕃化，加之其他族群之间相互混融，也使中原汉人以"番"取代"羌"来称呼这一带人。这也说明，在明清时代汉人的心目中，羌和番是可以互换的，但又不是完全对等的，他们之间有着差异性。但是由于中原汉人对于西部非汉人群的认识依然不明了，所以在明史出现了"西番即西羌"的说法，说明当时汉人对于这一带人群的一个普遍观念。③这是羌人和汉人的番化。

明代大量汉人被迁移到各少数民族地区进行屯垦。这是中国历史上第三次迁徙高潮，这次移民直接影响到了少数民族地区的族群构成和分布格局。通过这次移民，汉人逐渐在甘青地区占据多数，成为甘青地区的主体民族。因此，甘青一带不少汉人都有谱牒记载，或传他们的祖先来自南京珠玑巷，或说来自山西洪洞县大槐树下。这些汉人来到以后，所占领的基本上都是在原卫所的城池附近，或者交通要道以及适宜农耕、土地肥沃的河川地带，并不断向交通不便的番人居住的边远地区推进。随着汉人移民的到来，自然带来了他们的文化，并逐渐影响到居住在他们周围的番人。

我们在宕昌藏民地区看到，他们的师家所敬奉的十二龙王以及每家每户都供奉的家堂神，多是明代的开国大将。朱元璋在明朝立国之初将跟随他打下江山的各位功臣封为神，敕命全国立庙祭祀。洪武二年（1369年），

---

① 唐·张籍：《陇头行》，《全唐诗》卷382。
② 唐·司空徒：《河湟有感》，《全唐诗》卷633。
③ 关于"羌"与"番"的区别，王明珂先生有一段论述，参见《羌在汉藏之间：一个华夏边缘的历史人类学研究》，台北联经出版事业股份有限公司，2003，第182页。在本文中，笔者认为明史中以"番"来代替"羌"称呼西方非汉族群与吐蕃在当地的统治有密切关系，但笔者认为"番"与"吐蕃"或者"藏"也并非完全对等，而是更倾向于把"番"与非汉族群对应起来，和"羌"既有区别，也并非完全没有联系。

朱明王朝敕命在江宁府东北的鸡笼山建立功臣庙,供奉徐达、常遇春、李文忠、沐英、胡大海、康茂才等21位开国功臣,后又将这些人封为"神"。①在岷洮地区普遍信奉龙王神,原本这些神是汉民的神,番民在和汉民的接触过程中,逐渐受到了汉族神道信仰的影响。当然是否能接受汉族的神道信仰,也和番民的生计方式有很密切的关系。从事农耕的番民就比较容易接受这种神道信仰,而从事牧业的番民则因生产生活方式的悬殊差别,不大容易接受汉人的神以及崇祀仪式。除此之外,又和番民原来的宗教信仰有关系。而且这些神道信仰传到甘青地区以后,又杂糅了其他族群的民间信仰,这是一个颇为复杂的建构过程。宕昌的藏民在接受神道信仰的时候并非全盘接受,而是根据自己的需要做了选择、取舍,同时也进行着再创造。比如在临洮和岷州等地的汉人所信仰的龙王神是十八位,而且确定都是汉人,绝大部分是明代的开国大将;但是在宕昌就演变成了十二龙王神,而且这些明代大将有些有了藏名,甚至有些根本就变成了藏族,或者就是藏族传说中的人物。

明代为了巩固自己在西北地区的统治,消除割据势力,达到统一全国和巩固边疆的目的,对各民族实行汉化政策,促进民族同化。当大量汉族移民进入到甘青地区,和各少数民族交错杂居时,无疑加速了这种同化的过程。除了这种接触所造成的同化以外,明王朝还采取各种强制措施,加速番人的汉化。洪武初年,岷州的藏族上层归附明朝以后,朝廷对这里的藏族人口进行清查,编造户籍,实行改土归流,设立如同内地的社会基层组织,"改吐蕃十六族为十六里,设卫治之,俾稍供徭役。"②为了达到"用夏变夷"的目的,明朝廷采取了变相的同化政策,特意从陕西岐县迁来一部分汉人,编为一里,被安置在岷州卫城,作为"里民"样板。这种措施无疑加剧了当地番人的汉化过程,《岷州志》云:"民之徙者,卒之戍者,居既久,土民举止、言语与内民无大相远,修且文者,亦时有之。"③

同时,由于受制于"内夏外夷""贵夏贱夷"的观念的影响,明代各少数民族的社会地位在下降,这也必然导致少数民族要设法改变这种为贱

---

① 参见《明史·太祖本纪二》。
② 《明史·西域二》。
③ 《岷州志校注》,第291页。

的夷族身份，通过各种途径靠近为贵的夏。那么改为汉姓也就是各少数民族上层分子所采取的"攀附"措施。攀附，原本是人们趋利避害的一种行为，希望借由模仿而获得某种身份，从而获得利益或者安全保障。王明珂在其论著中对于族群身份与文化的攀附有精彩的论述，他认为文化与族群身份的攀附常常产生在相邻的人群之间，是人们产生社会区分的一种策略。在历史上，很多非汉族群在这样的夸耀与攀附中渐渐造成了"模糊的华夏边缘"，形成了所谓的"生番"与"熟番"。[1]当时在明王朝"贵夏贱夷"观念的影响下，为了获得更多的政治经济利益和安全，少数民族改汉姓的风气日盛。1369年，番族头目党只官卜被授百户土司，世居麻竜里（藏sMad lung，今宕昌大舍乡），其孙池住时，改姓赵，汉名增辉，也就是麻竜赵土司。[2]1395年，岷州番族头目祥巴古子被授土官百户，世居间井里，辖地包括今宕昌木耳乡马莲川，子孙改姓为后，即间井后土司。[3]目前宕昌藏民杨姓很多，包括宕昌的汉人也有很多为杨姓，这应当和卓尼杨土司的关系密切。卓尼土司在第五代土司旺秀的时候，被明武宗（1505～1521年在位）赐姓为杨[4]，自此以后卓尼土司被世人称为杨土司，其统辖范围的番人也大都以土司之姓为姓，自称姓杨。

明代时期，由于汉民的大量迁入，居住在河、湟、洮、岷河谷地区靠近道路附近的各族人口，到清初已经放弃了游牧生活，接受了汉民的农耕，开始从事农业生产。在明代，各族部落很大一部分都是向国家承担马赋的"纳马番族"。但到清初，大片草地被辟为农田，以前的纳马番族开始种地纳粮，称为"纳粮番族"。久而久之，这些分布于河川地带的从事农业的藏族，逐渐融入汉族行列，成了汉族。

现代宕昌藏民的汉化、藏化和羌化

既然在历史上，宕昌地带的羌、番与汉之间不断出现着相互同化和交融的情况，那么现代的宕昌藏民是否就可以将固定不变的族群身份，一直

---

① 王明珂：《羌在汉藏之间：一个华夏边缘的历史人类学研究》，第376～377页。
② 《岷州志校注》，第85页。
③ 《岷州志校注》，第86页。
④ 转引自杨士宏《卓尼杨土司传略》，四川民族出版社，1990，第33页。

保持下去呢？然而，我们所看到的宕昌藏民也同样处于一个不断变化的过程中。

根据我们的调查，宕昌的藏民正处在一个不断汉化的过程中。从居住的地理范围来看，大部分藏民都居住在山高沟深、交通不便之地，而处在交通沿线基本上没有藏民的分布，而且这种汉化的趋势逐渐向沟内蔓延。以官鹅沟为例，沟口的官鹅村目前只有几户藏族，其余的都是汉族。朱瓦坪庄子也是只有几户藏族，其余的都是汉族。沟内全部为藏族的庄子是四个，纯粹为汉族的庄子只有花儿滩，但是目前已经在鹿仁庄为花儿滩居民修建了房屋，不久花儿滩的汉族就会迁到鹿仁庄，鹿仁就成了汉藏混杂的庄子了。最近几年，交通便利了，和外界的交往日益频繁，与汉族的通婚也日益增多，退耕还林造成生计方式的变化，使汉化的过程在以加速度的方式进行着。

从语言的角度来看，宕昌藏民有自己独特的语言，不过和相近的安多藏语还是有一定差别，讲宕昌藏语的也就局限于宕昌这四千多藏民。但因为与汉人相处一地，大部分宕昌藏民都通汉话，即使是老人汉语也都很好。也还有相当一部分宕昌藏民已经失去了自己的语言，改说汉语。我们第一次调查的时候，遇到了一位在城关镇工作的藏民，他告诉我们他是藏族，但是从他奶奶那一代就已经不会讲藏话了，他的家就在不远的贾河乡。[①]而与贾河乡临近的南河乡，那里的藏民也已经没有了自己的语言。官鹅沟口的官鹅村，虽然还有几户藏民依然还能讲藏语，但是由于他们居住在汉族庄子里，他们的孩子完全使用汉语和小伙伴交流，那么这些庄子藏语的消失将是很快的事情。如前所述，西北民族大学的杨士宏教授认为宕昌藏语为安多方言的第三语音层，就是和迭部、舟曲等周边地方的语言相比还有一定差异。如果在学校要学习宕昌藏语的话，首先这种藏语没有文字，其次这种藏语只有宕昌本地的藏民在使用，范围非常小，离开了宕昌，这种语言也就没有了交流的场所。我们在新坪庄访谈了当地的小学教师杨清军，他毕业于甘南藏族自治州民族师专，在学校时学过安多藏语。杨老师的父亲杨彩元在世时是当地有名的苯苯，但是苯苯经文的藏文是草体（藏

---

① 2005 年 7 月 14 日城关镇蒋某访谈。

dbu med，乌麦，无头体），和书本上教的楷体（藏 dbu can，乌坚，有头体）不同，所以他也看不懂。他说大约在 1992～1993 年，他给小学三年级学生开过藏语课，学习的是甘南藏语，也就是安多方言。但是因为没有考试，教学效果不理想。况且上级也不支持，检查教学工作时，他还受到了批评，说加重学生的课外负担，藏语课就这么停掉了。[①]这样一来，凡入学的孩子都在使用汉语学习，藏语只是在家的时候口头使用。此外，随着人们越来越多地外出务工，汉语已成为他们日常交流的语言，宕昌藏语的使用范围也就越来越有限。

宗教是民族文化中较为深层次的东西，是最不易发生改变的文化要素。但是我们在宕昌却看到了凤凰山神信仰在渐进式衰退，汉族的神道信仰在逐渐侵入。甚至汉族的阴阳已经开始进入到藏民的生活中，即使是苯苯，也开始请汉族的阴阳先生来为他们禳宅子。

第二次考察时，我们曾访谈了一位在县政府工作的藏族，40 多岁，家乡在南河乡上漳湾村。他说，除了填表格的时候"民族"一栏里填"藏"之外，自觉与汉民已无任何差别。而且他太爷爷（即曾祖父）就已经不会讲藏话了，只是延续下来被认为是藏族而已。不过，他太爷是理川的赵姓上门，不会说藏话，既有可能是已经不会讲藏语的藏民，也有可能干脆就是汉民，这或许说明当时的藏语已经不占强势。上漳湾的藏民还讲究瓦数（煨桑），但是他们没有师家，家里如果需要进行祭祀或者需要举行被除仪式时，会请阴阳先生在瓦片上烧木香和黄纸，点土豆灯。如果有人生病，在看医生无效的情况下，也会在家里烧纸请家神保佑。至于家神究竟是谁，则非常模糊。他说：

> 上漳湾庄子在半山腰，藏民外表已经和同庄汉民无任何差别。不过，藏民考公务员时可以加 10 分。南河乡没有凤凰山神，虽然还有林子，不过可以砍伐，没啥忌讳。闸山堵雨、堵冰雹还有，苯苯做事呢，但是现在到处一样搞着呢，说不上是不是敬凤凰山神。有庙敬神，家里没有家堂神和遮面，家神还是有，就是不敬；年三十晚上要给祖先烧纸，中堂挂毛主席像……[②]

---

① 2007 年 2 月 27 日大河坝沟新坪村杨清军访谈。
② 2007 年 3 月 6 日宕昌县县政府庞某访谈。

谈到这里的时候，他自己也笑了。

当然这种汉化的过程并非是单向的，也有汉民番化的例子。

鹿仁庄有两户李家，他们原本是一户，后来分家，形成了两户。他们到鹿仁的时间不长，目前已有五代人。据李家人介绍，他们的先祖是宕昌生意人。因为吃了官司，在朋友的帮助下，带着儿子和媳妇躲进鹿仁庄，在鹿仁安了家。后来儿子和媳妇没有生育，就从女儿家里抱养了一个女孩，就是李梅花。李梅花招赘了鹿仁一苗姓男子，因李梅花和苗姓男子也没有生育儿子，只有两个女儿，就从苗的弟弟家要了一个儿子苗聚财保，改姓李。李聚财保娶了毛家的姑娘，生育一女一子，后来李聚财保分家出来另过，这是目前鹿仁庄两户李家的来历。根据村民的描述，李家很可能是汉民，到鹿仁以后变成了藏民。建明也回忆说，小的时候，他记得李家的妈妈李梅花似乎和庄子里其他藏民妇女不一样，好像是汉民。他们家里的家神和其他人家不同，供奉的是财神爷，而且没有像其他人家一样还有副将和山神等。并且他们家的遮面是从集市上买来的，而不是请师家剪的。这是鹿仁庄的人们一再强调的、藏民与汉民的区别。不过，李家人则一直强调自己原本就是藏族。

尽管存在着个别的汉人或者是其他民族藏化的例子，但是总体的趋势则是宕昌藏民在不断地汉化。明、清中央政府的汉化政策，周围强大的汉文化势力，促使沟内的番人不断接受汉文化，从而使自己原来的文化发生变迁，逐渐向强势的汉文化靠拢。就像新坪庄那位抽旱烟的老人说的，"那我看是……再不齐四五十年就全部（变）汉了嘛……自己把自己改变了。"

如此他们变成汉民的日子还远吗？然而事情的发展还不会如此简单。从前面我们对历史文献的梳理看到，自唐以来，宕昌一带就在藏族土司的统治之下，一直到民国二十二年（1933 年）实行改土归流，划归西固（今舟曲）管辖，1958 年才划归宕昌。①所以居住在宕昌山谷深沟内的"番民"，他们的民族身份一直是明确的藏，他们自己也没有怀疑过自己的民族身份。当时代的车轮前进到 21 世纪，当整个世界被无处不在的媒体和通信设施

---

① 《甘南藏族部落概述》，第 11 ~ 12 页。

变成狭小的地球村时，纷繁的大千世界展现在宕昌藏民眼前。再加之旅游业的发展，这些对族群文化变迁、族群认同都产生了巨大的影响，使之产生了不同的变迁方向。通过前文的论述，我们已经了解到，宕昌的藏民普遍认同自己是藏族。然而通过各种媒体，宕昌的藏民意识到他们作为藏族和"典型的"藏族不同，他们开始竭力向"典型的"藏族靠拢，以体现自己的族群身份。他们在各种媒体中捕捉到了代表"典型的"藏族的文化符号，于是在这种符号的作用下重构和再创造自己的文化，强化自己的藏族认同。特别是在地方政府为了旅游开发的缘故，愿意把他们作为羌人后裔来看待的时候，他们内在的民族情感被激发，刻意寻找着各种代表藏族的符号，来证明自己是藏族而非羌或者汉。比如他们强调他们信仰藏传佛教，这是最能代表藏族的符号。他们还特别提到，20世纪80年代，十世班禅路过宕昌的时候，宕昌曾有几位藏民接受过班禅摸顶，他们非常看重这件事情，认为班禅给他们摸了顶，他们就一定是藏族，这毫无疑问。这件事，我们常常听人们颇为自豪地讲起。他们也为此不无遗憾，因为大多数人不知道班禅来宕昌的消息，失去了觐见班禅的机会。我们看到在鹿仁庄的小寺院里供着多张十世班禅的照片。这种"藏化"的趋势一方面是他们原本就有的藏族认同使然，使他们愿意接受和效仿"典型的"藏族的文化符号，体现自己的族群身份；另一方面，也是对地方政府的做法表示抗争和抵触。从这两方面来说，这都是宕昌藏民基于藏族认同的基础上所做出的选择。

至于羌化，则是在县政府旅游开发的策略导向下才开始出现的。其实乡民的这种羌化倾向大多是不自觉的。尽管对大多数宕昌藏民来说，在他们的意识里面认同自己的藏族身份，然而，当县里竭力将他们按照"典型的"羌族来塑造的时候，因着旅游开发的缘故，他们也接受了作为"典型的"羌族的文化符号，将其融进自己的文化当中。其实"典型的"羌文化和"典型的"藏文化，似乎又有很多共同的文化因素。比如"锅庄舞"，虽然这也是人们后来的发明创造，但如今被很多藏族和羌族接受作为他们"典型的"文化符号之一，无论是羌族还是藏族都有白石压顶的榻板房……还有宕昌藏民一直在强调的作为他们是藏民标志的"瓦薮"也并非只是藏族独有的文化符号，普米族、纳西族、蒙古族中也都有类似的习俗。

虽然文化符号往往是族群认同的重要标志，然而文化符号并不总在族群认同中起重要作用。族群变化往往和文化变化并不一致，其实族群认同更多的是一种社会的产物，而并非是天然的事实。[①]族群认同更多是人们的一种主观意愿，就像苗伍家保说的，语言丢掉了，还是藏族，那么同样，服饰丢掉了还是藏族，宗教丢掉了也还是藏族……因为在他们的观念中，他们是藏族。现在宕昌藏民将自己认同为藏族的时候，其实更多的是根基性的感情因素在起作用。一直以来，作为杨土司管辖的乡民，当然是藏族；在他们的记忆中，他们来自藏族居住的舟曲和迭部；在现代国家民族识别政策下，他们是藏族……当羌族突然闯入他们的生活中的时候，这种族群认同的意识进一步被强化了。根据这种主观的族群认同意愿，他们重构甚至再创造能代表他们的符号，凸显自己的族群身份，我们在第八章详细论述这一点。

小菊的巫术

简单了解了从历史上的羌人不断地番化和汉化，到现代宕昌藏族的藏化、汉化与羌化……实际上，宕昌一带族群混融变化的情况远比上文分析的复杂得多，而且族群变迁一直没有停止过，也将永远变化下去。这当然也会反映在当地的文化当中，以下是我们所遇到的两个小故事，可以从中透露出族群演变的信息。

小菊第一次带我拜访了爷爷之后，因为有了收获，返回小菊家的时候我开心极了，没成想乐极生悲，突然手碰到了什么东西，火辣辣的疼，"啊"的一声，我大叫起来。小菊听见叫声，赶紧停下来，看了看我受伤的手之后，小姑娘不慌不忙地在路边揪下一片草叶，一边把草叶往手上擦，一边念念有词，应该是他们的语言。念了一会儿，她把草叶丢掉。果然，手不疼了。

"你念的是什么？"我问小菊。

小家伙居然神秘地一笑，并不回答。回去以后跟谢老师议论起这件事，才知道我碰到的是荨麻。我们自然明白小菊做的事情应当是他们日常经常使用的一种巫术，这样的巫术活动在任何一个人类社会都是很常见的现象。

---

① 〔挪〕T. H. 埃里克森（Thomas Hylland Eriksen）：《族群性与民族主义：人类学透视》，王亚文译，敦煌文艺出版社，2002，第 72 页。

我们也明白真正起作用的不是那咒语，而是那种草叶。小菊使用的这种方法，应当是她的父辈一代一代传下来的。荨麻是当地很常见的植物，人们在劳作的时候很容易碰到，为了消除荨麻造成的痛苦，人们必然会寻找各种方法，包括草药和巫术的方式。小菊在沟内的希望小学读书，汉语当然也是她学习和与同学、老师交流的语言，而她回到家里使用的依然是他们自己的语言。以后小菊的孩子也能像她一样兼通两种语言吗？她的孩子也能用这种巫术减轻碰到荨麻的痛苦吗？

其实在任何一个社会中，这种类似的小巫术随时都可以看到。当我如小菊般大小的时候，在家乡也常会看到类似的巫术，甚至也在父辈不经意的教导中学会了这种巫术。比如那时的电线杆上贴着这样的咒语："天皇皇，地皇皇，我家有个夜哭郎。行人君子念三遍，一觉睡到大天亮。"这是某人家中的婴儿一到晚上就哭闹不休，家人为了让婴儿能够安静下来施行的巫术。儿时不经意间看到的小小巫术早已经尘封在记忆中，平常既不会跟周围的人提到，更不可能用到。然而在鹿仁庄，在这大山深处，我们居然为另一族群的一位年轻父亲写了这段咒语。有天晚上，一位年轻人来找苗满才，说他新生的孩子整夜啼哭，他不会写字，所以想请满才为他写一段咒语，让婴儿停止啼哭。我立刻联想到儿时看到过的这种咒语——没错，满才说正是这四句。一看我知道，满才就说自己写字很吃力，让我来写。让我感到吃惊的是，这种巫术似乎应该是汉族的巫术，缘何在这藏族地区也有？

我们不知道小菊使用的小巫术是从哪里学来的，也许和我们一样，是在不经意间看到、听到的。我们也无法断言这种巫术属于哪一族群，但是可以判断出，小菊念咒语时用的是当地的民族语言。原先在我们的头脑中，有关夜哭郎的巫术确信无疑是汉族的东西，然而这时我们却困惑了，真的是汉族的吗？还是其他民族的？照此来说，小菊的巫术又一定是藏族的吗？文化是相互交融的，不存在所谓某个族群独有的、纯种的、原生态的文化，每一种文化中都融入了多种文化的因素，要厘清一个族群文化的诸多元素究竟哪些直接来自藏文化，哪些渊源于汉文化，哪些是羌文化的创造……几乎是不可能的事情，当然也是没有意义的。反过来思考族群的形成也应当是同样的道理，现代的族群是古代各种族群相互交融混合发展而来的，没有哪一个现代民族可以直接对应古代的某一族群。

正月十五新坪庄禳庄子

宕昌藏族正月十五有禳庄子的仪式，目的是为了驱除村庄里的种种不洁净，祈求新的一年里庄子平平安安，五谷丰登。这个仪式由苯苯主持，苯苯穿戴整齐祭祀服装，念诵祛秽除邪的经文。全庄家家点灯笼，撒沙子，甩火把，洁净村庄，这在本书第三章中已有叙述。鹿仁庄已经有五六年都没禳庄子了。人们告诉我们说，鹿仁庄历年扔火把的地点是在现在官鹅绿色宾馆的位置，那里森林茂密，为了避免引起火灾，就没有再做了。我们认为这是个客观原因，但并非是不再举行这种活动的主要原因。关键是人们对于凤凰山神的信仰在逐渐衰落，造成了各种相关的宗教活动也必然在逐渐消失。不过，听说新坪庄每年还在做这种仪式。我们正月十五来到新坪，期待看到禳庄子的仪式。刚进到新坪庄里没多长时间，看见有辆白色的小面包停在那里，四周围着不少人，还有人偷偷看我们。空气里弥漫着不真实的氛围，人和周围环境是游离的，有种不祥的气息蔓延开来。后来才得知，真是出事了。正月十四是学校开学的第一天，庄子里有位学生在县城读书，结果莫名其妙地从一家旅社的楼上摔下来。公安局说是自杀，可是疑点很多，所以庄子里人心惶惶的。很多人说，晚上的仪式很可能不做了，因为大家都没有心思。

一直等到傍晚的时候，才看到两个小孩子手拿火把在路上跑，火把是树枝捆成的，上面夹着一张马纸（图7-3）。这重新燃起了我们的希望，今晚的仪式可能还有。只是除了这些不懂事的孩子，谁还会有心情呢？还有那位老郭巴重病躺在床上，不可能起来主持仪式。年轻一辈的苯苯杨清元已经好几年没有做这样的宗教活动了，再说今天这种状况，他还有心思吗？不过话又说回来，庄子里遇到了这样不吉利的事情，禳庄子不正好可以祛除这凶煞的事情吗？我们在期待着……

天完全黑透了，不断有孩子们拿着火把在庄子里窜来跑去，似乎在等待着有人主持这项活动，然而没有大人出来说该怎么办。性急的孩子们再也等不得，于是纷纷点燃了火把，在庄子里边跑边喊，还有几个孩子一边跑，一边唱起了流行歌曲。没有人指挥孩子们怎么跑，有往庄头跑的，也有往庄尾跑的。有些大点的孩子知道每年要把火把从庄尾的一个崖头上扔下去，于是十几个孩子喊叫着跑上崖头，叫嚷了一阵，就把手中的火把从崖头上扔了下去。更多的孩子不知道怎么办，依然在庄子里跑来跑去，直到火把渐渐熄了。和我们一起看见这情景的一对老夫妇，慨叹着："凉了，凉了……明年就更没人管了。"我们明明听见老人叹息了一声，转身离去。说真的，我们的心也凉凉的，难道这种传统从今年开始就会消失吗？传统也就是这样渐渐没有了吗？难道这样的仪式不正是为了祛除晦气？如今庄子里出了这么大的事情，也不要禳除一下吗？看来，正月十五禳庄子的仪式只是人们延续下来的惯例，至于禳除的观念恐怕早已淡漠。到了真正出了事、需要禳除的时候，人们反倒顾不上了。

后来，我们到川坪沟的时候，在进黄家湾庄的村口，见到地上有烧过的火把。看来黄家湾还是禳了庄子，不过黄家湾没苯苯，是谁在主持这项活动呢？询问的结果是确实禳过了，那情景是不是和新坪一样呢？不得而知。我们只知道，黄家湾已经没有了苯苯。

图 7-3　正月十五新坪庄拿着火把的孩子们

第八章　文化认同与文化再创造

　　我们常说一个族群与另一族群不同，那么什么地方不同，为什么不同？必然有一系列的符号可以将其间的区别标志出来。通常情况下，我们往往会寻找被称为"文化特征"的符号，来作为区分"我群"与"他群"的重要标志之一。[①]但实际上，"文化特征"并不是一成不变的，正如人类学家巴特（Fredrik Barth）认为的，所谓的文化特征是与"我群"和"他群"边界界定的事宜相关联的。虽然文化被社会主体用于族群认同和行为的表述，但是研究者不应认为这些文化是不变的，且可以作为区分两个族群文化差异的特定标志。文化具有变化和流动性特征，因此，在承认关涉族群和其他社会关系中的文化具有相对稳定性的同时，也需要对这些文化的变化给予解析。[②]"文化特征"所包含的范围很广，也就是人类学范畴上广

---

① 关于文化能否作为界定族群边界的标志，人们的看法也有不同。强调群体成员主观认同的"族群性"（ethnicity）研究就认为，文化无助于界定族群边界。参见 Fredrik Barth，"Introduction", in *Ethnic Groups and Boundaries*, ed. by Fredrik Barth, Waveland Press, Inc., 1998, p. 38; 王明珂：《羌在汉藏之间：一个华夏边缘的历史人类学研究》，第 359 ~ 362 页。
② Fredrik Barth，"Introduction", in *Ethnic Groups and Boundaries*, 1998, pp. 5-7.

义的文化：包括语言文字（当然有的族群只有语言而没有文字）、服饰、建筑、宗教、风俗习惯、岁时节令、音乐，甚至饮食等，都是人们识别一个族群的符号。这些符号的形成也与族群之间的互动密不可分，并非一成不变。当人们将自己认同于某一族群时，往往按照这一族群典型的文化特征，与自己的文化特征进行对照，甚至重新构建与典型文化特征相同的文化特征，来表明自己的归属。在这种情况下，人们甚至会发明一些原本并不属于自己的"传统的"历史文化①，借此展示自己的族群身份。反过来，当一个群体的人们强化自己与其他族群的区别的时候，他们往往重构或者发明一些自己和其他族群相异的文化特征，并在实践活动中不断地将这种差异放大，以强调自己和他者的不同。这两种情况其实都是在族群认同的背景下，借助文化符号来展示自己的族群身份。

在对文化特征进行形塑的过程中，知识分子、当地人其实都是参与其中的社会行动者，他们在主观的"我群"与"他群"的区分观念支配下，进行文化重构和文化再创造。在宕昌，这样一个文化认同与文化再创造的过程正在生动地实践着。政府和当地知识分子把宕昌藏民作为古羌人后裔来看待，努力在宕昌藏民当中寻找着古羌人文化的遗存，并强化这些貌似古羌人文化特征的文化符号，甚至重构出一些宕昌藏民原本没有的文化特征，来证明自己的观点。同时，由于在现代国家民族政策下，宕昌藏民是作为藏族身份出现的，当地政府和知识分子也会按照"典型的"藏族文化特征认同和重构宕昌藏族的文化。而作为宕昌藏民自己，大多强烈认同藏族身份，当他们意识到作为藏族他们和"典型的"藏族不同时，就开始认同"典型的"藏族文化符号，并以之为标准范式来重新创造一些自己原来没有的文化符号，从而确立自己的族群身份。

曾经的古羌国：史书记载中的羌人文化

如果说宕昌藏民就是那古羌人的后裔，那么他们有哪些文化符号是古

---

① E. Hobsbawm, "Introduction: Inventing Tradition", in *The Invention of Tradition*, eds. by Eric Hobsbawm & Terence Ranger, Cambridge: Cambridge University Press, 1983.

羌人文化符号的遗存，或者类似于古羌人的文化符号？如果要做对比，首先就要了解古羌人的文化究竟是什么样的。看看史料中是如何记载的吧。

《魏书·宕昌羌传》中对于宕昌羌的文化有这样的描述：

> ……姓别自为部落，酋帅皆有地分，不相统摄，宕昌即为其一也。俗皆土著，居有屋宇，其屋织牦牛尾及羖羊毛覆之。国无法令，又无徭赋。惟战伐之时，乃相屯聚，不然则各事生业，不相往来。皆衣裘褐。牧养牛、羊、豕以供其食。父子、叔伯、兄弟死者，即以继母、世叔母及嫂、弟妇等为妻。俗无文字，但候草木荣落，记其岁时。三年一相聚，杀牛羊以祭天。

这段描述简要概括了魏晋时期宕昌羌人的文化，记述了他们的社会组织、房屋、婚姻、服装、生计、宗教等方面，其中除了"牧养牛、羊、豕"以外，我们似乎并没有找到和现在宕昌藏民文化特征相一致之处。当然，这段记述仅仅是对宕昌羌人的文化描述，当我们把眼光放大到种属各不相同的羌人时，我们看到，在古代汉人的笔下，羌人的文化大概有这样几个方面。

羌人以牧羊为生。东汉·许慎《说文解字》记载："羌，西戎羊种。"

羌人行火葬。《吕氏春秋》卷十四记载："氐羌之民，其虏也，不忧其系累，而忧死不焚也。"《旧唐书·党项传》记载："死则焚尸，名为火葬。"《后汉书·南蛮西南夷列传》中称当时的冉䮾[1]则是："贵妇人、党母族，死则烧其尸。……众皆依山居止，累石为室，高者至十余丈，为邛笼。"

羌人的房屋是白石房或者为邛。[2]等等。

这些史书中记载的古羌文化因素，尽管并非记载于所有关于古羌人的史料中，也不能够说明所有羌人都有这些文化因素，但是人们一直把这些作为是判断羌人，抑或是羌人后裔的文化凭证。

如果将这些史书中记载的古羌人文化与现在宕昌藏民的文化进行对

---

① 冉䮾，古羌人的一支，秦汉隋唐时期活跃于巴蜀地区，今四川汶川一带。

② 《后汉书·南蛮西南夷列传》。

照，似乎能找到一些模糊的古羌人文化痕迹。比如，目前宕昌藏民民居中依然还保留着的白石压顶的榻板房，可以算作古羌人的文化的遗存。此外，尽管宕昌藏族不久前的生计方式还是农耕，不过，牧羊也是他们经济生活的补充。如果说火葬的话，宕昌藏民每条沟，甚至每个庄子的丧葬习俗都不大一样，有火葬，也有土葬。听老年人讲，以前多行火葬，后来慢慢开始土葬了。从这些文化因素的对照来看，似乎也和古羌人的文化有一些关系。但当我们把眼光放大到更大区域的时候，会发现这些文化特征在西北地区相当普遍，比如养羊作为农耕经济的重要补充；白石压顶的房子在藏族和西北的汉族中也常见；至于火葬，也是藏族最为普通的葬俗之一。如果单单依凭这几个文化因素上的相同或者相似，似乎很难断定宕昌藏民就是古羌人后裔，否则古羌人的后裔就遍布全国，比比皆是。

政府行为下的文化认同与文化再创造

官鹅沟的旅游开发

山清水秀只是发展旅游业的先天条件，除此之外还需要有精心策划的旅游形象，才能吸引游客。如果美丽的风光再加上人文景色，那就是再好不过的旅游品牌了。看一下国内旅游业发展比较好的地区，大多是将自然风光与人文景观完美结合起来的典范。比如秀甲天下的泸沽湖，加上女儿国那男不娶女不嫁的奇异风俗；九寨沟瑰丽的海子与藏族文化的绝好配合；丽江有美丽的玉龙雪山，也拥有东巴信仰等独特的文化景观，因此其魅力扶摇直上，在国内外声名大噪……

宕昌如果要发展旅游业，除了自然景观之外，也必然要在人文景观方面做足文章。那么居住在沟中的非汉族群，当然就会让人联想到民族风情，此外还有曾经辉煌过的宕昌古羌国，这都是旅游开发中不可忽视的亮点。赏心悦目的自然风光、别具一格的民族风情以及古老辉煌的历史，就成了官鹅沟旅游开发的三大要素。在县里开发官鹅沟的旅游规划中，为官鹅沟设计的形象就是"翠峡玉瀑·羌藏古国"。其中的重要内容，也就是旅游产品的设计是："两城、两园、两馆、一街"。"两城"指宕昌故城、羊马故城。①"两园"指鹿仁、新坪羌藏民族风情园。"两馆"指宕昌古国历史纪念馆、羌藏民族艺术陈列馆。"一条街"指羌藏民族文化一条街。依据"两城、两馆、一街",开展宕昌古国历史文化寻古游;依据"两园"开展羌藏民族风情游;依据"两城、两馆、一街、一园(高庙山公园)",结合官鹅沟、大河坝沟的自然景观游,形成较完整的旅游区;加强现有文物的保护、挖掘和整理;成立宕昌羌藏历史文化研究会;创作羌族优秀作品;推进民族文化资源产业化。②这是宕昌对于官鹅沟旅游开发的大致设想。

从这份旅游规划中我们看到,官鹅沟的自然风光只是旅游开发的一个基础,工作的重点是将现存的和曾经的文化因素拿来,重新构建出文化景观。所谓的宕昌古城,大概就是那一段所谓的古城墙,然而这段古城墙究竟是哪个年代筑造的,从文物考古的角度看尚无科学的论断,至于是不是宕昌国古都的城墙,更是无从知晓。目前人们甚至无法确定宕昌古国的都城是否就在现今的宕昌。

说到羊马城,是古时为防守御敌而在城外筑的类似城圈的工事。《通典·兵五》:"於城外四面壕内,去城十步,更立小隔城,厚六尺,高五尺,仍立女墙,谓之羊马城。"确实在宕昌县城及附近的山上还依然伫立着羊马城的遗迹,在宕昌也曾经广为流传元兵攻破羊马城的传说,还有人把羊马城附会到杨土司和马土司身上。固然可以借题发挥,借着真实的历史遗存有声有色地打造出一处旅游景点,不过羊马城并非宕昌独有,在西北地区宋代的羊马城遗址就很不少,也说不上有什么特别的。

至于宕昌古国纪念馆和羌藏民族艺术陈列馆以及羌藏民族文化街,则需要在空白之上重新建造。对于沟内藏民的村寨进行民族风情的开发,以及创作羌族的文化作品等,也都是在营造羌和藏两种民族风情。这样的开发理念,所要树立的是两大形象,即宕昌古国历史文化和官鹅沟自然生态奇观;突出三大主题,即自然生态旅游、历史文化旅游、羌藏民族风情旅游。我们特别注意到,在这样的旅游形象设计中,是把羌和藏并列在一起的,

---

① 羊马城是我国古代城邑建筑中特有的军防设施,指城垣外侧另外加筑的仅及肩高的一道矮墙,可用以拒敌,对城垣起屏蔽作用。烽燧的周围亦置有羊马城。目前在西北地区这样的羊马城遗址很多,在宕昌县城周围的山上就有一些羊马城遗址。

② 中国科学院地理科学与资源研究所:《宕昌县官鹅沟风景区旅游详细规划文本》,第8页。

也就是说，所突出的民族风情既有羌的文化特征，也有藏的文化特征。

那么究竟怎样的文化特征是属于羌和藏的文化特征呢？宕昌县旅游产业开发设想（2006年5月23日）的文件中如此介绍宕昌：

> ……官鹅沟、大河坝两条沟内的藏族同胞是古羌人的后裔，他们的服饰和生活习俗至今保留着古宕昌羌的原生态鲜明特征。居住着古老的榻板房，吹奏着悠怨的羌笛。妇女们穿着自己民族的特色服装，也用最古老的方式欢迎远方的客人，香醇的青稞酒，热腾腾的手抓羊肉加上主人热情的祝酒歌以及熊熊篝火，令游人心旷神怡，留恋忘返。

从这段描述中，我们看到服饰、榻板房、羌笛等文化符号，是当地政府将宕昌的藏民认同为古羌人后裔的标志。至于藏族的文化特征当然就是我们普遍认同的"典型的"藏族文化符号。

参照这样的标准，宕昌县着力于古羌人文化的重建和对现在官鹅沟内居住的藏民按照"典型的"藏族和羌人文化进行构建。在对外的宣传上，特别突出官鹅沟内的羌藏风情，宣传画中往往出现身着"典型"藏族/羌族服装的少女，或者手捧洁白的哈达，或者端着青稞美酒，欢迎宾客；身着"典型"藏服/羌服的人们在跳"锅庄舞"。无论是哈达、青稞酒，还是锅庄舞，在人们的印象中，都是"典型的"藏族/羌族的文化符号。沟内的这些藏民居住的村寨，当然也要建设成羌藏民俗文化旅游村，比如鹿仁、阴坪等在河谷台地的庄子，交通比较便利，方便游客游览。县里就动员沟内的各个村寨一起参与到旅游开发中来，积极发展"羌藏特色的农家乐"，苗建明家和苗满才家的农家乐就是这样建起来的。建明家农家乐的牌子还是县妇联主任帮助挂的，当然为了配合羌藏民族风情，农家乐的牌子上就是一位身着"典型"藏装、手捧哈达的美丽少女的形象。大门口的标语上也写着"迎客松下羌寨留"的字样。这也就是为什么我们第一次进入官鹅沟的时候，看到沿途的各种宣传标语写的都是"羌族风情"（图8-1）。

也就是说在人们的观念中，既然宕昌的藏民是古羌人的后裔，那么他们的文化中一定遗留有羌人的因素。而现在作为藏族，他们也一定要有藏

图 8-1 建明家农家乐外墙上旅游宣传标语"迎客松下羌寨留"

文化的因素在其中。如此，就要依照"典型的"藏族和羌人文化来重新构建和书写宕昌藏民的文化。于是在政府的操作下，为宕昌藏民是古羌人后裔的认同做了一系列的理论支撑，借助各种媒体进行宣传，并付诸具体的实践。

地方文献　官鹅情歌　羌藏艺术团

如果我们想要了解一个地方的历史，通常情况下，我们会寻找关于这个地方的文字资料。比如官方修订的相关史书、地方文人修订的地方志以及一些研究性的书籍和文章等。一般情况下，我们会认为这些资料中的记载比较真实可信。宕昌当地的知识分子也在寻求着学术上的依据，来为宕昌藏民的羌藏文化认同和重构做准备。宕昌当地的知识分子撰写了一批关于宕昌历史和文化的书籍：《宕昌史话》[1]《宕昌民族研究》[2]《简读鹿仁庄羌藏文化》[3]等，并续写了县志，新县志特别着重介绍了宕昌的少数民族。

---

① 杨海帆编著《宕昌史话》，甘肃文化出版社，2006。
② 杨海帆：《宕昌民族研究》，2006。
③ 杨海帆编著《简读鹿仁庄羌藏文化》，宕昌县志编辑部，2005。

这些书籍论述了宕昌悠久的历史和曾经在宕昌地带所发生的历史事件，宕昌的历史人物、风景名胜以及宕昌藏民的风俗习惯，从历史文献和考古遗存两个方面来证明以前宕昌曾经是羌人居住的地带。同时，在准备撰写这些书籍的时候，宕昌当地的知识分子也做了大量的实地调查，深入到宕昌的各个乡镇和村庄，走访了大量当地群众。目的都是为了寻找宕昌悠久的历史以及现在宕昌的藏民和古羌人之间的关系。这些新的"文献"可以被视为"当代的社会记忆"，经过地方知识分子对于材料的选择、加工而得以形成文字保留下来。这些书籍无疑将成为一种新的"文化符号"被保留下来，为人们所认知。其实当我们在查阅那本久负盛名的《岷州志》以及官方所修订的各类史料中关于宕昌与宕昌羌人的记载时，也同样是将其作为"真实可信"的资料来利用的。

如果我们再进行深入一步的思考，这些史料也同样难免带着修撰者的观点。修撰者会有意或无意地按照个人的喜好遴选资料，或者在使用资料的时候把自己的观点和倾向性带进去。最后我们在阅读史料的时候，当然就免不了受到修撰者的影响，很有可能反而忽略了当时的"真实情况"，接受的是经过史料编撰者选择与建构过的"历史"。这些经过了选择和建构过的历史渐渐会成为人们的"社会记忆"而保存下来，成为"客观事实"被人们认可和接受，而历史的本来面貌会逐渐淡去。目前宕昌所修撰的这些地方文献无疑也将成为构建人们对宕昌的"社会记忆"的一部分，为人们所保存和记忆，对将来宕昌社会文化的发展造成一定的影响。

有了宕昌藏民是羌人后裔的学术支持，也还需要借助于宣传工具来制造声势。我们偶然看到了一份宣传单，推介的是甘肃省陇剧院创编的大型陇剧《官鹅情歌》，其剧情如下：

> 古代。鹿仁寨氏族首领之子官珠，为了复仇，伪装潜入羌族金羊寨，打动了首领之女鹅嫚的芳心。当鹅嫚沉醉在热恋的漩涡中时，却发现爱人的真实身份，一怒之下，要手刃欺骗爱情的奸细。然而此时的官珠，已经被鹅嫚的真情深深打动，抛弃了复仇，选择了爱情。就在中秋佳节的迎亲盛会上，一支嫉妒的毒箭向鹅嫚射来，官珠挺身保护，溘然而逝，引发新的冲突，两寨首领又

把仇恨之箭射向对方，鹅嫚以身阻挡，两支亲人箭，一起射向亲人……

一对氐羌两族恋人悲壮凄凉的殒灭，化解了两族间世代的仇恨。

团结和睦的两族人民，为了永久纪念官珠与鹅嫚，把他们最美丽的地方命名为官鹅沟。①

这出陇剧是由甘肃省陇剧团新近创作的，假想出官鹅沟名称来历的传说，并在兰州、武都等地上演（图8-2）。如果深入分析这部陇剧的创作背景，其中有很多有意思的现象。从最直接的角度讲，这部陇剧的创作是为了宣传官鹅沟，使人们认识和了解官鹅沟，这一举措也是明明白白写在宕昌县对于官鹅沟的旅游规划当中的。至于说为什么创造出这样一出"羌人"和"氐人"之间的爱情故事，似乎就意味深长了。从历史的角度来讲，宕昌原来是古羌人居住的地方，那么官鹅沟里的居民也应该是羌人。而且根据史书上的记载，氐人也居住在相邻地区，紧邻宕昌古国的就是氐人所建立的仇池国。并且氐和羌之间似乎并没有什么严格的界限，所以人们常常将他们连称为"氐羌"。

图8-2 《官鹅情歌》宣传册

① 摘自《官鹅情歌》节目单。

如此说来，官鹅沟内原来居住着"氐族"和"羌族"，好像也符合历史"事实"。通过这出陇剧，人们可以了解到关于官鹅沟的"历史"，同时也宣传了官鹅沟原来的居民是"羌人"和"氐人"。如此观众很自然地会联想到，既然官鹅沟内原来居住的是羌人和氐人，那么他们很可能就是现在官鹅沟内藏民的祖先呢。

这出关于官鹅名称来历的陇剧完全是虚构的传说，作为艺术创作来讲当然没有问题，然而对于文化的重塑却有着非同寻常的作用。人们或许会将这部戏剧作为官鹅沟的传说继承下来，真的认为"官鹅"名称的来历是为了纪念那对泯灭两族恩怨的恋人。比如我们不也常常把"杨家将"的故事作为真实来看待吗？开封的潘杨湖，也附会上潘杨两家的清与浊；《三国演义》的影响也远远大于《三国志》。这种完全艺术化的行为，成为人们重造出来的历史传说，或许渐渐可以流传下来，成为另外一种"文化符号"，被人们接受和认可，重新成为一种"客观事实"。"历史"就在这样的虚构和重塑当中不断地发生着变化，不断被人们重新创造和重新认识。本书第一章"美丽的官鹅沟"一节中，我们已经讨论过"官鹅沟"名称的由来，在调查中我们为这个问题也颇费了一些周折。不管我们是否接近了事实，得到的结论俨然枯燥乏味，跟《官鹅情歌》这九转回肠的浪漫故事无法相提并论。

实际上，在人们的心目中，所谓的民族风情往往就表现在民族服饰、民族建筑、民族歌舞等外在的文化形式上面。所以在民族地区的旅游开发当中，民族歌舞就是一项重要内容。宕昌县政府为了配合旅游开发，2006年成立了宕昌县羌藏艺术团。这个艺术团由政府扶持、财政拨款，属于文化局的下级文化部门，一共有18个成员（有5名歌手），其中90%是藏族，有一部分就是宕昌本地的藏族，并没有羌族。鹿仁庄的阿毛、立界庄的杨满生和杨满才都在歌舞团工作。我们听阿毛说，艺术团的团长是文县的白马藏人，名叫阿亮，也是九寨沟当红藏族歌手容中尔甲的学生，据说阿亮曾经在一个什么级别的青年歌手大奖赛上得过银奖。他应宕昌县的邀请，担任这个艺术团的团长。

艺术团的主要任务是接待县里来人和进行旅游表演，曾赴兰州和陇南市演出。演出内容都是通常我们认为的"典型的"藏族和羌族歌舞，比如开场迎宾仪式就是闸山敬酒、献哈达。闸山敬酒大概是根据宕昌凤凰山神信仰中的仪式改编而来的，但是敬哈达的仪式，就我们观察，虽然还有"哈达铺"这个地名，至少宕昌藏民现在是没有敬哈达的习俗。不过这种仪式可是"典型的"藏族文化符号之一，也就被用在了歌舞表演中。此外还有锅庄舞，这也是人们印象中代表"典型"藏族和羌族文化的符号。实际上锅庄舞也是在后来被重新改编后才推广到各地的，目前所看到的锅庄舞，基本上都是改编过后的"标准版锅庄舞"，而且并不是所有的藏族或者羌族都有锅庄舞这样的文化习俗。

再如艺术团的重头戏"藏歌"，也就是那些用汉语演唱的有关藏族的流行歌曲，这类歌曲或者带一点藏族音乐的风格，或者完全只是内容和藏族有关。这类通俗"藏歌"在这种边缘藏区比较流行，而在藏区腹地则未必。除此之外，也有羌笛和藏族的口弦。说到羌笛，人们自然会联想到唐代诗人王之涣的千古绝唱"羌笛何须怨杨柳，春风不度玉门关"（《凉州词》）。在古代诗歌中羌笛是一个经典的意象，它象征荒凉悲怆的西北大漠，象征人们悠长的思乡情怀。它在中国文化上占据着一席之地，甚至成了古羌人的重要标志符号。至于羌笛是什么，古人的诗歌中没有描绘出它的模样，现在所谓的羌笛是否就是古代羌人的羌笛，人们并不知晓。它的旋律音调如何，也只是人们在想象中来推测：玉门关外是辽阔的戈壁荒漠，大漠中的乐曲应当是凄凉、悲怆和幽怨的，于是有了"悠远的羌笛"之说。我们没有发现，也没有听人们说起宕昌的藏民会吹羌笛，甚至也没有见到和听到有类似的乐器。不过，在宕昌藏民妇女中，确实流行吹"口口"，就是用一小段竹子做成的乐器，学名称为"口弦"（图8-3）。这种乐器在全国大部分少数民族中都十分流行，只是不同地区的口弦形制上有些差异而已。闲暇的时候，很多妇女都会吹上一吹，中年以上的妇女大多都会。一些宕昌县的旅游宣传资料中，把这种口弦作为羌笛来看待。不过，口弦并不是羌笛，也不是宕昌藏民所独有的，这是大家认可的。我们专门请来鹿仁庄比较擅长吹口口的两位妇女，听她们吹了一段，旋律很朴素单一。生活中的这些技艺如不经现代手段的再加工，外人很难领受其魅力（图8-4）。

作为"歌舞艺术团"，从表演的角度来说，尽管这些表演内容并不都是宕昌当地藏民的歌舞，但算得上很不错的安排。只是我们可以从中探察

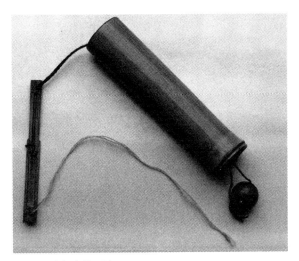

图 8-3 鹿仁庄的口弦

图 8-4 鹿仁庄妇女表演口弦

到，人们在仿照着"典型的"藏族和羌人／族的文化特征，来塑造一个他
们心目中的宕昌羌藏文化：既然宕昌藏民是古宕昌羌人的后裔，他们的文
化特征一定要有藏和羌这样两种文化特征存在。无论是强化原有的羌藏文
化特征，还是重新发明和构建典型的羌藏文化特征，目的都是展示和强调
羌人后裔的藏族身份。那么作为游客，也往往以"典型的"藏族或者羌
人／族的文化特征为标尺，来评价自己所看到的宕昌藏民是否是藏，是否
是羌。当他们看到宕昌藏民展示出来的文化特征与自己印象中的"典型的"
藏族并不吻合的时候，心中就会怀疑宕昌藏民是否真的是藏民。而反过来，
游客的评价也会影响到宕昌藏民本身对于自己的态度和认知。这里我们看
到在人们的意识中，已经将藏族或者羌人／族的形象定格为各种媒体中的

"典型"形象，那么是否是藏或者羌，都要与这些"典型"形象进行对比。如果没有这些典型的符号特征，就难以表明自己的族群身份。于是他们在记忆中找寻这些特征，将这些特征强化，甚至可以发明这些原本没有的特征，来证明自己是"藏族"或者"羌人 / 族"。他们会认为，或许自己的祖先是有这些文化特征的，只是由于年代久远，渐渐失传了而已。

城关镇春节社火表演

正月初八，城关镇组织镇里各村到县城举行社火表演，庆祝春节。鹿仁庄的任务是跳锅庄舞和展示民族服饰，阴坪庄负责跳羊皮鼓舞，还有一个村庄子要负责社火。这之前鹿仁就已经排练了三天的锅庄舞，在县羌藏艺术团当演员的阿毛带了另外一位女演员回到庄子里教人们跳舞，差不多全庄的年轻人都参加了。那几天庄子里热闹了很多，全庄人都出来看跳舞。跳锅庄使用的曲子是经过改编和艺术加工过的，舞蹈动作也是改编过的现代标准版锅庄。最有意思的是跳舞的服装，女孩子的服装是宕昌藏民传统的服装，只是把原来头上那条黑色的头巾换成了带流苏和镶花边的瓦片式头巾。这样一换果然比原来上镜。小伙子的服装是县上统一发的，听说无论老少每人一套。上衣为黑色左衽立领短衣，领子贴有花边，衣襟和下摆以及袖口绣了一圈云纹图案；下身为黑色宽腿裤子，裤脚也绣有一圈红色花纹，服装非常舞台化。当然这不是"典型的"藏族服装，但似乎也不是"典型的"羌族服装。这种服装人们平常是不会穿的，只在政府组织的各种活动中才会穿。

为了不错过这次社火表演，我们前一天就赶到了县城。正月初八早晨 8 点钟就听到了敲锣打鼓的声音，好像已经开始了。我们匆忙洗漱完，杨老师也赶到宾馆，告诉我们，这次的活动是城关镇组织的，而且只在整个县城游行一圈，没有固定的场地进行表演。游行的集合地点在县城关二小。我们到城关二小时，已经有一些表演队伍在这里集合，鹿仁庄的一些小姑娘也已经到场，她们说一早就有车把她们送来。镇长手拿无线话筒，不停地招呼各个表演队伍按照游行顺序排队。突然看到校园墙外有彩旗飘过，还有伞盖，似乎是銮驾，但听到人们在喊着"佛爷来了"，人们往往是把各种神仙一概当成佛爷的。我们不确定来的是哪路神明，赶紧跑到学校外面去看。几声大炮之后，"高庙山道教协会"的横幅在前面开道，之后的四辆三轮车上坐着四位装扮出来的判官，再后面就是师家的羊皮鼓队伍。

羊皮鼓舞是我们听说了很长时间，却一直无缘目睹的。这次表演羊皮鼓舞的是阴坪的师家，据说阴坪师家的羊皮鼓是县里的重点培养对象，作为开发旅游和发掘传统文化的一项内容。从这些师家的打扮来看，更接近道教。他们头上正面戴的是五叶冠，扎着马头，纸花有黄白红绿诸色（这一点与苗伍家保的描述有所抵触），后面拖出白色的"辫子"。上身外面套件红色对襟的褂子，左肩日、右肩月，背后缀有一大四小共五个铃铛，背心处是道家的黑白八角图案，大铃铛就垂在这个图案中央。下身有几位束八幅裙，大部分是挂着八卦的白色三尖布带，他们应该是搭了衣的神弟子。后面还跟着一些寻常装束的人也敲着羊皮鼓，应该是没搭衣的人（图8-5）。总而言之，民间道教的味道非常浓郁。

图8-5 正月初八城关镇政府组织的节日活动，阴坪庄师家羊皮鼓表演

只是，师家的这身打扮让我们很疑惑。后来，查阅资料，我们看到在整个甘青地区，都有这样的师家，装束类似。汉族地区也有称为"师公子"的，青海的藏族、土族和裕固族也有类似的人物。有些研究者认为，这样的装束甚至和北极圈地区的萨满有一定的渊源关系。[①]如果单从服装的样式和其装束看，确实有些类似。我们知道宕昌所处的地区历史上一直是各种文明交汇融合的地区，不仅仅是汉藏两大文明犬牙交错，蒙古、匈奴、伊斯兰等各种文明也相继在这里出现，甚至曾经辉煌过，那么文化也必然相互借取。如果从敬奉的神明上来说，龙王神多为明代大将。从祭祀的仪式、装束来看，和羌族、西北地区的土族和裕固族都有相似的地方。我们无法很明确地判断宕昌藏民的龙王神信仰究竟是接受了汉族的宗教信仰还是羌族端公的信仰，抑或是萨满文化的影响。但是我们相信，师家不单单是宕昌藏民或者甘青地区汉族所独有的文化现象，也必然糅合了很多族群的文化因素在其中，被居住在这里的各个族群所接受，成为自己文化中的一部分。然而，无论是羌也好，是藏也罢，在当下的社会文化与政治经济背景下，人们仿照"典型的"藏族文化和羌族文化重新构建着自己的文化。

羊皮鼓队伍之后就是龙王，包括华盖、四顶銮驾、五位判官、四对旌旗。龙王只有五位，本来说是有十二位的，可能没有全请来。这些神灵也配合政府的安排来与民同乐了。然后就是舞龙、舞狮、秧歌、腰鼓、高跷等队伍。节目单上鹿仁庄的队伍排在第十四，名目是"民族服饰表演队"，看来鹿仁庄的主要任务是展示"民族服饰"，也就是前文描述过的那种服装了。那前几天排练的锅庄呢，还要不要跳呢？

我们和鹿仁的队伍在一起，但没走多远就停了下来。我们想看看羊皮鼓队伍的情况，就跑到前面，发现停顿的原因是县里的几位县长和书记坐在县委的门口，每支队伍要在这儿为他们简单地表演一番。旁边有些人在维持秩序，把这块地方让开，以免影响领导们观看。领导们看后鼓掌表示谢意，表演队伍再往前走，然后有人忙忙碌碌地安排下一个。等到鹿仁庄的队伍来到跟前，我们还在纠结他们会不会跳锅庄。孩子们的想法大概和我们一样，以为要跳舞，开始散开站成圆形，却看到村支书和镇长一起指

---

① 秦永章：《甘宁青地区多民族格局新形成史研究》，第 315 页。

挥他们重新排队，面对领导们站好。忙乱中队伍站得并不整齐，也没有正对领导，还有观众在队伍里走来穿去。村支书的一声令下，让大家一起鞠躬喊"扎西德勒"，因为没有思想准备，大家更是乱成一团。还没回过神来，已经有人在招呼队伍赶紧离开，下一个队伍准备进场了。在纷乱中，鹿仁庄的队伍离开了县委门口，走在了环绕全城的游行队伍当中。

宕昌藏民相互祝福时并不说"扎西德勒"，在现在的各种媒介中，这是"典型的"藏族祝福语。宕昌藏民既然是藏族，祝福全县人民当然也该用这句话。但听得出来，孩子们包括村支书并不知道这句话的藏语发音，他们只是逐字念出那四个汉字。其实在庄子里我们也听到过人们说起"扎西德勒"。我们访谈毕业于合作民族师专的毛玉茹时，她说她在学校的时候学过藏文，于是我们请她写两句，她有点害羞地接过本子和笔，稍微迟疑一下，写下的也正是"扎西德勒"——bkra shis bde legs。基于人们对于藏族族群的认识，宕昌藏民也在有意无意之中模仿"典型的"藏族文化符号，向着"典型的"藏族靠拢。

晚上，在县城大街搭了一个戏台，唱的是秦腔。那些请来的龙王就被安置在戏台正对面看戏，依次是：张都龙王（泰爷的跟班）、泰爷（高庙山）、五岳龙王（大庙）和杨爷（红光村）。还有一些老人在看守这些龙王，晚上也就住在给龙王搭的棚子下面。尽管节日名义上是娱神，但实际上更多的是娱人。戏台下人头攒动，人们终于在一年的开始，热热闹闹地放松自己，借助娱神，也给自己一个放松和喘息的机会。

在这样一个政府组织的大规模表演活动中，我们看到各种人们在有意无意地使用各种文化符号来标记族群身份。

鹿仁寺 阴坪桥头 白石头

鹿仁庄那座小小的寺院是我们在宕昌看到的唯一一座藏传佛教寺院。我们第一次到鹿仁庄的时候，小寺还没有修好。到第二次来的时候，寺院已经修缮一新，还请岷县的汉族画师完全按照藏传佛教寺院的标准图像和布置为寺院画上了壁画。只是仍旧没有僧人，除了初一、十五也没人来拜佛，只有苗醋加醋在寺中看守，毛顺保时不时去寺里转转。

2005年开始的这次修缮，主要目的就是为了发展旅游业。在宕昌县的旅游规划中，把该寺作为"宗教文化感受区"，这座寺院理所当然就代表着"羌藏文化"中的藏传佛教文化。人们告诉我们说，寺院修缮完工以后，特意从甘南请了喇嘛来，举行了较大的庆祝活动。县长亲临参加了庆祝寺院修缮完工的仪式，足见政府对这件事情的关心。修缮鹿仁寺的现象同样也反映了人们对于"典型的"藏族文化符号的认同。在人们的印象里，藏族的标志性符号就是藏传佛教，把鹿仁寺这个已经十分没落的小寺院恢复起来就成了当务之急，这样藏族的特征才鲜明。修缮后绘制壁画时落掉了寺里大殿门梁上原先的凤凰山神像，然而村民并没有察觉。

如果重建鹿仁寺在很大程度上还是依据宕昌原来的文化特征进行加工和改造的话，下面这个例子则完全就是对于文化的发明了。鹿仁和阴坪两个藏民庄子都坐落在河谷的台地上，进出庄子需要越过山脚下的小河。以前人们在河里垒些石头或者搭一根木头过河，我们第一次到鹿仁庄的时候，就是通过这种简易小桥进入的鹿仁庄。后来，县里出资为两个庄子各修建了一座木制大桥。从外观上看，桥为仿古式建筑，斗栱挑檐。最有意思的是，阴坪庄的桥头还修了两座羌族碉楼，似乎是作为民族特征的标志（图8-6）。那么这种民族特征当然代表的就是羌文化。在人们的观念中，"典型的"羌族建筑当然就是这种碉楼，这是羌文化的标志性符号之一，于是就有了这样两座位于桥头的碉楼，标志着这里居住着曾经的古羌人后裔。其实羌碉并不成对出现，砌石工艺非常独到，比较起来阴坪庄桥头的这一对显然是仿制品。在川北，羌族和藏族地区都修建这种碉楼，形式有所不同，技艺各有千秋，本身就很难把碉楼定义为羌族文化的独有元素。即便是作为羌族建筑文化推出的理县桃坪羌寨，其新建的碉楼也明显受到汉阙影响，把羌族和汉族的传统建筑元素结合在一起进行了再创造（图8-7）。如果按照这样的样板在阴坪庄打造羌族碉楼，在现代多元文化的背景下审视，未免谬之千里。

官鹅沟内的公路两侧也摆放了很多巨大的白色石头，这些石头都是从外地运来的，作用大概有二：一是表示自然景观中的奇石；二就是为了符合"典型"羌文化的特征之一——"白石崇拜"，这也是被人们当作文化符号来标志着这条沟中居住的是古羌人的后裔。当我们后来在西藏琼结看到巡礼的人们带来的一块块白石铺遍山一样宏伟的藏王墓，在云南梅里

图 8-6　阴坪庄路口的大桥模仿羌式碉楼

图 8-7　四川理县桃坪羌寨新建寨门

雪山（藏 Kha ba dkar po）也看到白石前人们点起香柏煨桑的时候，再次感到用一种孤立的文化符号来判断族群归属常常会误入歧途。

在宕昌的这次调查过程中，我们常常会想到法国社会学大师皮埃尔·布迪厄（Pierre Bourdieu）关于"实践感"的理论阐述。布迪厄使用"惯习"（habitus）一词来解释人们认知世界的方式。也就是说，人们认识自己的方式有着一套分类体系，长久以来它沉淀在人们身上，人们往往按照这样的分类体系来认识自己和他人，而在大多数情况下，人们根本就意识不到这些分类原则。人们所掌握的这些分类原则是由于长期沉浸在其社会世界中，从而逐渐获得了对所处世界的下意识的把握能力，这就是布氏所要表达的"实践感"。其中布迪厄更加使用了符号暴力（symbolic violence）这样一个看起来比较极端的词汇来表达他的观点。他说那些赢得分类权的人，按照自己的利益对群体进行分类；而不具备分类权的大多数人，不但不反抗，反而把这些有可能对他们不利，或者是错误的分类视为客观的和中立的，从而认可了这种分类，并使其内化，形成固定的对该分类的认可，进一步指导个体的实践。从这个意义上说，布迪厄认为，符号暴力可以发挥与政治暴力同样的作用，甚至比后者更加有效，因为社会成员所具有的对分类的共同认识，是一种软性的、蔓延的、无始无终的力量。①

如果说，政府是这种文化认同和文化重构的支配者，那么当地知识分子和行政官员则作为社会行动者，为这种羌藏文化认同和文化重构起着推波助澜的作用。他们比普通人掌握更多的知识，他们了解史料中宕昌羌人曾经有过的叱咤风云，他们也发现了宕昌藏民中间仍存留的那些似乎属于羌文化特征的符号。在他们看来，或许宕昌藏民就是古宕昌羌人的后裔，虽然现在被划归为藏族，但是却缺乏"典型的"藏族文化特征，于是他们按照"典型的"藏族和羌族文化特征来认同和重构藏文化和羌文化。正如布迪厄所说的，"知识分子经常处于最不利于发现或认识到符号暴力的位置上，特别是那些由社会系统施加的符号暴力，因为他们比一般人更广泛深入地受制于符号暴力，而自己还日复一日地为符号暴力的行使添砖加

---

① 〔法〕皮埃尔·布迪厄、〔美〕华康德：《实践与反思》，李猛、李康译，中央编译出版社，1998，第220页。

瓦。"①他们利用自己所掌握的文化资本（cultural capitals），在符号暴力的作用下，再生产文化符号。比如前面我们提到的戏剧和书籍，这些文化符号重新成为人们可以认知的"客观体"。

宕昌藏民的自我文化认同与文化再创造

如果说当地政府和当地知识分子对于文化的认同和再创造是事先经过酝酿和设计，按照预定的想法一步步实施的话，那么宕昌藏民自己在这样的文化认同和文化再创造中又处于什么样的位置呢？或许他们不赞同当地政府的某些文化发明或者创造，甚至是反对，比如很多鹿仁庄的人并不认可那本《简读鹿仁庄羌藏文化》，也不接受县里发的民族服装。但他们并非在这样的文化认同和文化再创造中处于完全被动的地位，恰恰相反，他们充分发挥着自己的主动性，也同样受制于符号暴力的作用，并为符号暴力的实施推波助澜，从而参与到这样的文化认同与文化再创造之中。

爱唱"藏歌"的人们

就在我们住进建明家的当天晚上，正在厨房吃饭的时候。突然听到建明家房子后面传来阵阵歌声，声音嘹亮高亢，还很中听。唱的就是《青藏高原》《天路》等这些年风靡大江南北的流行歌曲，它们描写藏地风貌，吟唱藏族男女的爱恋，或者歌颂西藏发生的变化。

"那是娃儿们在唱歌。"建明说。

"是有人组织吗？"

"不是，娃儿们随便唱呢。"

"天天都唱吗？"

"天天唱着呢，在观场上。我们彩霞也唱。"

"噢。以前庄子里的人也像这么唱歌吗？"说着话，我们就又不由自主把话题拉到传统的习俗上，可能真的是职业习惯了。

---

① 〔法〕皮埃尔·布迪厄等：《实践与反思》，第225页。

"没有。就是这几年，娃儿们比着唱呢。等哪天让彩霞她们给你们跳锅庄舞，彩霞跳得还特别好看。"

以后，每天傍晚，我们都听到三五成群的孩子们在观场上唱这些歌。最有意思的是，大庄的孩子在大庄观场上唱，小庄的孩子在小庄观场上唱，好像还相互在比赛，看看哪一群的歌声更大（图8-8）。他们唱的大部分内容都是这类歌曲，人们把这些歌称为"藏歌"。不光是孩子们喜欢唱这些歌儿，大人也喜欢。建明就特别喜欢唱卡拉OK。有一天晚上，我们在建明家的客房和他们一家一起看电视。突然建明来了兴趣，说要唱歌给我们听。建明的嗓音不错，他喜欢模仿容中尔甲的声音。建明说夏天家里客人多的时候，他经常给客人们唱。但是他说，他听不懂那些藏语歌，所以每当遇到藏语歌的时候，他总会跳过去，找那些"汉语藏歌"来唱。建明的光碟基本上都是这一类的"藏歌"。平常没事情的时候，他也会把音响打开来听这些歌。宕昌的藏民大部分喜欢听和唱这类"藏歌"，我们后来

图8-8 暮色中唱"藏歌"的鹿仁大庄的女孩们

到其他庄子去的时候，也常听到人们唱这种歌。这似乎是他们自我认同的一种表现方式，当然这完全是在无意当中表现出来的。

宕昌藏民对于"藏歌"的这种认同，实际上传达了如下的过程。在他们的历史记忆中，他们是自称为 [běi] 的藏族；20 世纪 50 年代开展的国家民族识别中，居住在宕昌山谷中的这些非汉族群被认定为"藏族"。因此，宕昌藏民大多将自己认同为藏族，在这样的场域（field）中，村民在其中遵循各种属于藏族的符号和话语的引导，把握自己的性情倾向，从而塑造着自己的"惯习"。他们对于"藏"的认同成为一种思维定式，并将自己的文化按照"典型的"藏族的样子进行着认同和重构。对于普通的乡民来讲，他们并没有意识到符号暴力的存在，而且不但没有意识到，反而与这种符号暴力合谋，并将其施加于自己身上。也就是说当他们"受制于社会决定机制时，他们也可以通过形塑那些决定他们的社会机制，对这些机制的效力'尽'自己的一份力"。[①]

那么，"典型的"藏族文化特征是什么呢？乡民们通过和甘南藏族的实际接触，又看到电视中对于"典型的"藏族的介绍，意识到他们作为藏族和其他藏族不一样。作为"藏族"一定要有那些代表藏族的典型的符号特征，那么没有"典型"的藏族服饰，藏族建筑等符号，"藏歌"就成了这些符号的代表。于是在这样的意识作用下，这些"藏歌"就成了他们心中所喜爱的歌曲，因为那是代表自己是藏族的一个标志，身为藏族怎么能不喜欢这些"藏歌"呢？正如乔小义说的："我们人是藏民人，就喜欢看藏族歌，别的不喜欢。"

实际上宕昌一带以前比较通行的歌曲很可能是岷洮地区的花儿，我们也得到了建明和其他人的确证。但是花儿并不属于某一个族群特有的民歌，而是混合了西北几个族群的特征，凡在西北地区，无论是汉族、藏族还是土族等族群都有花儿存在。大概是受到建明给我们唱卡拉 OK 的影响，有一天，建明的妻子冬梅很神秘地对我们说："晚上我给你唱歌。"我们以为真的她要唱歌，提前把摄像机拿出来，准备给她录一段。结果，她播放一盘岷县的花儿现场录像，尽管录像质量非常差，可能是用家用 DV 现场

---

① 〔法〕皮埃尔·布迪厄等：《实践与反思》，第 221 页。

录制的，声音极其嘈杂。但是冬梅和建明哥哥的妻子，妯娌二人看得津津有味。这引起了彩霞的不满，彩霞不喜欢看。但是妈妈不会放光碟，还是要彩霞帮忙放。借着这个机会，彩霞征求我们的意见，显然是想找一个同盟军，反对妈妈看花儿，她就可以看她喜欢的《还珠格格》了。

"娃儿们不懂，他们不懂。不懂，彩霞才不爱看。"

"现在娃儿们都唱流行歌曲。"建明哥哥的妻子插嘴说。

"过去我们都唱呢。走到林林里面就可以唱了，像现在的流行歌曲一样。"

"庄子里不能唱吗？"

"庄子里面不可以唱，唱起来声音高得很。"

虽然那盘花儿是汉话唱的，但是我们一句也听不懂，可母语并非汉语的冬梅妯娌二人却完全能听得懂。冬梅说她和建明都会唱，以前只要走到山里就唱起来了。但是在庄子里面绝对不可以唱，要被人骂的。虽然他们给出的解释是因为声音太高，但我们猜测是因为歌曲的内容多是情歌，所以甚至不可以和晚辈一起看这种录像。我们也看到冬梅在看录像的时候只要听到有人来，就非常不好意思地出门看看，避免被外人听到他们在看花儿的录像。后来建明说，那天晚上，满才来家里买东西，听到有人在放花儿，就没敢进门。按照辈分，满才比建明晚一辈，晚辈更不可以和长辈一起看这种录像。冬梅告诉我们，她很久没有看了，"听起心里舒服。"她说。她和建明都说起过，他们二人就是通过对花儿谈起恋爱的。他们也都说，这种歌也有藏语的。他们还有另外一种传统的歌曲就是酒歌，在喝酒时候相互对歌，这种歌曲似乎多是男性在唱，好像也没有什么忌讳。四爷和苗伍家保等人也曾经毫无顾忌地给我们唱过这样的酒歌。

建明的藏装

在建明家客厅的墙上挂着几件他从甘南买来的藏袍，不过都是旅游区当纪念品出售的简化藏装，并非甘南藏族日常穿着的衣服（图8-9）。他说买这些藏装的主要原因是家里开着农家乐，招揽游客用的。每当有客人来的时候，他就会让客人穿上这些服装，而且他自己似乎也很喜欢穿这种服装。春节过后，他们全家还特意穿起这些藏装，和我们一起到官鹅沟内照相。除此以外，他还特意给两个女儿都买了甘南的藏袍，有什么重大活动的时候，两个女儿都会穿上。春节城关镇社火表演时，小女儿彩霞穿的就是这种藏装，而没有穿宕昌藏民原来的服装。这件事情说明了建明在心理上对藏族文化的认同。通过和其他地区的藏族接触，通过电视等各种媒体的介绍，他认识到作为藏族，他们的服装和"典型的"藏族服装并不一样，为了强化他们的藏族身份，这些尽管是简化的藏族服装也成了他招揽游客的一种举措。

如果说宕昌藏民对于"典型的"藏文化的认同和重构是主动的和自觉的，那么在地方政府将他们看作羌人后裔来看待的权力支配下，他们也同样在无意识之中与权力支配者一起，把羌文化的特征也加诸在自己的身上。尽管这并非他们的本意，然而还是不自觉地将自己的文化按照"典型"的羌族文化在进行着重构。前面我们谈到，尽管县里给每位男性都发了一身"民族服装"，但人们似乎并不认可。因为这套服装离他们的生活过于遥

图8-9 建明家人穿着从甘南买来的藏袍在官鹅沟内留影，可以看到建明和两个女儿穿的是从甘南买来的服装，建明妻子穿的依然是宕昌藏民的服装

远，在他们的情感意识里，没有办法对这套服装产生认同。但他们对于女性服装的变化却是欣然接受，女式服装的头巾换成了比较漂亮的瓦片式（图8-10、图8-11）。当我们问村民，这种头巾的样式是从哪里传来的，回答有两种：一、原来就有，不过是小姑娘的头巾，结婚以后才改成现在妇女普遍戴的这种头巾；二、这种头巾的样式是她们自己从电视上学来的。看起来，第二种回答有可能更接近真相。但是为什么人们会告诉我们这种头巾是原来就有的呢？这是一个非常有意思的问题，或许他们认为很早以前这种瓦片式头巾就是她们传统头巾的样式，只是后来失落，现在又重新捡了回来。或许是因为这种瓦片式头巾比她们传统的头巾漂亮，所以她们更愿意忘记原来头巾的样式，而接受这种新式的头巾作为她们传统服装的一部分？我们不得而知，不过她们在电视中看到介绍羌族的节目，有些地方的羌族妇女的头巾就是瓦片式的，那么这种服饰的变化，也显示她们的文化认同在悄然地发生着改变。

佛在心中

凡说起藏族，在人们的心目中一定会联想到随风飘扬的五色经幡，身裹绛红色僧袍的喇嘛，手拿转经筒或者磕着等身长头虔诚拜佛的藏民……这样的形象已经牢牢印刻在我们的头脑中，藏族似乎和藏传佛教画上了等号，凡藏族一定信仰藏传佛教。我们也是按照这样的印象来想象宕昌藏民，但实际情况却完全不同。宕昌藏民的藏传佛教信仰非常微弱，至少说目前看到的状况是这样。在我们每个人的心目中，对于异文化都有着种种虚幻的想象，甚至以这种虚幻的想象来认识其他族群，往往带来错误的认知。

当我们和乡民谈到藏传佛教的时候，他们总说，虽然他们在表面上好像并不看重佛，但是心里还是信的。他们也在有意识地通过藏传佛教来重建自身的藏族身份，曾经存在过的藏传佛教信仰当然成为乡民作为他们是藏族的有力证据。杨有顺保老人认为，在岷县，有寺院的地方都是藏民地方。[1]

---

① 2007 年 3 月 2 日杨有顺保访谈。

毛顺保也说：

> "王映来征西的时候，他看见藏民就杀，藏民就都变成汉民了。原来藏民地方大得很，所有有寺的都是我们藏民。"

图 8-10 跳"锅庄舞"的小姑娘戴起瓦片式头巾

图 8-11 小庄观场上戴瓦片式头巾、跳"锅庄舞"的小姑娘与她们戴传统样式头巾的妈妈们

　　鹿仁寺大殿里供着三张十世班禅的照片。苗伍家保曾特别提及班禅活佛（指十世班禅额尔德尼·确吉坚赞，1938～1989 年）路过宕昌的事情。后来我们在调查期间，陆陆续续又听到很多人讲起过。据说 1985 年前后活佛曾经途经宕昌，还在这里休息过半小时，他问本地有没有藏族，有的话想见一见。政府的人答复这里没有藏族，只有"民族"（音），于是他们失去了觐见班禅的大好机会（班禅途经宕昌事应发生在 1982 年 10 月 14 日，在岷江林业总场短暂休息后前往舟曲视察）。[①] 当时苯苯苗刘荣保的舅舅为绘饰鹿仁寺的事去舟曲占单寺[②] 请画师，只有他因此机缘有幸见到班禅。班禅给他头上裹上二指宽的红布"殊大"，头上抓上炒面"楚"，说他是真的藏民；当时同行的还有一位下坪村民，却没有这样的待遇，班禅一见就知道他是汉人。[③] 大家用苗刘荣保舅舅的这件事来证明自己是真的藏民，并为此深感自豪，给我们留下了非常深刻的印象。

　　同样，当我们初到鹿仁庄，人们就告诉我们一定要到寺里看看。我们问管理寺院的两位老人，原来的寺院是否有壁画，他们回答，从前寺院就有画，和现在的一样。画不能乱画，要按照老规矩："都有下数（规矩）呢，没有下数不行。"[④] 乡民也告诉我们原来的寺院是有壁画的。那是否和现在的壁画一样？我们得到的答案截然相反，有说一样的，有说不一样的。出现这种状况，很可能是由于时间久了人们记不清楚了；另外一种情况就是，人们愿意相信如此，因为现在的壁画是典型的藏传佛教壁画，既然这座寺院向来是藏传佛教寺院，那过去的壁画也一定一样。

　　我们在鹿仁庄看到很多人家的大门口都挂有经幡。这在藏传佛教比较发达的地区再自然不过，而且也是人们通常所认为的"典型"藏族的标志性符号。但是宕昌的藏传佛教信仰已经非常微弱，家家户户在大门口挂经幡就显得不同寻常。乡民们告诉我们，这是寺院修缮完工以后举行庆祝仪式时，从甘南请来的喇嘛给的。还说甘南的藏民都有这个，听喇嘛说这东

---

① 《宕昌县志》，第 405 页。
② 此一地名，位于立节乡占单村（现名金德村）内。藏语称为吉祥成就寺（bKra shis bzang grub gling 扎什桑珠林）。该寺简况可见《舟曲县志》，第 632 页。
③ 2007 年 2 月 21 日苗伍家保访谈。
④ 2007 年 2 月 3 日鹿仁庄毛顺保访谈。

西能保佑家里吉祥如意，所以每家每户都要了两条。后来我们到川坪沟黄家湾的时候，发现乔清宝家里的神案上面也挂着一条这样的经幡。清宝身兼师家和腊嘛两种宗教身份，但还是在供奉家堂神案上挂了藏传佛教的经幡。他告诉我们，这是他专门到鹿仁请来佑护平安的。这件事情所反映出的信息非常丰富，除了人们对家庭幸福安康的祈愿以外，或许他们原来的记忆中还有对喇嘛的崇敬，他们也相信喇嘛带来的这经幡确实能带给他们吉祥和幸福。然而，恐怕也不能排除，他们也在有意地让自己靠近藏传佛教，在他们的意识中，也就对于喇嘛、经幡等最具代表性的藏传佛教文化符号产生认同，并接受之。

　　毛玉茹在解释村民不到寺里烧香时说，其实"每个人心中都信佛"。[①]作为鹿仁庄学历最高的文化人，她有更宽阔的视野和更敏锐的文化自觉。虽然他们未必真正深入地接触过藏传佛教，但是也觉得藏民应该信奉藏传佛教，这样才能牢固确立藏民的身份。乡民对藏传佛教的再认识与政府打造羌藏文化的旅游经济发展规划不谋而合，因此鹿仁寺的活动在一定程度上也得到各级政府的支持，比如重修大殿。2005 年，县里组织鹿仁寺举行三大古佛的生日庆典，由政府出面协调，让电力局出了两万块钱。有意思的是，电力局实际上是因为征用鹿仁龙王神常爷的神树林修建宾馆而支付的这笔补偿款。

　　对于宕昌的藏民来说，他们的文化认同和重构过程中，出现的这些属于"典型"藏族或者羌族的文化符号，实际上都是在国家权力和地方政府权力支配下，在人们族群认同的大背景下出现的，乡民作为文化符号认同和重构的行动者和政府一起在完成着这种重构。他们通过和甘南藏族的接触，又看到各种媒体中对于"典型"藏族的展演，于是"典型"藏族的服装、歌舞、宗教信仰等都是他们不断加以仿效的样板，并在自己的族群认同实践中形塑自己的藏族身份。他们对于服装样式、原来跳不跳"锅庄舞"、新画的寺院壁画与原来的是否一致，都有完全相反的说法。我们看到更多的是符号暴力在他们身上的作用。他们有意无意地"遗忘"自己记忆中的一些文化符号，更多地将充斥各种媒体的"典型"藏族的文化符号"重塑"

---

① 2007 年 2 月 14 日毛玉茹访谈。

进自己的记忆中，当作自己传统的一部分。在进行藏族身份重塑之时，将这些符号"复兴"并继承和发扬。作为族群分类中的客体，乡民们实际上也并非处于完全被动的状态，而是在自己文化的基础上发挥主观能动性，将"典型"藏族和羌族文化特征的一些表面现象，甚至是将文化加以变异以后融入他们自己的文化特征中，重新构建和塑造着自己的"藏族文化"和"羌族文化"。其中所体现的是主客体之间的一种互动关系，两者共同构建和改变着他们的社会与文化特征。

这样一个实例向我们展示了一个动态的文化认同和文化重构的过程。当人们将自己认同于藏族或者羌族的时候，作为典型的藏族和羌族"应该"具有哪些文化特征，在权力支配者的作用下这些文化特征就成了"客观存在"，形成符号，在人们的头脑中植根下来，作为人们的认知标准。作为"藏族"或者"羌族"如果缺少了这些符号，那么他人和自己就会产生疑问，他/我是藏族/羌族吗？无论是当地人还是外来者都会在"符号暴力"的作用下，重新认识"文化特征"，并将它重新构建成符合那些"客观存在"的文化特征，并不断在实践中重复和强化这些文化特征，以此来表示自己属于藏族/羌族，或者不属于藏族/羌族。

实际上，宕昌藏民的这种文化重构和文化再创造是在全球化多元背景下产生的一种现象。尽管全球化加剧了文化互动，但是在全球化的同时，本土文化的再生产也日益强化。[①]这种本土文化的再生产与族群认同密不可分。在我国，自从国家划定56个民族之后，各民族的文化认同与文化建设也在不断地进行着。尤其是随着改革开放以及旅游业的发展，各民族的文化自觉也在不断加强。近年来，"传统"文化的"复兴"在各地，特别是在少数民族地区蓬勃兴起。伴随着旅游业的迅速发展，"复兴"本民族"独特"且"传统"的文化，成为地方政府和地方社区的重大事项。宕昌地方政府在发展地方经济的观念指导下，发掘当地历史文化，掌握着文化资本的地方知识分子也在不断再生产文化符号，重新构建着宕昌藏民的"羌藏"文化特征。当地的乡民在国家民族识别时，被划定为藏族；同时，

---

① 翁乃群：《全球化背景下的文化再生产：以纳西文化与旅游业发展之间关系为例》，载王铭铭等主编《人文世界》第一卷，华夏出版社，2001，第12~24页。

在他们的根基性情感上，他们也认同于藏族，因而他们依照"典型的"藏族文化符号，不断重构和创造自己的文化符号，使这些文化符号成为"客观存在"。不可忽视的是，宕昌藏民也在旅游开发的背景下，因着不同利益诉求，同时在认同和构建着自己的"典型的"羌族文化与"典型的"藏族文化。与此同时，旅游业所带来的是对文化的消费，需要满足游客对于"传统"与"古老"文化的猎奇。在这样的一个过程中，我们看到，实际上在人们头脑中作为族群区别的标志之———文化特征并非是静态的，相反是处在一个动态的建构过程当中，是当地人与文化支配者等一起所共谋的一个复杂的过程。所谓的"传统文化"更多的不是"对'传统'的继承和弘扬，而是对'传统'的重新诠释、创造和再生产"。[1]概言之，在族群认同的分类场域中，人们往往会按照不同的利益需求，在特定的社会文化与历史语境下，将族群的文化进行重新建构。文化特征并非是一个客观的存在，而是一个主观的能动过程，是一种社会产物，与族群认同相关联。因此，族群研究首先需要关注的不是文化事象，而是界定族群的社会边界。[2]

---

① 翁乃群：《全球化背景下的文化再生产：以纳西文化与旅游业发展之间关系为例》，第 12 ~ 24 页。

② 翁乃群：《国家和地方语境下的族群认同》，载周晓虹、谢曙光主编《中国研究》2009 年春季卷，No.9，社会科学文献出版社，2010，第 120 ~ 139 页。

结语

作为羌藏之争的终结——《而今何处闻羌笛》

在宕昌的调查，给我们印象最深刻的就是关于宕昌藏民的族群归属之争，甚至这件事情一度闹到国家民委。这牵涉民族敏感问题，所以县里专门为此召开了专题会议，邀请宕昌藏民中的宗教人士和对于这一问题态度鲜明的乡民代表参加，澄清县里的主要目的是开发宕昌的古羌人文化，而并非认为宕昌的藏民就是羌族，风波因此得到了平息。大概是为了配合解决这起纷争，2006年甘肃省电视台专门就宕昌藏民的族群归属问题拍摄了一个专题片《而今何处闻羌笛》，在甘肃省电视台陇上行栏目播出。片子通过走访宕昌藏民的各个村寨，展示宕昌藏民的服饰，宕昌藏、汉两族的建筑、宗教信仰等文化符号，以及对专家学者的访谈，最后得出结论：尽管宕昌古代确实曾为羌人所居之地，直到目前也还保留了一些"模糊的"羌文化特征，但是在历史发展的长河中，羌人及其文化已经融入当地的各个族群之中。也就是说，专题片的主题很明确，如今宕昌的藏还是藏，至于羌那是历史上的事情。目前宕昌的藏文化也好，汉文化也好，其中都融合有羌文化的元素。该片似乎是为羌藏之争画上了句号。但是，历史上的族群以及今天各个不同的族群都是在历史的变动中不断分化组合和构建起来的，而且也仍然会持续不断地变动下去。

当代族群研究理论大多认为族群是一个主观的认同，虽然体质和文化特征在族群认同上也有相当重要的意义，但在很大程度上还是人们的主观意愿作为划分人群的工具。马克斯·韦伯（Max Weber）曾经对族群有过如下界定："体型或习俗或两者兼备的类似特征，或者由于对殖民和移民的记忆而在渊源上享有共同的主观信念的人类群体，这种信念对于群体的形成至关重要，而不一定关涉客观的血缘关系是否存在 。"[①]其中就强调了"主观信念"的作用。这种主观认同理论中也有两种声音，即"根基论"（primordialism）和"工具论"（instrumentalism）。"根基论"者认为族群认同主要来自于根基性的情感联系（primordial attachment）。他们认为，一个人在群体当中，因而具有该群体的共同血缘，也习得了该群体的语言、文化习惯，继承了宗教信仰等这些既定资赋（givens），从而被凝聚在一起。但是他们并不认为族群一定是生物性的血缘群体，也同样强调文化等既定资赋。但这些既定资赋并不是族群认同的绝对要素，人们主观上的认同仍然起着决定作用。[②]比如，人们常常认为傣族信仰南传上座部佛教，但是有一部分傣族并不信仰南传上座部佛教，但这并不妨碍他们认为自己是傣族。[③]也不是所有傣族的语言都是相通的。居住在西双版纳的傣族和居住在德宏的傣族互相不能通话，但他们都认为自己是傣族。凯斯（Charles Keyes）认为，造成族群的血统传承，只是文化性解释的传承（cultural interpretation of descent）。[④]比如说，一个人在一个群体中成长，无论他天生的血缘是不是这个群体，他都从这个群体中继承了语言、风俗习惯、宗教信仰等，他在主观上认可他是这个群体的成员。"工具论"者将族群视

---

① Max Weber, *Economy and Society*, Vol.1, eds. by Guenther Roth and Claus Wittich, Berkeley: University of California Press, 1978, p.389.

② 王明珂：《华夏边缘：历史记忆与族群认同》，社会科学文献出版社，2006，第19页。

③ 笔者2006年在云南省新平县进行田野调查时，在一个傣洒（花腰傣的一个支系，并不信仰南传上座部佛教）村庄遇到一位老年妇女，询问我来自哪里，因为我是从西双版纳直接到的新平，就告诉老人说我来自西双版纳。老人马上很开心地说，傣泐（大部分西双版纳傣族属于这个支系）和傣洒以及傣雅（花腰傣的另一个支系）、傣卡（花腰傣的另一支系）都一样。

④ Charles Keyes, "The Dialetics of Ethnic Change", in Charles Keyes(ed.), *Ethnic Change*, Seattle: University of Washington Press, 1981, p.5.

为政治、社会或经济现象，以政治与经济资源的竞争与分配来解释族群的形成、维持与变迁。作为主观认同理论典型代表的安德森甚至认为族群是"想象的共同体"。[①]在针对族群认同的研究过程中，我们发现，人们不能凭空生造出来一个族群，所依托的就是"根基论"者所强调的体质、语言、文化以及宗教信仰等。[②]然而无论是根基论还是工具论在一定程度上都忽略了现代国家及其政治权力在族群认同上所起到的重要作用，这也是后来在族群认同的研究中出现了"国家意识形态论"。这种研究范式从国家层面来解释族群认同，认为民族是在现代民族—国家及其相关意识形态在各种民族主义项目或计划中制造出来的。在国家对于族群建构的过程中，少数族群在面对主体民族可能产生的同质化倾向，会倾向诉诸凸显自己的族性。面对资源竞争和利益对峙中权力的不对称，少数族群所采取的组织形式，对于竞争公正性和成功性的理解，都由现代国家的政策及其意识形态所引导。[③]尽管族群本质上是国家对所管辖的人群的分类观念，但这种分类并不只是国家意识形态的表述，也一定与其文化传统有着一脉相承的渊源关系。中国的民族问题，特别是1949年之后的族群建构，如果单纯用"根基论"或者"工具论"都会忽略了国家在族群建构中所起到的至关重要的作用。

从前文梳理与论证中，我们已经看到，从遥远的过去到今天，宕昌地带的不同族群一直处在动态变化的过程当中。羌、汉、番、藏等不同族群之间的认同变换，使我们看到了生动的族群构建过程。历史上，羌人位于汉藏两大势力集团之间。当汉强大的时候，在汉人势力的统治下，无论是羌还是番都逐渐汉化，从而接受汉族认同，一部分人也就因此成为汉族；当藏强大的时候，无论是羌还是汉又在藏族的统治下逐渐藏化，从而接受番的认同，一部分人也因而成为藏族。[④]这种变化一直延续到今天，并还在不断延续下去。历史上这种族群认同情况，既是不同时代，各个统治集团的民族政策造成的，也是人们根据自身的利益需要和情感归属等因素所

[①] 参见〔美〕安德森《想象的共同体：民族主义的起源与散布》，吴叡人译，上海人民出版社，2006。

[②] 王明珂：《华夏边缘：历史记忆与族群认同》，第19页。

[③] 庄孔韶主编《人类学通论》，山西人民出版社，2002，第354～355页。

[④] 关于羌、汉、番、藏的变化以及笔者对"吐蕃""番""羌"之间关系的观点，参见本书第七章"番化、汉化与羌化"一节。

做的选择。这种选择也会影响到人们的历史记忆,无论是书写历史,还是口述历史,所反映的常常是被人们建构过的历史。这样一个历史所反映的本非我们所认为的"客观的历史",而是透露着人们对于族群分类的态度和实际操作。

宕昌的藏民普遍认同自己是藏族,而且藏族的认同意识还比较强。从族群研究的理论角度出发,可以说是一种根基性感情在其中所起的作用。也就是说,宕昌藏民在自己的群体中,获得了语言、文字、宗教和风俗习惯等既定资赋,这些既定资赋是他们将自己认同为藏族的证明和标志。当宕昌藏民在寻求各种证据来证明他们是藏族的时候,也往往寻找的是这类既定资赋。比如他们一再强调他们的语言是藏语,可以和现在甘南藏族自治州的藏语相通;强调苯苯经书上的文字是藏文。尽管现在藏传佛教信仰在宕昌藏民中并不明显,但他们还是通过各种途径来证明他们信仰藏传佛教,而且"佛在心中"。他们尤其认为凤凰山神的信仰是宕昌藏民的重要特征,杨文才认为要保持宕昌藏民的民族特征,恢复凤凰山神信仰就是必需的。还有在宕昌藏民的各种信仰仪式中都要使用到的"瓦数",更被苗伍家保等人认为是藏族的标记,甚至是可以和羌或者其他民族相区分的重要标记。实际上这种仪式性活动并不是藏族特有的,但依然被他们作为自己是藏族的标志之一。特别是在他们的记忆中,他们来自山后"番人"的聚居区,在他们的历史记忆中,没有羌的影子,所以他们不认可这种没有"血缘"关系的族群认同。他们和山后的"番人"具有相同的 [běi] 的自称,使他们产生同族的亲近感。宕昌的藏民,他们在地方日常生活中结成了具有主体性认同意义的社会文化体。

在他们的藏族认同中,除了这些根基性的既定资赋以外,他们也受到不同时代的社会政治、经济以及统治阶级或者说国家意识形态与政治权力的影响。在1949年之前,宕昌一代的藏民属于卓尼杨土司管辖,是卓尼杨土司辖下的"番民"。卓尼杨土司是藏族,那么杨土司辖下的属民当然也是藏民。有位老人就特别强调了这一点:"先人们说我们是洮州杨家管下的,这就是说我们是藏民。羌人是啥人管我们还不了解。"①新中国成

① 2007年3月2日官鹅沟立界庄杨冬梅父亲访谈。

立之后，中国的民族识别是以斯大林的"民族"定义为理论指导，并结合了中国具体的历史和社会实际，以近代欧美现代资本主义国家建立过程中所创造出来的"民族—国家"理念和实践作为重要的历史参照，是国家建构的一个重要内容。在中国的语境下，"民族"的含义具有浓厚的中国特色，是结合了地方语境下具有主体性认同意义的社会文化共同体，也就是在"族群"分类体系下识别认定的社会文化体再次归类建构的，是被赋予了政治性意义的社会文化共同体。[①]当地方语境下的族群一旦被识别为某一民族时，对于少数民族的民族身份认同就起到了至关重要的作用。郝瑞（Steven Harrell）在对彝族的研究中认识到，少数民族对自己族群认同的认同和塑造受到国家话语的强烈影响。[②]他特别强调说，在中国的民族识别的语境下，这些分类一旦确定，人们的民族（族群）认同就根据这些分类而形成。而且这样的分类在不同的社会场景中，因着各种各样的目的还会得到强化。[③]中国的民族识别始于 20 世纪 50 年代，当时官鹅沟、大河坝沟等山谷中的藏民被划定为藏族。也就是说，在现代中国的民族分类体系下，宕昌的藏民被认定为现代藏族，在这样的国家语境下，其"民族性"得到发展和加强。加之在地方语境当中其族群认同的根基性情感因素，宕昌这些藏民的藏族身份因而得到强化。

宕昌地方知识分子和政府的行为，则更多地表现为比较典型的"工具论"。在当今中国国家民族政策下，作为少数民族无论在政治上还是经济上都比汉族或多或少受到照顾。即使是少数民族，在不同的地区，针对不同民族的政策倾斜也是不同的。对于宕昌当地政府来说，如果将宕昌的藏民作为羌人后裔或者就是羌族来看待的话，其经济发展可能会比作为藏族更为有利。正是出于策略性的考虑，为了谋求更好的经济发展的政策条件，他们试图努力选择羌族认同。但在宕昌藏民的集体记忆中，没有羌人和羌族的影子，也就是说他们和羌人／族没有根基性的情感联系，因此构不成

---

① 参见翁乃群《国家和地方语境下的族群认同》。

② 〔美〕郝瑞（Steven Harrell）：《族群性、地方利益于中国：中国西南的彝族社区》，载郝瑞著《田野中的民族关系与族群认同——中国西南彝族社区考察研究》，巴嫫阿依译，广西人民出版社，2000，第 55 页。

③ 郝瑞：《再谈"民族"与"族群"：回应李绍明教授》，载《民族研究》2002 年第 6 期。

对羌人或者羌族的认同，这当然遭到了他们比较激烈的反对。要使宕昌藏民认可自己是羌人后裔，就必须寻找，或者制造出宕昌藏民与羌人之间的根基性情感联系。宕昌当地的知识分子寻找考古和史料证据，认为现在宕昌的藏民和汉民同为古宕昌羌人后裔，其目的就是在追寻一个从古至今，宕昌当地羌、藏和汉之间共同的血亲系谱。尽管这个血亲系谱可能并不存在，但在他们的意识中，他们更愿意寻求一个泛化的羌人认同。宕昌当地知识分子所做的事情，就是在重构人们的集体记忆，塑造宕昌的藏民和汉民共同的集体记忆，追寻到共同的祖先——羌人，如此便可寻找到共同的"血缘"联系，从而制造一种族群的根基性情感。他们出版的书籍和创作的戏剧歌舞，都隐喻着这样的努力。因为族群认同必须看起来使他们的成员信服以便发挥作用，而且它们也必须被非全体成员认为是合理的。[1]毕竟族群认同和其他社会认同不同，族群认同在很大程度上需要情感联系，而且似乎需要某种拟血缘的关系。[2]也就是说，人们必须寻找或者制造出一些"证据"，使藏民和非藏民都信服这种共同的"血缘"联系。实际上这种重构人们集体记忆的行为已经在某种程度上起到了有限的作用，一部分年轻的宕昌藏民对他们的族群身份产生了疑惑，开始思考他们是不是真的是羌人后裔，目前的藏族身份或许是因为人们对于"历史"的不了解而造成的。此外，受文化重构和文化再创造的影响，不少宕昌的非藏人群也逐渐接受宕昌的藏民是古羌人后裔这种认识，甚至干脆以"羌族"来称呼他们。

虽然宕昌当地知识分子和地方政府官员更多的是出于功利性的策略考虑，愿意将宕昌藏民看作古羌人后裔，但也并非完全是空穴来风。史书上确实清晰地记载了宕昌地带曾经居住着宕昌羌人，尽管史书中并没有告诉我们，宕昌羌国灭亡以后，宕昌羌人究竟去了哪里，我们不知道古宕昌羌人是依然留在本地，还是迁徙到了其他地方。既然史料中没有查到宕昌羌人大量迁徙的记载，那么人们自然会猜测，宕昌羌人很可能依然留在原地。从目前宕昌藏民所保留的文化元素来看，确实和其他地区的藏族有着较大

---

[1] 〔挪〕T. H. 埃里克森：《族群性与民族主义：人类学透视》，第72页。
[2] 王明珂：《华夏边缘：历史记忆与族群认同》，第23页。

的差异。这些文化符号却和史料中所记载的古羌人的文化特征有些模糊的相似之处。之所以目前在宕昌出现这样的羌藏之争，在很大程度上也是因为这些文化符号在起作用。人们看不到宕昌藏民中保留有"典型的"藏族文化符号，相反却有些类似于羌人或者羌族的文化符号。于是这些文化符号，就成为其是羌人后裔的某些证据，尽管这些证据并非那么确定，但还是足以让人们对于宕昌藏民的族群身份产生疑问。然而族群变化往往和文化变化并不一致，族群认同更多的是一种社会的产物，而并非是天然的事实。①虽然文化符号往往是族群认同的重要标志，然而文化符号并不总在族群认同中起重要作用。很多情况下，族群认同是人们的一种主观意愿。甚至人们会根据族群认同的主观愿望来重新构建文化，创造出来与族群认同相一致的文化符号，造成文化的变迁。在前文的论述中，我们也看到了在族群认同背景下，宕昌当地政府和宕昌藏民自己对于文化的认同与再创造。这样一个过程中，我们生动地看到尽管族群认同有很强烈的工具色彩，人们会根据不同的利益需求采取不同的群体认同。但在实际生活中，族群认同并不能随意改变，这牵涉到族群的特定历史与文化背景，也同特定的时代有着密切关联。也就是说，族群认同的实践受制于特定时代背景、历史背景与文化背景。

从宕昌国到如今一千多年中，宕昌一带一直处在剧烈的动荡之中，众多的族群在这里交互融合和碰撞。即或宕昌羌人依然留在了宕昌，在如此剧烈的历史变动过程中，古老的宕昌羌人是无论如何也不可能保持一个纯净的血缘和文化延续。而且在这样的历史过程中，我们也没有发现任何一个族群沿着一条比较清晰而单一的脉络延续下来，直到今天。宕昌藏民的社会文化正处在一个逐渐汉化的过渡阶段，仅仅从宗教上看，我们就已经看到了山神信仰、藏传佛教信仰、汉族的神道信仰以及汉族阴阳之间的相互消长过程。但这并不妨碍人们的藏族认同意识。正如乡民自己说的，语言丢掉，还是藏族；那么同样，服饰丢掉了还是藏族，宗教丢掉了也还是藏族……因为在他们的心目中，他们是藏族。反过来，藏族的族群认同意识却可以影响文化的变迁，人们按照自己族群身份的认同需要，来重新构

---

① 〔挪〕T. H. 埃里克森：《族群性与民族主义：人类学透视》，第 72 页。

建和认同自己的文化，以此强化自己的族群身份。正如现在在宕昌藏民中出现的主动向"典型的"藏族文化靠拢的现象，正是人们在族群认同的支配下，寻找和重构能够代表藏族认同的文化特征，来强化自己的藏族认同，可以说宕昌藏民目前是在汉化过程中出现了"藏化"的趋向。同时在全球化背景和旅游开发的特定时代环境下，宕昌藏民的社会文化比"藏化"或者"汉化"有了更为复杂的表现，也有意识地创造出一些所谓的羌或者藏的"传统文化"，实际上是一些大众消费产品，比如我们前面提到宕昌旅游开发的一些文化产品。这种大众消费文化直接导致的是文化的商品化，其后果就是文化的异化，从而使文化商品与该文化产生的社会文化及其生产主体在时空上分离，失去了文化原本的内在价值和意义，纯粹成为展演的商品。文化消费者的喜好成为文化生产的主导性取向。[1]这同样也会对族群认同造成一定的影响，在族群身份的界定上，不仅是宕昌当地的非藏族群以及旅游者对宕昌藏民的族群身份发出疑问，就是藏民自己原本强烈的藏族认同也开始有些动摇和怀疑。因而有学者也特别强调在族群认同的研究中要关注大众文化与文化生产和族群认同之间的内在联系。[2]

族群认同并不是静止的、固定不变的，或者说是完全凭空构建出来的，而是一种动态的实践行为，这种实践体现出人作为社会能动体（social agent）所具有的社会能动性（social agency）。[3]目前在宕昌出现的这种族群认同的争执，正是这一动态过程的生动体现。无论是历史上摇摆于番汉之间，还是如今的羌藏之争，实际上族群认同都是在国家和地方语境及其变迁的大背景下进行着，并且受到族群内部、不同阶层的文化心理情感和功利权衡的互动作用所影响。因此，族群认同与社会政治、历史、经济和文化的变迁有着密切的关系，是动态的。本书所论述和辨析的正是这种族群认同构建的动态历史过程。

---

① 翁乃群：《被"原生态"文化的人类学思考》，载曾羽、徐杰舜主编《走进原生态文化：人类学高级论坛 2010 年卷》，黑龙江人民出版社，2011，第 111 ~ 125 页。

② 麻国庆：《全球化：文化的生产与文化认同——族群、地方社会与跨国文化圈》，载《北京大学学报》（哲学社会科学版）2000 年第 4 期。

③ 纳日碧力格：《现代背景下的族群建构》，云南教育出版社，2000，第 281 页。

附　录 鹿仁庄谱系图 *

图例说明：

△ 男性　　O 女性　　＝婚姻　　≠离婚　　▲ 已去世男性　　●已去世女性

┃生育子女　┳兄弟姐妹

家谱说明：若女子嫁到男方家，则子女在男方家显示；若男子入赘女方家，则子女在女方家显示。若有收养在图上注明。文中人物绝大部分为化名，但家谱几乎囊括全庄人，化名不便，因此用拼音代替。

苗姓谱系图（一）

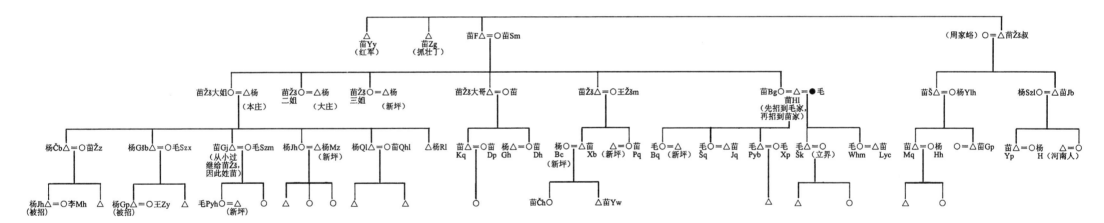

---

* 在第二章"鹿仁的亲属关系"一节中已经提到这份家谱并不完整，但仍然附上方便读者了解鹿仁的亲属关系。

苗姓谱系图（二）

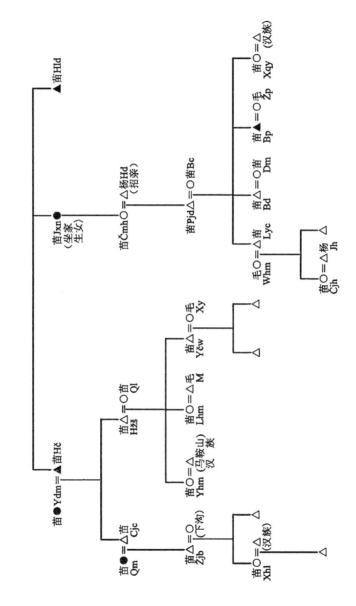

苗姓谱系图（三）

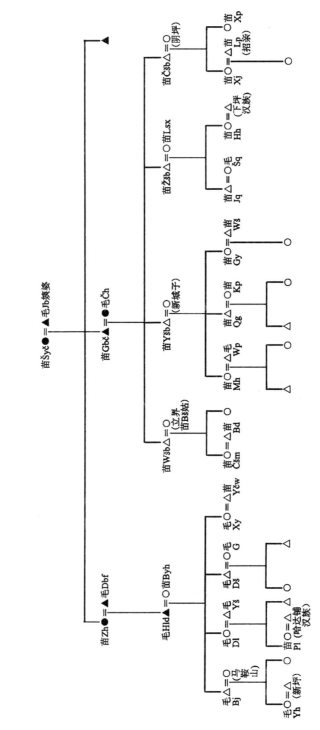

毛姓谱系图

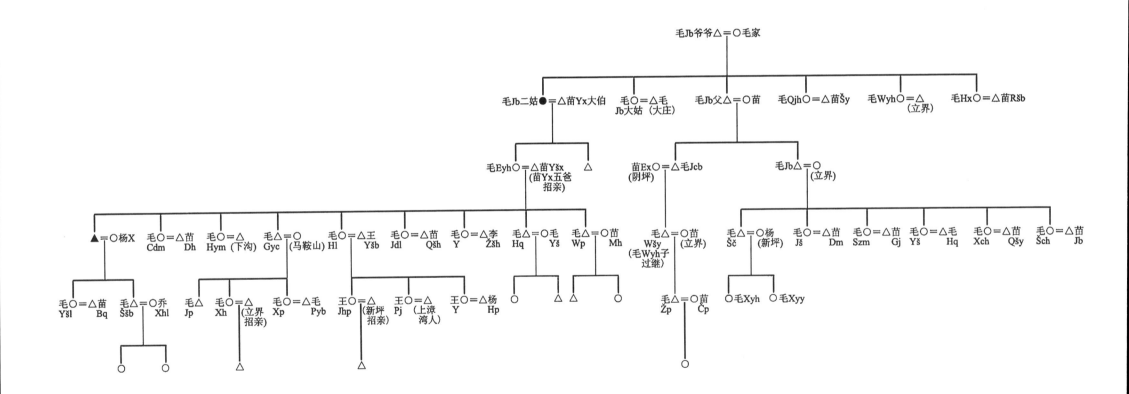

苗姓谱系图（四）

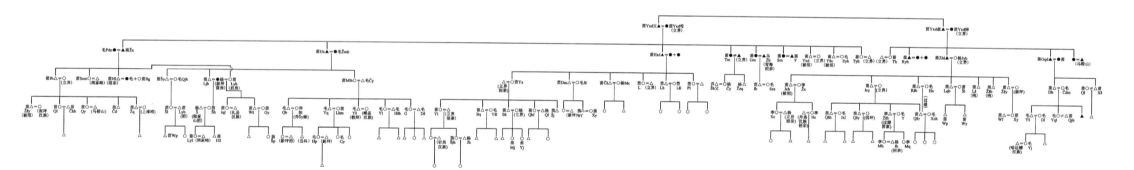

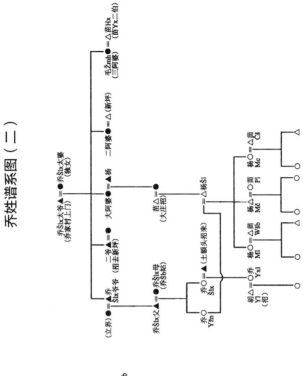

乔姓谱系图（二）

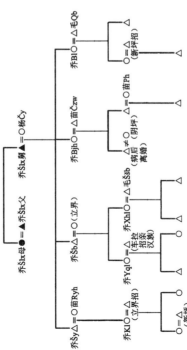

乔姓谱系图（一）

参考书目

一、古籍史志

□ 刘宋·范晔撰《后汉书》，中华书局，1965。

□ 北齐·魏收撰《魏书》，中华书局，1974。

□ 梁·萧子显撰《南齐书》，中华书局，1972。

□ 唐·姚思廉撰《梁书》，中华书局，1973。

□ 唐·令狐德棻等撰《周书》，中华书局，1971。

□ 唐·李延寿撰《南史》，中华书局，1975。

□ 后晋·刘昫等撰《旧唐书》，中华书局，1975。

□ 元·脱脱等撰《宋史》，中华书局，1977。

□ 清·张廷玉等撰《明史》，中华书局，1974。

□ 清·汪元绗、田而稷修纂《岷州志》，清康熙四十一年（1702年）刊。

□ 甘肃省岷县志编纂委员会办公室编《岷州志校注》，1988。

□ 陈如平等：《岷州续志采访录》，清·光绪三十三年（1907年）。

□ 智观巴·贡却乎丹巴绕吉（Brag dgon pa dKon mchog bstan pa rab

rgyas）:《安多政教史》（mDo smad chos vbyung），吴均等译，甘肃民族出版社，1989。

二、今人著作（按作者姓氏拼音为序）

□ Anderson, Benedict, *Imagined Communities: Reflections on the Origin and Spread of Nationalism*, London / New York: Verso, 1991.

□ Barth, Fredrik (ed.), *Ethnic Groups and Boundaries: The Social Organization of Culture Difference*, Waveland Press, Inc., 1998.

□ 陈启生:《陇南地方史概论》，兰州大学出版社，1992。

□ 陈启生:《宕昌历史研究》，甘肃人民出版社，2006。

□〔法〕皮埃尔·布迪厄（Pierre Bourdieu）、〔美〕华康德（Loïc Wacquant）:《实践与反思》，李猛、李康译，中央编译出版社，1998。

□〔美〕詹姆斯·克利福德（James Clifford）、乔治·E.马库斯（George E. Marcus）编《写文化:民族志的诗学与政治学》，高丙中等译，商务印书馆，2006。

□〔挪〕T.H.埃里克森（Thomas Hylland Eriksen）《族群性与民族主义:人类学透视》，王亚文译，敦煌文艺出版社，2002。

□ 范长风:《跨族群的共同仪式与互助行为——对青藏高原东北部青苗会的人类学观察》，中国人民大学 2007 年博士学位论文。

□ 傅千吉:《白龙江流域藏族传统文化特点研究》，民族出版社，2009。

□ 甘肃省舟曲县地方志编纂委员会编《舟曲县志》，生活·读书·新知三联书店，1996。

□ 格勒:《论藏族文化的起源、形成与周围民族的关系》，中山大学出版社，1988。

□ 格勒:《藏族早期历史与文化》，商务印书馆，2006。

□ E. Hobsbawm & Terence Ranger (ed.), *The Invention of Tradition*, Cambridge: Cambridge University Press, 1983.

□ 李范文:《西夏研究论集》,宁夏人民出版社,1983。

□〔奥地利〕内贝斯基 – 沃杰科维茨(René de Nebesky-Wojkowitz):《西藏的神灵和鬼怪》,谢继胜译,西藏人民出版社,1993。

□ 蒲文成主编《甘青藏传佛教寺院》,青海人民出版社,1990。

□ 秦永章:《甘宁青地区多民族格局形成史研究》,民族出版社,2005。

□ Steward, Julian H., *Theory of Culture Change:The Methodology of Multilinear Evolution*, Chicago: University of Illinois Press, 1955.

□ 宕昌县县志编纂委员会编《宕昌县志》,甘肃文化出版社,1995。

□ 宕昌县志编纂委员会编《宕昌县志(续编)(1985～2005)》,甘肃文化出版社,2006。

□ 宕昌县志编辑部编辑,杨和安执笔《地理编·藏民族采访实录》,打印本,2006。

□ 王明珂:《羌在汉藏之间:一个华夏边缘的历史人类学研究》,台北联经出版事业股份有限公司,2003。

□ 王明珂:《华夏边缘:历史记忆与族群认同》,社会科学文献出版社,2006。

□ 吴景山:《甘南藏族自治州金石录》,甘肃人民出版社,2001。

□ 杨海帆编著《简读鹿仁庄羌藏文化》,宕昌县志编辑部编辑出版,2005。

□ 杨海帆:《宕昌民族研究》,宕昌县志办公室主编出版,2006。

□ 杨海帆编著《宕昌史话》,甘肃文化出版社,2006。

□ 杨士宏:《卓尼杨土司传略》,四川民族出版社,1990。

□ 杨士宏:《一河两江流域藏语方言汇要》,甘肃民族出版社,1995。

□ 政协甘南藏族自治州委员会文史资料委员会编,马登昆、万玛多吉编撰《甘南藏族部落概述》,《甘南文史资料》第十一辑,1994。

□ 政协甘南舟曲县委员会文史资料研究委员会编《舟曲县文史资料》第1辑,1987。

□ 洲塔:《甘肃藏族部落的社会与历史研究》,甘肃民族出版社,

1996。

三、论文（按作者姓氏拼音为序）

□ 艾菊红、廖旸:《陇南宕昌藏族的宗教信仰和植物多样性调查报告》，载薛达元主编《民族地区传统文化与生物多样性保护》，中国环境科学出版社，2009。

□ 柏舟:《羌寨纪行》，《森林与人类》1995 年第 4 期。

□ 陈建中、付中兴:《临潭县端午节迎神赛会之由来》，载临潭县新城文物管护委员会编《洮州史丛》第 2 期，1994。

□ 陈景源、庞涛、满都尔图:《青海省同仁地区民间宗教考察报告》，载《西北民族研究》1999 年第 1 期。

□ 陈启生:《宕昌考略》，载《兰州大学学报》1984 年第 3 期。

□ Cunningham, Clark E., "Order in the Atoni House", in Rodney Needham (ed.), *Left & Right*, London：The University of Chicago Press,1973.

□ 董文义:《宕昌国辨》，载《西北民族学院学报》1986 年第 3 期。

□ 范长风:《青藏高原东北部的青苗会与文化多样性》，载《中国农业大学学报》（社会科学版）第 25 卷第 2 期（2008 年 6 月）。

□ 傅千吉:《白龙江流域藏族传统建筑文化特点研究》，载《西北民族研究》2007 年第 4 期。

□ 高峰:《宕昌藏族文化研究》，兰州大学硕士学位论文，2007。

□ 高慧芳，傅千吉:《白龙江流域藏族传统服饰文化研究》，载《西北民族大学学报》2005 年第 6 期。

□ 耿淑艳:《甘南古洮州地区藏族妇女服饰文化初探》，载《西北史地》1997 年第 2 期。

□ 顾颉刚:《从古籍中探索我国的西部民族——羌族》，载《社会科学战线》1980 年第 1 期。

□ 何晓虹:《绿色藏寨》，载《丝绸之路》2004 年第 11 期。

□ 华锐·东智:《藏族为何崇拜龙神》，载《丝绸之路》1999 年第 6 期。

□ 华锐·东智：《藏族的山神崇拜》，载《甘肃民族研究》2007 年第 3 期。

□ 看召本：《苯教文献解读——以舟曲发现的十四函苯教文献为例》，载《甘肃民族研究》2006 年第 4 期。

□ 柯杨：《苏皖古俗在甘肃洮河流域的遗存》，载《江苏社会科学》2000 年第 3 期。

□ 拉措：《舟曲藏族火葬习俗简述》，载《西北民族学院学报》（哲学社会科学版）1985 年第 3 期。

□ 李璘：《甘肃岷县民间的湫神崇拜》，载《丝绸之路》1999 年学术专辑。

□ 李璘：《再说十八位湫神》，载同氏《乡音——洮岷“花儿”散论》，甘肃人民出版社，2006。

□ 廖旸、艾菊红：《甘肃宕昌藏族宗教信仰调查报告》，载色音主编《中国社会科学院人类学年刊》2012 年卷，中国社会科学出版社，2012。

□ 伦珠旺姆、昂巴：《拉卜楞地区山神崇拜之历史渊源及文化现象分析》，载《西藏艺术研究》1996 年第 4 期。

□ 马真福：《迭部藏族婚丧习俗概述》，载《甘肃民族研究》1994 年第 4 期。

□ 闵文义：《东迁蕃民与舟曲藏族——舟曲藏族渊源初探》，载《西北民族学院学报》（哲学社会科学版）1984 年第 2 期。

□ 木仕华：《纳西东巴艺术中的白海螺大鹏鸟与印度 Garuḍa、藏族 Khyung 形象比较研究》，载谢继胜等主编《汉藏佛教艺术研究——第二届西藏考古与艺术国际学术讨论会论文集》，中国藏学出版社，2006。

□ 南文渊：《藏族神山崇拜观念浅述》，载《西藏研究》2000 年第 2 期。

□ 阙岳：《舁神出游与“流动的社会”——以甘肃省甘南藏族自治州临潭庙会为个案》，载《开放时代》2008 年第 5 期。

□ 孙林：《西藏民间宗教中的“山神”——希达、念神、赞神关系考析》，载《中国藏学》2009 年第 3 期。

□ 台文泽：《国家权力、政策与民间信仰命运的变迁——以唐至当代陇南地区龙王神信仰为例》，载《社会科学论坛》2010 年第 18 期。

□ 王立鼎：《洮岷地区端午龙神赛会中女性龙王崇拜之探析》，载《柳州师专学报》第 24 卷第 6 期（2009 年 12 月）。

□ 王普：《浅谈宕昌藏族》，载宕昌县政协文史资料委员会编《宕昌文史资料》（第三辑），1996。

□ 王淑英、郝苏民：《洮州龙神信仰现状的考察报告——以常遇春（常爷）崇拜为中心》，载《西北民族研究》2009 年第 4 期。

□ 魏强：《论藏族龙神崇拜的发展演变及特点》，载《青海民族大学学报》（社会科学版）第 36 卷第 3 期（2010 年 7 月）。

□ 武沐：《洮州湫神奉祀文化的解读》，载杨建新主编《中国民族学集刊》2008 年第二辑，甘肃民族出版社，2008。

□ 谢继胜：《藏族的山神神话及其特征》，载《西藏研究》1988 年第 4 期。

□ Xie Jisheng，"The Mythology of Tibetan Mountain Gods: An Overview"，*Oral Tradition*，Vol. 16/2, 2001.

□ 谢热：《古代藏族的龙信仰文化》，载《青海社会科学》1999 年第 3 期。

□ 辛元戎、祁文汝、董思明：《土族神鹏文化的考察与分析》，载《中国土族》2006 年秋季号。

□ 晏云鹏：《洮岷地区"龙神"信仰探源》，载《西北民族学院学报》（哲学社会科学版）1998 年第 3 期。

□ 杨海帆：《炎帝·宕昌羌》，载《阿坝师范高等专科学校学报》2003 年第 3 期。

□ 杨海帆：《独具自己民族特点的民族——西羌》，载政协宕昌县文史资料学习委员会编《宕昌文史资料》（第六辑），2005。

□ 杨士宏、华青太：《白龙江流域发现的苯教文献及其文化信息》，载《中国藏学》2009 年第 3 期。

□ 杨士宏：《"勺哇人"调查及索源》，载西北民族学院西北民族研究所编印《西北民族研究论文辑》，1984。

□ 扎西东珠、王一清：《甘肃东南部农区的藏族歌舞》，载甘肃省藏学研究所编《安多研究》，民族出版社，2007。

□ 周大鸣、阙岳：《民俗：人类学的视野——以甘肃临潭县端午龙神赛会为研究个案》，载《民俗研究》2007 年第 2 期。

□ 周松：《宕昌羌源流管窥》，载《西北民族大学学报》2004 年第 1 期。

□ 洲塔：《甘肃藏区民俗概述》，载《中国藏学》1996 年第 3 期。

□ 洲塔、韩雪梅：《藏族早期民间信仰的形成及佛苯融通和适应》，载《兰州大学学报》2011 年第 11 期。

后 记

　　2004 年 7 月，我刚刚进入中国社会科学院民族学与人类学研究所工作，翁乃群研究员就将我吸收入他的项目组，参与社科院 A 类重大课题"'藏彝走廊'族群认同及其社会文化背景的人类学研究"。那时我对"族群认同"的概念懵懵懂懂，对于"藏彝走廊"也是只知其名，不明就里。在翁老师的带领下，开始阅读相关文献和资料，逐渐了解"藏彝走廊"这个地区，也逐渐对族群认同的理论有所认识。2005 年第一次宕昌之行，当时还不知道田野点究竟选在哪里，经过初步踩点和考察，我们发现宕昌是汉藏交界地带一个非常独特的地区，历史上就是多族群交融混居之地，在当今又面临着羌藏之争，这里的族群变化情况复杂，对研究族群认同这个话题而言，确实是一个比较合适的调查点。经过与翁老师和课题组成员充分讨论之后，我们确定将宕昌作为我们课题的田野调查点之一。2007 年我们再度进入宕昌，进行真正的田野调查。在田野当中，我们深切感受到族群认同在很大程度上具有主观因素，而且是一个动态的变化过程。我们常常用来表明族群认同的文化符号，也会在人们的族群认同观念之下，被强化、发明或者是故意忘却。在这个课题的研究中，让我可以更深入地思考历史、社会记忆以及身份的认同等问题，再次借他人反观自己，这是人类学带给我的最大益处。之后，我们经过将近两年的时间撰写书稿，并历经多次修改，呈现出现在书稿的样子。我们的具体分工如下：艾菊红撰写引言，第一、二、六、七、八章和结语；廖旸撰写第三、四、五章，同时我们分别对对方负责的部分进行补充和修改。书中图片除署名外，都为我们所拍摄和绘制。

另外，在这本民族志的写作当中，我们进行了一项尝试，就是将民族志文本与影像结合起来，即民族志的书写除了文字以外，还有影像的表达方式，因而在书中我们还附上一个光盘，即与文本同步的民族志电影。这是我们的一个尝试，希望文本与影像结合，成为民族志书写的一种方式。

后记的一个重要内容就是致谢，当然首先感谢中国社会科学院提供的研究平台。其次感谢翁老师给予我们这样的机会参与到这个课题当中，翁老师是一位宽厚的长者，在他身上我们看到对学术的认真和执着。人类学的生命在于田野，他可以在长达半年的时间里，在手机不通信号的大山中进行田野调查，作为年轻一辈的我们自愧不如。翁老师关心青年的成长，从不吝惜将他的认识和见解与我们分享，我们的书稿，他反复阅读、修改，并提出建设性的意见，体现出前辈对后学的热心提携和鼓励。同时感谢课题组其他几个田野点的同事，他们提出的见解和意见使我们受益良多。感谢谢继胜教授第一次陪我们一起踩点，后来他因工作原因不能参与，但也一直指点我们，并提供照片。感谢西北民族大学杨士宏教授的建议，选择宕昌这样一个非常有代表意义的田野点。田野调查如果没有地方政府和乡亲们的帮助，完全不可能开展。当时宕昌县政府给予我们极大的方便，让调查得以顺利进行。特别是时任宕昌县县志办公室主任的杨海帆老师，在整个田野调查期间给予我们全方位的帮助和支持，包括他的妻子和女儿都尽全力提供生活便利，如果没有杨老师全家，调查工作完全不可想象。同时，没有宕昌县各条沟中父老乡亲的支持配合，我们也不能顺利完成调查。他们不仅在生活上关心我们，还不厌其烦地为我们提供需要了解的各种实物、信息和线索。他们热切期望我们的调研能给他们一个说法，那殷切的眼神至今不能忘怀。因为书中所用化名，这里无法一一提及他们的名字，深感遗憾。但在宕昌调查期间和当地父老乡亲所结下的深厚情谊，永铭在心！这本书和光盘的出版，也是对他们的交代和回应。还要特别感谢王新林和王署玲夫妇，在我制作影片期间，他们全家倾力相助，提供设备和生活上的便利，若没有他们，也就没有这部民族志电影。同时感谢我们所影视人类学研究室的庞涛老师，热情提供技术支持，帮助完成影片的制作。

承蒙社会科学文献出版社不弃，出版拙著，感谢祝得彬老师、仇扬编辑及其他编辑的辛苦工作，不辞繁难，多次就版式、图片和文字的修改沟通交流。当然，所有文责我们自负。

最后，感谢我们各自的家人。调查期间正值春节，我们年迈的父母没有因为殷切盼望儿女回家过年而牵绊我们，亲人的充分理解和大力支持是我们前进的最大动力，也是我们工作的意义所在。特别感谢廖旸，我们一起走过难走的路，我们一起为书稿和光盘焦虑、欢笑。她的认真态度让我受益颇多，如果没有她的认真，我们的研究不可能达到这样现在的程度。最让人感动的是，我们调查期间廖旸的女儿只有一岁半，我不知道她的心是怎样地牵挂女儿。因着我的考虑不周和性格缺陷，使廖旸也多有委屈。

书和光盘都还有很多问题，期望方家指正！

是为记。

艾菊红

2015 年元旦

图书在版编目（CIP）数据

羌笛藏歌：陇南宕昌藏族的族群认同与构建 / 艾菊红，廖旸著.
—北京：社会科学文献出版社，2015.3
　ISBN 978 - 7 - 5097 - 6705 - 4

　Ⅰ.①羌…　Ⅱ.①艾…②廖…　Ⅲ.①羌族 - 民族文化 - 研究 -
宕昌县　②藏族 - 民族文化 - 研究 - 宕昌县　Ⅳ.①K287.4
②K281.4

　中国版本图书馆 CIP 数据核字（2014）第 263281 号

羌笛藏歌
　　——陇南宕昌藏族的族群认同与构建

著　　者 / 艾菊红　廖　旸

出 版 人 / 谢寿光
项目统筹 / 祝得彬
责任编辑 / 仇　扬

出　　版 / 社会科学文献出版社·全球与地区问题出版中心（010）59367004
　　　　　　地址：北京市北三环中路甲 29 号院华龙大厦　邮编：100029
　　　　　　网址：www.ssap.com.cn
发　　行 / 市场营销中心（010）59367081　59367090
　　　　　　读者服务中心（010）59367028
印　　装 / 北京季蜂印刷有限公司

规　　格 / 开　本：787mm × 1092mm　1/16
　　　　　　印　张：25.25　插　页：2.75　字
版　　次 / 2015 年 3 月第 1 版　2015 年 3 月第 1 次
书　　号 / ISBN 978 - 7 - 5097 - 6705 - 4
定　　价 / 148.00 元